Mbeng Tataw Zoueu

L'UNIFICATION DU DROIT DE LA FAMILLE AU CAMEROUN

L'Harmattan

Etudes Africaines

Collection dirigée par Denis Pryen et François Manga Akoa

Dernières parutions

Paul KOFFI KOFFI, *Houphouët et les mutations politiques en Côte d'Ivoire. 1980-1993*, 2010.

Wilson-André NDOMBET, *Développement et savoirs au Gabon. De 1960 à nos jours*, 2010.

Etanislas NGODI, *L'Afrique centrale face à la convoitise des puissances. De la conférence de Berlin à la crise de la région des Grands Lacs*, 2010.

José LUEMBA, *L'Afrique face à elle-même*, 2010.

Étienne Modeste ASSIGA ATEBA, *Croissance économique et réduction de la pauvreté au Cameroun*, 2010.

Paul Gérard POUGOUE, Sylvain Sorel KUATE TAMEGHE, *Les grandes décisions de la cour commune de justice et d'arbitrage de l'OHADA*, 2010.

O.I.F.2.D, *Guide des valeurs de la Démocratie*, 2010.

Pascal Alain LEYINDA, *Ethnomotricité et développement. Jeux traditionnels chez les Ndzébi du Congo-Brazzaville*, 2010.

Stanislas BALEKE, *Éducation, démocratie et développement. Une pédagogie pour aujourd'hui en Afrique*, 2010.

Alexandre MOPONDI Bendeko Mbumbu, *Approches socioculturelles de l'enseignement en Afrique subsaharienne*, 2010.

Léon NOAH MANGA, *Pratique des relations du travail au Cameroun*, 2010.

Fred-Paulin ABESSOLO MEWONO, *L'automobile au Gabon. 1930-1986*, 2010.

Bouopda Pierre KAME, *Les handicaps coloniaux de l'Afrique noire*, 2010.

Mustapha NAÏMI, *L'Ouest saharien : continu et discontinu*, 2010.

Jean-Marc ESSONO NGUEMA, *L'impossible alternance au pouvoir en Afrique centrale*, 2010.

5-7, rue de l'Ecole-Polytechnique, 75005 Paris

http://www.librairieharmattan.com
diffusion.harmattan@wanadoo.fr
harmattan1@wanadoo.fr

ISBN : 978-2-296-12437-0
EAN : 9782296124370

PRINCIPALES ABRÉVIATIONS

Al	alinéa
Art	article
BCA	Bamenda court of appeal
Bull	Bulletin des arrêts de la cour suprême du Cameroun
C.A	Cour d'appel
CAMOR	Cameroun oriental
CASWP	Court of appeal south west province
C.S	Cour suprême du Cameroun
C.S.C.O.	Cour suprême du Cameroun oriental
J.A.	Jeune Afrique
J.A.E.	Jeune Afrique économie
L.G.D.J.	Librairie Générale de droit et de Jurisprudence
N.E.A.	Nouvelles éditions africaines
Op.cit.	Ouvrage cité
R.A.D.I.C.	Revue africaine de droit international comparé
R.C.D.	Revue camerounaise de droit
R.J.P.I.C.	Revue juridique et politique indépendance et coopération
R.J.P.U.F.	Revue juridique et politique de l'union française
R.C.D.I.P.	Revue international de droit comparé
T.G.I.	Tribunal de grande instance
T.P.D.	Tribunal de premier degré
T.P.I.	Tribunal de première instance.

INTRODUCTION

Une fois son indépendance politique acquise, le Cameroun s'est attelé à la lourde tâche d'élaboration d'un droit nouveau qui correspondrait mieux aux aspirations de ses dirigeants rêvant de développement économique et social. Dans un premier temps, l'objectif principal des responsables politiques du pays a été la pacification du pays et la stabilité politique. Cette période a été caractérisée par une intense activité législative dans le domaine du droit public et ce n'est que quelques années plus tard que le droit privé retient l'attention du législateur.

Parmi les matières dont il commence la réforme, il rencontre des difficultés dans les domaines de la famille et du droit foncier. La famille et la terre sont fortement enracinées dans les traditions. Leur organisation, largement réglementée par le droit traditionnel est le reflet des mœurs et de la nature profonde des individus. Toute intervention législative sur ces plans est par conséquent délicate. Par contre, la systématisation du droit des obligations et du droit commercial s'est faite plus facilement. Le droit de l'autorité coloniale en ces matières a été reconduit et reçu pratiquement dans son intégralité sans difficulté parce qu'il comblait un vide dans les institutions traditionnelles.

La coutume a pendant longtemps été la seule source de droit à réglementer les rapports familiaux. A la fin de la période coloniale, les sources sont diverses, chacune des puissances coloniales qui a administré le pays ayant introduit son droit sur le territoire. Le Cameroun en effet a été sous protectorat allemand de 1884 à 1916 et suite à la défaite de l'Allemagne lors de la seconde guerre mondiale, une décision du 7 mai 1919 du conseil de sécurité de la SDN désigne la France et la Grande-Bretagne comme mandataires sur ce pays. En 1946, le Cameroun sous tutelle internationale est confié une fois de plus à la France et à la Grande-Bretagne.

Le Cameroun oriental (francophone) devient indépendant le 1er janvier 1960. Une partie du Cameroun occidental (anglophone) se rattache au Cameroun francophone le 1er octobre 1961 tout en devenant indépendante pour former une fédération[1]. Le 20 mai 1972, la fédération cède la place à un Etat unitaire et en février

[1] Le 11 Janvier 1961, lors d'un plébiscite supervisé par les Nations Unies, le Sud du Cameroun anglophone vote pour son rattachement au Cameroun francophone alors que le Nord opte pour l'entrée dans la fédération du Nigeria.

1984, la République unie du Cameroun devient République du Cameroun.

A l'aube de l'indépendance, le Cameroun se retrouve héritier de trois systèmes juridiques coexistant au sein d'un même Etat : le droit traditionnel[2] communément appelé coutume qui préexistait à la colonisation, le droit civil et la common law respectivement légués par la France et la Grande-Bretagne. Le sort du droit des populations locales était étroitement lié au mode d'administration coloniale. Les Français en Afrique ont systématiquement pratiqué une politique d'assimilation qui avait pour but de soumettre sur le long terme, le maximum possible d'indigènes au droit civil. Les Anglais par contre ont opté pour l'*indirect rule* qui laissait un peu plus de place au droit traditionnel.

En Afrique, les années 60 étaient celles des grandes déclarations: l'africanité, la négritude, les valeurs traditionnelles devaient être sauvegardées impérativement afin de pouvoir participer au grand rendez-vous du donner et du recevoir universel. Tout apport extérieur ne devait être que greffé sur son propre héritage culturel. Dans la pratique, les choses sont toutes autres. La politique d'assimilation française trouve un relais sûr auprès des nouveaux dirigeants : le droit traditionnel n'est maintenu qu'à titre provisoire. Progressivement les données culturelles de l'occident de façon générale sont amenées à remplacer les données traditionnelles.

A titre de droit comparé, il faut préciser que l'attitude du législateur dans les pays africains nouvellement indépendants n'a pas toujours été uniforme. Certains (comme la Côte-d'Ivoire) tournent résolument le dos à la coutume en adoptant un code moderniste qui reprend purement et simplement le code civil

---

[2] Au début du 19ème siècle, bien avant l'arrivée des allemands, le nord du Cameroun a connu des invasions musulmanes qui ont introduit le droit islamique dans cette région du pays. Bien que le droit musulman ne soit pas le droit d'origine de ces populations nordistes, il a toujours été considéré comme faisant partie du droit traditionnel. Il faut en outre préciser que contrairement à ce qui est arrivé au contact des droits occidentaux, les sociétés traditionnelles noires n'ont pas été traumatisées par l'introduction de l'islam. Elles l'ont façonné peu à peu à leur mesure. Voir J. Hilaire dans Variations sur le mariage : à propos de la codification en Afrique noire. Recueil Penant 1968 pp 147-193.

français[3]. D'autres, (comme le Cameroun) lui accordent un sursis en prévoyant une longue période de transition où trois droits seraient applicables.

Dans ce dernier cas, à cause de la multiplicité des sources de droit[4], qui rend difficile la détermination du droit applicable, il a été inévitablement question de la systématisation du droit privé. Dans cette optique, en 1964 ont été crées au Cameroun deux commissions fédérales de réforme, celle de la législation pénale d'une part, et celle de la législation civile et coutumière d'autre part[5]. La deuxième commission devait répertorier les aspects de la coutume susceptibles d'être intégrés dans une loi camerounaise moderne unique puisant sa substance aussi bien dans le code civil que dans la common law et s'appliquant à l'ensemble du pays. La codification est la méthode d'unification choisie[6]. Un code pénal, un code de la route, un code du travail, un code général des impôts et un code foncier ont déjà vu le jour sur le plan national. En droit de la famille, elle reste partielle. Cette partie du droit a très tôt fait la preuve de sa très faible perméabilité aux normes étrangères. Plus de vingt-cinq ans après les premiers textes uniformisant certains points du droit de la famille, le constat est amer: « la codification n'est une réussite ni sur le plan technique, ni sur le plan politique : le droit coutumier résiste et triomphe; puis, il se répand et déborde de son domaine traditionnel »[7]. L'échec de cette entreprise d'unification par la codification est dû non seulement à la ténacité

---

[3]Voir dans ce sens P. LAMPUE dans «Droit écrit et droit coutumier en Afrique francophone.». Recueil Penant 1979.

[4]En plus du droit civil et de la common law il faut compter comme constituant des sources de droit les coutumes de pas moins 136 groupes ethniques dans l'ex Cameroun oriental et 65 dans l'ex Cameroun occidental (chiffres du London institute of race relations en 1963) cité par PROUZET (M) dans : Le Cameroun Paris LGDJ 1974

[5] Décret n°64/df/84 du 29 février 1964

[6]Voir RENÉ DEGNI SÉGUI dans « Codification et uniformisation du droit » dans l'encyclopédie juridique de l'Afrique 1982 édition africaine n°1 page 453 et suivantes

[7]Voir MELONE (S) dans « Du bon usage du pluralisme judiciaire en Afrique » dans la Revue camerounaise de droit. N° 31-32 pp 5-19

Voir aussi DECOTTIGNIES (R) dans « L'apport européen dans l'élaboration du droit privé sénégalais. Annales africaines 1966 p.57 qui fait remarquer à juste titre qu'il aurait été paradoxal que "la décolonisation put aboutir à la disparition d'un système qui avait résisté victorieusement à l'empire colonial »

des droits coutumiers mais aussi à la lutte d'influence culturelle sous-jacente à toute réforme du droit dans un pays où cohabitent des citoyens de cultures différentes[8].

Deux textes loi ayant pour objectif l'uniformisation de certains aspects du droit de la famille ont été promulgués à ce jour. Il s'agit de la loi n° 68/ LF/ 2 du 11 juin 1968 sur l'état civil qui pour l'essentiel étend à l'ensemble du Cameroun les dispositions de la loi n° 66-2-COR du 7 juillet 1966[9] portant diverses dispositions relatives au mariage et de l'ordonnance n° 81/ 02/ du 29 juin 1981 portant organisation de l'état civil. Ce deuxième texte qui est très sommaire traite des formalités du mariage (publication des bans, objections, consentement des époux, la dot traditionnelle), reconnaît la validité du mariage civil, du mariage coutumier, de la polygamie et de la monogamie. Il contient enfin quelques dispositions relatives à la filiation.

Ebauche d'unification du droit, cette ordonnance est non seulement loin de répondre à tous les problèmes qu'on peut rencontrer dans la pratique, mais en plus elle suscite de nouvelles interrogations. Des notions propres à un système juridique sont transposées dans un autre sans que le législateur ait pris le soin de les définir ou d'en vérifier le sens exact[10]. Les aspects du droit que ce texte de loi n'a pas abordé, restent soumis au code civil, à la common law ou encore à la coutume. La conséquence est qu'une même question de droit peut être partiellement réglementée par l'ordonnance de 1981 et (ou) l'une ou l'autre des autres sources du droit de la famille au Cameroun.

---

[8]Voir ANYANGWE (C) dans: The Cameroonian judicial system. CEPER, Yaoundé p.269.

- Tendances jurisprudentielles et doctrinales du droit de la famille de l'ex Cameroun oriental (document polycopié Université de Yaoundé) p.15 : « En Afrique et singulièrement au Cameroun, les lois s'articulent mal et on a plutôt à faire à des droits plus rivaux qu'ordonnés entretenant entre eux des concurrences farouches dont l'objectif est la phagocytose d'un droit par les autres. »

[9] Cette loi n'était en vigueur que dans l'ex Cameroun oriental.

[10]Ainsi par exemple, domicile et résidence renvoient à des réalités différentes selon qu'on est en droit français ou en common law.

Sur le plan de l'organisation judiciaire, une ordonnance de 1972[11] institue sur l'ensemble du territoire un dualisme juridictionnel avec d'un côté, des juridictions coutumières et de l'autre des juridictions de droit moderne. Les justiciables, pour ce qui est des litiges relevant à la fois, de la compétence de la coutume et du droit écrit ont le choix en première instance entre, porter leurs demandes devant un tribunal traditionnel ou alors un tribunal de droit écrit. Les appels des décisions de ces tribunaux sont reçus par une cour d'appel provinciale. Quant aux pourvois en cassation, ils sont adressés à la cour suprême du pays.

L'organisation judiciaire et une partie du fond du droit ont été unifiés mais l'application des textes qui portent ces réformes ne se fait pas toujours de façon uniforme ou sans difficulté. Que peut-on en déduire ? Le législateur dans son entreprise d'uniformisation du droit ferait-il fausse route?

Dans la situation politique actuelle du Cameroun, est-il utopique de continuer cette entreprise de fusion des deux droits modernes - héritages de la période coloniale - et de la coutume ou faut-il plutôt les laisser évoluer séparément et se contenter d'une simple harmonisation? La question est plus que jamais d'actualité. Depuis la timide libéralisation de la vie politique commencée au début des années 1990, les idées séparatistes font lentement mais sûrement leur œuvre au sein d'une bonne partie de la population anglophone qui rêve de son autonomie politique et lutte pour la reconnaissance de son identité culturelle.

Ce sont là quelques unes des questions auxquelles nous comptons réfléchir dans cette étude. Les dirigeants camerounais prônent l'unité nationale[12] depuis les premières années de l'indépendance. Le droit est indéniablement un instrument d'intégration nationale et le gouvernement veut atteindre et réaliser l'unité nationale entre autre par l'unification du droit[13]. Malheureusement, les mesures d'accompagnement de cette politique font cruellement défaut. Il est pour le moins surprenant

---

[11] Ordonnance n° 72/ 4 du 26 août 1972 sur l'organisation judiciaire modifiée et complétée par la loi n°397/ JPR/ AN du 4 juillet 1989.

[12] L'avènement du multipartisme dans le pays au début des années 90 a eu entre autre pour conséquence de renforcer le clivage anglophone/ francophone.

[13] Voir DEGNI SEGUI (R) dans " Codification et uniformisation du droit." Op. Cit.

qu'il n'existe pas d'études de droit comparé à la faculté de droit du Cameroun alors qu'une telle formation permettrait par une bonne connaissance des trois systèmes juridiques en présence d'en tirer le meilleur parti et d'apporter des idées constructives dans l'élaboration d'un droit camerounais adapté à tous. Le cursus universitaire des juristes francophones est distinct de celui des juristes anglophones. Cette disparité au niveau de la formation a des répercussions sur l'application du droit au niveau national.

La jurisprudence de façon générale et celle de la cour suprême en particulier doit jouer un rôle majeur dans l'élaboration de ce nouveau droit en gestation. L'expérience a montré que les réformes suivies d'une application effective des lois sont celles que les populations attendent parce qu'annoncées et préparées par les tribunaux. Il est regrettable que la jurisprudence camerounaise manque souvent de cohérence et de rigueur juridiques[14]. Celle de la cour suprême tout comme celle des juridictions inférieures est dans un tel état de confusion, qu'il est parfois malaisé d'y trouver des repères.

Le mauvais fonctionnement de l'état civil, l'inertie des populations et les improvisations de la jurisprudence sont la preuve flagrante, que le droit de la famille actuellement en vigueur au Cameroun n'est pas tout à fait adapté à la population qu'elle est sensée régir. Comment bâtir un nouveau droit à partir des trois matériaux disponibles (common law, droit civil et coutumes)? Qu'est-ce qui doit faire office de socle? La coutume ou le droit écrit? Une chose est certaine, le Cameroun ne peut « refuser les apports du monde moderne. Nous en faisons partie intégrante et notre survie est liée à notre capacité de s'adapter à lui »[15]. Ce droit ne sera acceptable pour l'ensemble des Camerounais que si son élaboration est menée avec beaucoup de clairvoyance et de sagesse

---

[14]La cour suprême tolère que les juridictions traditionnelles appliquent le droit écrit et vis versa pourvu que la solution soit équitable. C'est une attitude louable car elle humanise le droit mais, présente le désavantage de faciliter l'éclosion d'un autre droit en marge du droit officiel. Voir Tendances jurisprudentielles op. Cit.
[15]"La pensée politique d'AHMADOU AHIDJO. Bureau politique de l'union nationale camerounaise 1970 p. 24

politique d'une part[16], courage et honnêteté intellectuelle d'autre part[17].

L'étude d'un droit susceptible de s'appliquer à la Famille au Cameroun appartient à un domaine beaucoup trop vaste que nous ne pouvons exploiter entièrement. Pour plus d'efficacité nous nous limiterons au mariage et aux matières connexes (formation et dissolution du lien matrimonial, filiation, régime matrimoniaux et successions). Pour éclairer le débat sur ces questions, nous nous proposons de passer en revue les données du pluralisme en droit camerounais de la famille dans un premier temps (I) et ensuite de faire l'étude critique de l'unification du droit entreprise par l'Etat dans cette matière (II).

PREMIERE PARTIE : LES DONNEES DU PLURALISME JURIDIQUE EN DROIT CAMEROUNAIS DE LA FAMILLE.

DEUXIEME PARTIE : ETUDE CRITIQUE DE L'ENTREPRISE D'UNIFICATION DU DROIT DE LA FAMILLE AU CAMEROUN.

---

[16] HILAIRE (J) dans Variations op. Cit. « Le choix du législateur n'est pas déterminé uniquement par des raisons juridiques mais il est dominé par toutes les conséquences politiques qu'il est susceptible d'entraîner.»

[17] Recopier un droit étranger s'avère inévitablement désastreux. « Les lois doivent être tellement propres au peuple pour lequel elles sont faites que c'est un grand hasard si celles d'une nation peuvent convenir à une autre... » MONTESQUIEU dans Esprit des lois livre 1 chap.3

PREMIERE PARTIE
LES DONNEES DU PLURALISME JURIDIQUE EN DROIT CAMEROUNAIS DE LA FAMILLE

Le Cameroun comme beaucoup de pays d'Afrique noire, connaît l'existence simultanée dans un même ordre juridique, de règles de droit distinctes s'appliquant au même problème. C'est une hypothèse de structure bien connue maintenant en sociologie juridique.

L'histoire coloniale du pays contenait déjà en germe sa situation juridique actuelle. Elle est la conséquence de l'introduction par la France et la Grande-Bretagne du droit civil et de la common law au Cameroun qui se sont ajouté au droit traditionnel local.

La structure pluraliste du droit de la famille (titre1) n'est que le reflet de l'état sociologique de la population. Le législateur camerounais en a tenu compte en entérinant la coutume non seulement comme source du droit en plus du droit écrit reçu, mais aussi en prévoyant des tribunaux coutumiers dans l'échiquier judiciaire.

La virtualité du conflit étant inhérente au pluralisme juridique, il serait souhaitable d'envisager pour compléter l'étude de la structure du droit, les conflits de droits et leurs modes de solutions (Titre2).

LA STRUCTURE PLURALISTE DU DROIT

Le droit occidental a pénétré le Cameroun non pas selon un modèle unique mais, selon deux variantes : La common law et le code civil. Le droit traditionnel n'a pas non plus un visage uniforme dans tout le pays. C'est ce qui rend la situation du Cameroun si particulière dans le continent. Il a un triple héritage juridique alors que la plupart des autres pays africains n'en ont que deux. Cet héritage a pour conséquence la multiplicité des sources du droit (chap1).

L'organisation judiciaire, qui réunit des éléments provenant de ces sources diverses porte elle aussi la marque du passé colonial de façon très prononcée jusqu'en 1972 avec l'administration distincte de la justice, dans les zones anglophone et francophone. Par l'ordonnance n°72/4 du 26 Août 1972, le gouvernement opte pour une organisation judiciaire dualiste sur l'ensemble du territoire national (chap2).

CHAPITRE 1

LA MULTIPLICITE DES SOURCES DU DROIT

Au Cameroun, il existe deux sources principales du droit de la famille : la coutume (section1) et la loi écrite moderne (section 2). La deuxième est souvent qualifiée de source formelle à cause de son support écrit et la première de source informelle à cause de son caractère oral. La jurisprudence constitue elle aussi, une source non négligeable du droit en particulier au Cameroun anglophone mais au Cameroun francophone dont la législation moderne trouve ses racines dans le système de droit romano-germanique qui pendant longtemps n'a reconnu qu'une certaine autorité à la jurisprudence. Aujourd'hui la doctrine est partagée sur la question. Un certain nombre d'auteurs considèrent qu'elle n'est qu'une autorité mais la majorité des auteurs y voit une véritable source du droit[18] (section 3).

SECTION 1 : LA COUTUME

La coutume est une « règle de droit, en général non écrite, qui prête à une pratique constante et répétée un caractère juridique contraignant, reconnu par les intéressés eux mêmes »[19]. Telle est la définition de la coutume communément admise. Dans le contexte

[18] Voir - ESMEIN (P) La jurisprudence et la loi. Rev. Trim. de droit civil 1952 p. 17 et suiv.

- BOULANGER (J) Notations sur le pouvoir créateur de la jurisprudence. R.T.D.C 1961 p. 417 et suiv.

- MALAURIE (P) La jurisprudence combattue par la loi. Mélanges SAVATIER P. 603

- TERRE (F) et autres : La jurisprudence dans les archives de philosophie du droit, T.30, 1985

- JESTAZ (P) La jurisprudence: Réflexion sur un malentendu. Dalloz 1987, Chr 11.

- AUBERT (J.L) et autres : La jurisprudence aujourd'hui : libres propos sur une institution controversée. R.T.D.C 1992 p. 337 et suiv.

[19] Définition de la coutume par le Dictionnaire encyclopédique de théorie et de sociologie du droit. L.G.D.J édition de 1993.

africain, on pourrait y ajouter la réflexion faite par d'Arbousier dans un ouvrage de Léo et Hilda KUPER[20]: « ...J'aimerai commencer en définissant les caractères de la loi coutumière en Afrique qui, je pense sont totalement différents du caractère de la coutume, au sens européen du terme. Lorsque j'étudiais à la faculté de droit, la différence entre la loi et la coutume, entre règle écrite et tradition était que la loi écrite était plus rigide et la coutume plus souple, la supériorité de cette dernière étant cette souplesse qui permettait à travers les changements continuels d'adapter la loi à la vie du peuple. J'ai aussi le souvenir d'avoir enseigné que, aux yeux des anglais, la supériorité de la loi orale était de faciliter l'évolution de la société. Mais quand j'ai étudié et pratiqué la loi en Afrique, j'ai compris que la distinction était exactement le contraire ; la loi moderne y est plus souple que la coutume parce que la coutume revêt un caractère qui la rend immuable, sacrée, du fait qu'elle est liée à toutes les croyances religieuses ou « interdits », toutes choses dont le changement serait considéré comme une offense à Dieu ou aux ancêtres... »

Pendant longtemps l'étude du droit coutumier est faite par des ethnologues. Les juristes, prisonniers d'une manière occidentale d'aborder le droit sont tentés de rejeter la coutume en dehors de leur domaine d'intervention comme une sorte de non droit car il leur était difficile d'en extraire l'impératif juridique[21]. Ceux qui admettent que la coutume négro-africaine puisse être du droit, soulignent aussitôt que c'est un droit qui par essence échappe aux juristes[22]. Ces conclusions sont compréhensibles si l'on suppose que la vocation principale des études de droit est de

---

[20] LEO AND HILDA KUPER: African law and development. University of California press 1965. P165

[21] Voir CONNAC (G) dans Dynamiques et finalités des droits africains. Economica 1980. Et aussi DAVID (R) dans : Les grands systèmes de droit contemporains. Précis Dalloz 5ème éd. 1973, p. 633: « Les auteurs européens se sont demandés, en présence de ce qui leur apparaît comme une inextricable confusion, s'il n'était pas artificiel de vouloir retrouver en Afrique et à Madagascar notre notion de droit, et si le droit coutumier ne devait pas être considéré comme un sujet de recherche pour l'anthropologue plutôt que pour le juriste » . MIGNOT (A) montre lui aussi une nette préférence pour le terme « anthropologie juridique » dans Droit coutumier et anthropologie juridique au recueil Penant 1977 P. 352 et suiv.

[22] ALLOT (A) : in New essays in African law 1970 P. 148

« découvrir les règles de droit qui dans un temps donné (passé ou présent) sont en vigueur dans tel ou tel lieu[23] ». «La règle de droit étant entendue comme une norme juridiquement obligatoire, normalement assortie de la contrainte étatique[24].»

Un autre auteur résume la différence du droit coutumier africain en ces termes : « S'il est impossible de déceler dans le monde africain traditionnel un *corpus juris* analogue à celui du monde occidental, il est indéniable qu'il connaissait un ensemble de règles dont il est permis de déduire l'existence d'une négro-africanité juridique.» En occident, le rôle de la justice est de sanctionner la violation des droits d'autrui, d'accorder à chacun ce qui lui est dû. Le droit coutumier par contre, n'a pas pour objectif principal de faire respecter de façon stricte des règles préétablies mais, de réaliser dans la mesure du possible une amiable composition entre les parties. C'est un droit conciliateur.

L'étude du droit coutumier ne saurait donc se réduire à la recherche pure et simple de la règle de droit. Elle est indissociable de l'analyse du contexte sociologique et le juriste qui se consacre à l'étude du droit coutumier a besoin d'être « homme du passé[25]» plus encore que ceux qui se spécialisent dans les autres branches du droit.

La coutume est transmise de génération en génération par l'éducation et à l'occasion des rites initiatiques[26]. La transmission est faite avec plus ou moins de fidélité. Elle peut être affectée par la fragilité de la mémoire humaine ou alors inconsciemment teintée par la philosophie du maître. Certaines sombrent dans l'oubli lorsque ceux qui les gardaient dans leur mémoire disparaissent sans avoir eu le temps de les communiquer à la génération suivante. C'est donc à juste titre qu'un proverbe africain dit qu'un vieillard qui meurt est une bibliothèque qui brûle. Les coutumes en effet

---

[23] MAZEAUD (H.L.J.) Leçons de droit civil. Tome 1 par De JUGLART (M) 5ème éd p. 36, n°17

[24] Voir le Vocabulaire juridique publié aux PUF sous la direction de CORNU (G) 2ème édition 1987.

[25] RIPERT (G) : Les forces créatrices du droit p. 18

[26] Les rites initiatiques n'existent presque plus. Autrefois, dans certaines tribus toute une génération d'adolescents se retirait à l'écart du village pendant quelques temps pour l'initiation aux rites du clan. A cette occasion, la circoncision était faite et le passage dans le groupe des adultes aussi ...

sont essentiellement orales. Il y a bien eu quelques tentatives de codification des coutumes dès l'époque coloniale mais, elles sont restées embryonnaires et n'ont aucune valeur juridique. Tout au plus ces esquisses aidaient les administrateurs coloniaux à s'imprégner du droit local[27] et elles ne doivent pas être confondues avec la codification stricto - sensu. La cour suprême l'a réaffirmé en rappelant que l'obligation faite aux juridictions d'énoncer la coutume appliquée avait une portée générale et s'imposait même en présence d'une coutume consignée par écrit dans un document par une autorité publique[28].

La famille est l'un des domaines de prédilection du droit coutumier. A l'époque coloniale, il était fait une distinction entre les citoyens français et assimilés et les indigènes. Les premiers étaient soumis au droit civil et les seconds à la coutume. Bien que légalement il n'y ait plus de raison de faire cette distinction - tous les Camerounais étant égaux devant la loi - il n'en demeure pas moins que sociologiquement la différence subsiste. Le droit coutumier est avant tout celui dans lequel se reconnaissent les populations peu occidentalisées, celles qui ont gardé un mode de vie traditionnel. Ce sont généralement les populations rurales, mais pas exclusivement.

Le droit local à toujours une marge d'incertitude non seulement à cause de son caractère oral mais aussi à cause de sa diversité (Para 1) et de son caractère évolutif (Para 2).

§ 1 : LA MULTIPLICITE DES COUTUMES.

Il existe à peu près 250 groupes ethniques au Cameroun. Chacun a ses coutumes propres et elles peuvent varier considérablement d'un groupe à l'autre. Cependant on peut dire

---

[27] Les arrêtés du 26 mai 1934 et du 11 janvier 1936 répertorient certaines coutumes du sud du Cameroun. L'arrêté du 26 novembre 1922 relève une partie de celles du nord. On peut retrouver tous ces textes dans le tome 2 des Codes et lois du Cameroun. Il existe aussi dans les tribunaux du sud-ouest et du nord ouest un mini catalogue des coutumes de cette partie du pays intitulé Manual of practice and procedure for court clerks.

[28] C.S 22 Décembre 1964. Penant 1965 p. 370, C.S arrêt 21 Octobre 1976 Penant 1978 p. 253, C.S arrêt 15 Avril 1976 Penant 1978 p.383. Voir aussi article de NGUINI (M) « Le divorce en droit coutumier camerounais » Penant 1979 p. 5

qu'elles constituent une famille[29] car Il existe incontestablement des points communs à toutes ces coutumes : la polygamie, la dot, la place de la femme dans la famille, le rapport à la terre, les sacrifices aux ancêtres... Par contre, diffèrent d'une tribu à l'autre les rites funéraires, le rapport à la chefferie traditionnelle, l'organisation familiale qui peut être de type patriarcal ou matriarcal...

L'influence religieuse contribue aussi à creuser un écart entre les coutumes. L'influence du christianisme est plus grande dans le sud tandis que l'emprise de l'islam est plus nette dans le nord. L'arrivée des premiers missionnaires au Cameroun date de la seconde moitié du 19ème siècle. A la suite de leur oeuvre d'évangélisation une minorité de la population s'est convertie à la religion chrétienne tandis qu'une forte majorité n'a été que « fortement touché par l'influence missionnaire[30] ». Dans le nord, l'islam est entré dans le pays avec l'invasion des Arabes Choas en 1715. Le droit musulman qui est considéré comme une simple variante du droit coutumier depuis l'époque coloniale s'applique aux personnes islamisées ou plus précisément s'ajoute à leur droit coutumier originel. Dans les régions qui ont connu l'influence chrétienne, on retrouve le même syncrétisme : Beaucoup de personnes fréquentent avec assiduité l'église ou la mosquée tout en ne dédaignant pas pour autant tout ce qui est en contradiction dans la coutume avec la foi nouvelle.

Toutefois, il faut dire qu'avec la multiplication des mariages inter-ethniques, les migrations inter-régionales et les brassages de populations qui en découlent, les différences s'estompent peu à peu et on peut raisonnablement croire qu'à long terme une coutume commune émergera du creuset national.

La reconnaissance par un groupe social d'une coutume n'implique pas nécessairement son applicabilité devant les tribunaux. Ceux-ci n'appliquent que les coutumes qui ne sont pas

---

[29] ALLOT (A) écrit à ce propos dans « African law » in DERRET (J.D.M) An introduction to legal systems (1968) : « Les droits d'Afrique comportent une similitude suffisante touchant la procédure, les principes, les institutions et les techniques pour qu'il soit possible d'en rendre compte de manière globale; on peut considérer qu'ils constituent une famille, bien qu'on ne puisse découvrir aucun ancêtre qui leur soit commun ».

[30] BOUCHAUD (J) : L'église en Afrique noire. Paris, La Palatine 1958 p.23-24

contraires aux bonnes mœurs et à l'ordre public[31]. La cour suprême a, entre autres, pour mission de statuer sur les pourvois en cassation formés pour « violation de la loi ». Il n'est pas explicitement fait mention de la « coutume » mais, la juridiction suprême de façon constante entend l'expression comme désignant toutes les règles de droit en vigueur[32] et non pas seulement les textes de loi stricto-sensu. En revanche l'ordonnance du 3 Septembre 1960 au Sénégal, celles du 19 Juillet 1961 à Madagascar, du 15 Novembre 1961 en République Centrafricaine et du 29 Novembre 1962 au Gabon précisent que la cour suprême de ces différents pays reçoit les pourvois formés pour violation de la loi et de la coutume, coutume qui par ailleurs évolue avec le temps.

§ 2 :L'EVOLUTION DE LA COUTUME.

Du fait, d'une longue stabilité des conditions sociales et économiques des populations, la coutume pendant longtemps paraît figée. Il est aujourd'hui indéniable qu'elle évolue : Evolution forcée avec l'intervention du législateur (A) ou plus naturelle en raison de mutations profondes intervenues au sein du groupe social (B).

A - L'EVOLUTION DE LA COUTUME PAR INTERVENTION DU LEGISLATEUR.

Les premiers textes modificatifs de la coutume sont intervenus à l'époque coloniale. Ils ont été généralement pris dans la partie francophone du pays, l'Angleterre ne souhaitant pas intervenir directement dans les affaires coutumières. Quelques décrets ont été pris pour modifier le régime du mariage coutumier :

- Le décret du 13 Novembre 1945 reprend au Cameroun celui du 15 Juin 1939 (décret MANDEL) en vigueur en Afrique de l'ouest qui fixe l'âge minimum du mariage, exige le consentement

---

[31] Nous verront dans les développements ultérieurs que le recours à la notion d'ordre publique varie selon qu'on est en zone francophone ou anglophone.

[32] Exception faite d'un arrêt isolé du 11 Juin 1963 Penant 1966 P. 73

des époux au mariage, interdit la revendication de toute personne (veuves et autres) faisant partie d'une succession coutumière.

- Le décret du 14 Septembre 1951 (décret JACQUINOT) apporte des limitations à l'institution coutumière de la dot et prévoit la possibilité d'inscrire l'engagement de monogamie pris par le mari dans l'acte de mariage. Ce décret sera remplacé et complété dans l'ex - Cameroun oriental après l'indépendance par l'ordonnance n° 66/2/COR du 7 Juillet 1966. Elle précise que le versement ou non de la dot, l'exécution ou non d'une convention matrimoniale est sans incidence sur la validité du mariage.

Malgré ces textes, il est certain que : «Quelle que soit l'attitude du législateur vis à vis des coutumes, dans la vie quotidienne, les rapports de famille continueront d'être dominés par ce qui se faisait toujours, par les mœurs et habitudes régissant le milieu social dans lequel la famille évolue[33]. »

Si la modification du droit coutumier par le législateur n'a pas entraîné de bouleversement notoire, l'introduction de nouvelles données dans l'environnement des groupes sociaux à eu des conséquences irréversibles. Ainsi, le contact avec les tribus lointaines et les étrangers facilité par le développement des moyens de transport, l'introduction d'une économie monétaire, l'urbanisation, la création d'un marché du travail, l'instruction etc. a provoqué un profond changement dans les mentalités.

B- L'EVOLUTION DE LA COUTUME CONSEQUENCE DES MUTATIONS ENVIRONNEMENTALES.

La formule de DURKHEIM selon laquelle « la règle de droit n'est pas quelque chose d'immuable et de quasi sacré, mais elle est variable et fluctuante comme le sont les groupes humains[34] » s'avère exacte aussi pour les règles du droit coutumier. La règle

---

[33] NUYTINCK (H) dans : Les principes du nouveau droit de la famille au Burkina-Faso. Penant 1991 P. 261

[34] Cité par MIGNOT (A) dans Droit coutumier et anthropologie juridique op cit. p. 359. Voir aussi LAMPUE (P) dans : Les sources du droit de la famille dans les États d'Afrique francophone à la R.J.P.I.C 1967 p.20 et suiv. qui s'interroge sur le point de savoir si une pratique nouvelle est la violation d'une coutume demeurée en vigueur ou si elle est la manifestation d'un changement dans la coutume . Il conclu que seule une enquête juridico-sociale permettrait d'apporter une réponse à cette question.

coutumière ne peut être figée dans le passé. Elle évolue inéluctablement; avec ou sans influence étrangère. Mais on peut penser que l'évolution sera différente selon qu'il y a eu influence étrangère ou non. On peut même admettre l'hypothèse de la «dénaturation» de la coutume: la dot traditionnelle constitue un exemple dans ce sens. Dans une économie de subsistance comme celle de l'Afrique précoloniale, elle revêtait encore pleinement son caractère symbolique. Cependant elle a tendance à perdre cette caractéristique dans une économie de marché où la notion de profit est si importante. Désormais, la dot est souvent une véritable opération économique. La famille de la fiancée essaie de faire supporter financièrement au futur époux et à sa famille les «frais d'éducation » de la future épouse qui en intégrant sa belle-famille échappe à sa famille. Il y a donc une perte qui nécessite compensation. Il arrive aussi que la famille de la femme considère son mariage tout simplement comme une occasion de s'enrichir. La dot atteint alors des sommes faramineuses et il est fréquent de s'endetter pour remplir ses obligations coutumières.[35]

L'ouverture sur le monde extérieur et surtout l'accès à l'instruction d'un nombre de plus en plus grand de personnes diminue le caractère sacré de la coutume et force son évolution. On va à l'encontre de la coutume beaucoup plus facilement que par le passé pour la simple raison que l'on redoute moins la foudre des dieux[36] et que l'on est de moins en moins enclin à accepter les injustices que la stricte conformité aux règles coutumières induit. Désormais on constate une réelle volonté de voir évoluer la coutume. Cette volonté est présente aussi bien du côté des justiciables que de celui des tribunaux. La répartition des biens entre époux par exemple a gagné en équité. Pendant longtemps la femme était considérée comme la propriété de son mari. En cas de séparation, elle ne pouvait prétendre à un quelconque bien commun et en cas de décès du mari, elle était transférée comme ses autres

---

[35] Aujourd'hui il est rare que la dot se limite au total de 30000 francs CFA du barème de base que proposaient les chefs religieux au Sénégal au lendemain de l'indépendance. Voir Hilaire (J) dans Nos ancêtres les Gaulois. Annales africaines 1964 P. 47

[36] Si l'on respecte la coutume, ce n'est pas seulement par habitude mais c'est aussi par peur des conséquences (la colère des dieux ou des ancêtres) en cas de désobéissance.

biens à son successeur[37]. Aujourd'hui, les tribunaux décident que la coutume a évolué pour permettre notamment aux femmes qui exercent une profession séparée de celle de leur époux de revendiquer une partie des biens de la communauté. L'un des attendus de l'arrêt DAYAS[38] est assez explicite à ce sujet : « Considérant que cette coutume ignore en principe les régimes matrimoniaux, la propriété des biens étant dévolue au mari, il en est différemment en l'état actuel de la coutume lorsque la femme mariée a exercé une profession séparée de celle de son époux; qu'il est alors fait application aux époux des règles du droit écrit concernant la communauté légale ». Dans cette affaire, le sieur TOKOTO DAYAS LOTH avait introduit contre sa femme née KOUTA EKEDI une demande en divorce devant le tribunal du premier degré de Douala ville et Bonabéri (juridiction traditionnelle présidée par un magistrat qui siège avec des assesseurs représentant la coutume des parties). Le divorce est prononcé aux torts réciproques des deux époux. Ces derniers n'ayant pas conclu préalablement à leur mariage de contrat de mariage, le règlement patrimonial du divorce se résume à l'attribution d'une somme de 50000 francs CFA à titre de récompense à l'épouse nonobstant le fait qu'elle exerçait une activité professionnelle; le reste de la communauté allant au mari. Madame DAYAS interjette appel et la cour d'appel de Douala infirme le jugement en précisant qu'un régime identique à celui de la communauté légale du code civil a existé entre les époux. Le sieur DAYAS se pourvoit en cassation; la cour suprême rejette le pourvoi, confirmant l'arrêt de la cour d'appel. La coutume étant silencieuse, la cour suprême aurait pu avoir recours directement au code civil comme raison écrite mais elle préfère de toute évidence se servir de la notion de coutume évoluée pour motiver sa décision. La haute cour laisse entendre que la coutume aurait évolué au point de se confondre avec la loi écrite et c'est bien la coutume qu'elle applique et non l'article 1400 du code civil. Dans son rapport sur cette affaire, le conseiller à la cour suprême JEAN FOUMAN AKAME dit après avoir repris pour l'approuver la motivation de la

[37] Voir ACHU v ACHU appeal n° BCA/62/86 « ... *The wife is still regarded as part of her husband's property .That conception is underscored by the payment of dowry on marriage and on the refund of the same on divorce.* »
[38] C.S arrêt n°30 du 12 Janvier 1971.

cour d'appel qu' «il en résulte que contrairement à ce que paraît soutenir le pourvoi, la décision de l'arrêt attaqué n'est pas fondé sur le fait que la femme avait assumée seule pendant plusieurs mois la charge du ménage mais bien plutôt sur l'évolution de la coutume Douala qui fait application aux époux des règles de droit écrit concernant la communauté légale lorsque la femme a exercé une profession séparée de celle de son époux.» On peut voir dans cet arrêt le refus des hauts magistrats d'appliquer prioritairement le droit écrit. Avec ce cas sur les effets patrimoniaux du mariage, c'est la deuxième fois que le code civil recule face à la coutume (Il avait déjà eu à le faire face à la polygamie). De toute évidence, la cour suprême ne semble pas hostile à l'idée que les femmes puissent recueillir une partie des biens dont elles ont participé à l'acquisition mais font un mouvement d'humeur face au modèle des relations patrimoniales prévu par le code civil dans un couple. Vraisemblablement l'idée de communauté a du mal à passer alors, elle essaie d'arriver à une solution «juste» sans avoir à utiliser directement le code civil. D'où le choix de la notion de coutume évoluée pour motiver sa décision. Dans un arrêt du 13 Décembre 1979[39], elle précise sa pensée en cassant la décision d'une cour d'appel qui avait ordonné la liquidation de la communauté entre les époux « ... Sur la seule application de l'article 1400 du code civil sans spécifier expressément compte tenu du contexte social du Cameroun que chacun des époux a effectivement et financièrement contribué à l'édification de l'immeuble litigieux ». Désormais devant les juridictions traditionnelles, le partage des biens en cas de divorce devenait un partage rémunération[40] et dans l'affaire NYETAM née NGO BOUMSO / NYETAM MARTIN (arrêt n° 41/L du 2 Mai 1985) la cour suprême a jugé en outre qu'il existait une présomption de participation de la femme qui exerce une profession séparée de celle de son époux à l'acquisition des biens communs. La participation « financière » dont il est question dans l'arrêt LANTUM n'est que le mode de contribution normal des

---

[39] C.S arrêt n°23/cc du 13 Décembre1979 (affaire LANTUM) Cette affaire à été jugée en première instance par le tribunal de grande instance mais à l'époque, l'option de juridiction n'entraînant pas encore option de législation, il a été fait application du droit traditionnel.

[40] Voir aussi C.S arrêt n°23/CC du 13 Décembre 1979 et C.S arrêt n° 41/L du 2 Mai 1985 dans Juridis info n°2 p.49 et 50

femmes qui exercent une activité professionnelle rémunérée aux charges du ménage. Elle n'exclut pas d'autres formes de participation. La cour suprême a reconnu que « l'épouse peut établir qu'elle a effectivement contribué par quelque manière à l'acquisition des biens de la communauté de fait existant entre époux pendant le mariage[41].»

Si le principe de la rémunération partage est acquis devant la juridiction suprême, cette idée a beaucoup de mal à passer particulièrement devant les juridictions traditionnelles du nord ouest (Anglophone). La situation est la même devant les juridictions non étatiques et devant les juridictions coutumières étatiques présidées par des magistrats qui on l'aurait cru seraient enclin à y faire souffler un vent de modernité. Elles résistent au fait qu'une femme puisse avoir droit au partage des biens communs en cas de divorce. L'article 8 du *Southern Cameroons customary court law* de 1956 qui dispose que les demandes portées devant les juridictions traditionnelles ne doivent pas excéder 69200 francs CFA est souvent invoqué pour n'attribuer à la femme qu'une somme inférieure ou égale à celle-là quand elle n'est pas renvoyée les mains vides. Le fait qu'elle exerce une activité professionnelle séparée de celle de son époux[42] n'y change pas grand chose. Devant les tribunaux traditionnels du Cameroun francophone où le partage est plus facilement admis, il est encore souvent inégalitaire.[43] La coutume évolue certes mais lentement.

En matière successorale aussi, la coutume a dû évoluer pour s'aligner sur les grands principes constitutionnels. Dans l'arrêt

---

[41] C.S arrêt n° 87/L du 28 Mai 1972 RCD n°5 p.71

[42] Voir AWAH CHEFOR (P) v SIRIWAH ATANGA (J) affaire n° 82/86-87 CRB 2 p.58 Mankon customary court: la femme a reçu 69000 francs CFA et pourtant elle avait financé toutes les études de son mari.

- TENENG (L) v NCHANG (I) affaire n°257/85-86 CRB 1 /86-87 p. 37 Mankon customary court . La femme reçoit 69000 f CFA après treize années de mariage et en dépit de la preuve de sa participation aux charges du ménage et à l'acquisition du terrain sur lequel la maison conjugale a été construite.

- AMBACHE v. AMBACHE affaire n° 192/85-86 p. 41 Mankon customary court. La femme reçoit 68200 et le tribunal précise que c'est pour lui permettre de recommencer une nouvelle vie...

[43] Voir arrêt n° 66/l du 18 juillet 1985 de la C.S qui casse l'arrêt d'une cour d'appel entre autre pour mauvaise application de l'article 1400 du code civil car cette dernière en ordonnant le partage de la communauté a octroyé 1/3 à l'épouse et 2/3 à l'époux.

ZANCHO FLORENCE LUM / CHIBIKOM PETER et autres[44], la cour suprême rappelle la capacité des femmes à hériter. Dans cette affaire qui est portée en première instance devant le tribunal coutumier de Mankon, madame ZANCHO est désignée héritière de son défunt père en sa qualité de parent le plus proche du *de cujus* ; décision que contestent ses oncles. Le jugement est invalidé en appel et c'est cet arrêt qui par la suite est cassé par la cour suprême. La jurisprudence sur la question dans l'ex Cameroun occidental s'alignant ainsi sur celle de l'ex Cameroun oriental où il était constant depuis quelques années que la règle discriminatoire de la coutume qui prive les femmes de leurs droits successoraux ne peut recevoir l'aval des tribunaux[45].

Pour ce qui est de la filiation, dans le Cameroun francophone il n'est plus fait de lien entre le paiement de la dot et la paternité devant les tribunaux coutumiers. Par contre la jurisprudence est divisée dans le nord-ouest et le sud-ouest. La cour d'appel de Bamenda dans l'affaire WILLIAM ABANG / BEATRICE ENDA[46] approuve le jugement du tribunal coutumier qui subordonne la reconnaissance de la paternité au paiement de la dot tandis que dans MARTIN BOURU / SIMON MARAKA[47] le tribunal coutumier de Nkambe a décidé le contraire; neutralisant la coutume en invoquant la « *repugnancy to natural justice, equity and good conscience* ». Le même tribunal dans une autre affaire ne reconnaît pas la paternité des enfants d'un second lit à l'ex mari d'une femme qui avait déserté la maison conjugale vingt et un ans auparavant mais condamne cette dernière à restituer la dot[48]. Même

---

[44] Arrêt n° 14/L du 4 février 1993.

[45] C.S.C.O arrêt n° 31/L du 15 Janvier 1964, arrêt n° 65 du 19 Mai 1964 bull p.804, C.S arrêt n° 45/L du 22 février 1973 bull p. 3901, arrêt n°42/L du 9 Mars 1978 bull p. 5602

Voir aussi C.S arrêt n° 15/L du 12 Avril 1990 (PEUTE (J) c. NGOUOKO (J) où la cour suprême entérine la capacité de la femme à être héritière principale (c'est à dire héritière aux fonctions)

[46] Arrêt de la cour d'appel de Bamenda en 1987 cité par ENONCHONG (N) dans Public policy and ordre public : The exclusion of customary law in Cameroon. African journal of international and comparative law, vol 5 n°3 October 1993 p.510

[47] Affaire n° 73/69 - 70 CRB 5/69-70 Nkambe customary court.

[48] Nkambe customary court case n°32/80-81 CRB 1/80-81. TANTO (O) v NSANJI (P)

si les décisions sont différentes, il n'en demeure pas moins que la coutume proprement dite pour ce qui est de la filiation n'a pas évolué dans cette partie du pays. L'établissement de la filiation à l'égard du père dépend du paiement de la dot. Certes, c'est une coutume contraire à l'ordre public que les tribunaux peuvent refuser d'appliquer mais, elle ne cesse pas pour autant d'exister. Le simple fait que le tribunal coutumier de Nkambe ait condamné la défenderesse au remboursement de la dot versée par son premier époux est révélateur. Dans la conscience collective, la dot lie un homme à une femme et permet normalement de légitimer la filiation. Le paiement de la dot qui scelle l'union de deux familles crée une présomption qui même si elle n'est pas irréfragable comme on l'a vu est très forte: Les enfants qui naîtront par la suite appartiennent à celui qui aurait versé la dot. Si l'on considère que le versement de la dot est la dernière étape de toute une série de démarches qui conduisent au mariage dans le contexte coutumier, on peut comparer la présomption qu'il entraîne à celle posée par l'article 312 du code civil[49]. La dot en tant que pièce maîtresse du mariage coutumier fait passer de l'état de célibataire à celui de marié tout comme le mariage célébré devant l'officier civil. La présomption « *pater is est...* » tout comme celle que les enfants nés à la suite du paiement de la dot a un but protecteur. Dans les circonstances normales, elle permet de défendre une vérité biologique. Même s'il son conjoint a été célébré par l'officier d'état civil que de celle qui s'est mariée coutumièrement) ait des enfants avec quelqu'un d'autre que son mari, cette situation constitue l'exception et non la règle. La coutume qui établit un lien entre le paiement de la dot et la filiation peut paraître choquante si l'on considère la dot comme le « prix d'achat » de l'épouse et que le paiement de ce prix donne des droits à celui qui le verse sur la femme « achetée » et sur ses enfants à l'instar de toute autre chose qui aurait été achetée sur un marché quelconque. Elle est également choquante lorsqu'un homme s'abrite derrière la dot donnée pour prétendre à la paternité d'enfants qu'il sait bien ne pas être le géniteur. Par contre, lorsque la dot est entendue comme un

---

[49] Art 312: « L'enfant conçu pendant le mariage a pour père le mari. Néanmoins, celui-ci pourra désavouer l'enfant en justice, s'il justifie de faits propres à démontrer qu'il ne peut pas en être le père. »

des éléments dans la coutume qui permet d'établir le lien entre deux familles[50]et entre deux personnes, Il est alors normal de supposer que les enfants qui naissent dans ce cadre appartiennent aux deux.

SECTION 2 : LES SOURCES DU DROIT ECRIT MODERNE.

Lors de la décolonisation, nulle part en Afrique il n'a été fait table rase du droit d'inspiration occidentale dans un esprit de rupture totale avec l'ordre colonial[51]. A l'indépendance, ces textes ont été nationalisés et ont continué à s'appliquer aux populations qu'ils régissaient antérieurement.

Sur le territoire camerounais il s'agit d'une part du code civil de 1804 tel que modifié par les textes de loi qui ont été déclarés applicables dans les colonies: C'est l'essentiel du droit moderne francophone et d'autre part la common law, les « *statutes of général application* » et « l'*equity* » tels que circonscrits par la *Southern Cameroons high court law* de 1955 qui forment le droit moderne anglophone. Hormis les points traités par l'ordonnance n° 81/02 du 29 Juin 1981 qui est un texte d'application générale sur l'ensemble du territoire (para 1), le reste des questions est réglementé par la législation d'inspiration française pour ce qui est de la partie francophone (para 2) et le droit d'inspiration britannique pour ce qui est de la partie anglophone (para 3).

§ 1 :L'ordonnance n° 81/02 du 29 Juin 1981.

Avec trois systèmes de droit différents existant dans le pays, le législateur a éprouvé tout naturellement le besoin de les rapprocher d'une façon ou d'une autre. Pour cela, il avait deux alternatives : soit unifier les règles de conflits en fixant une règle unique ou alors procéder à l'unification des règles substantielles de droit. Il opte

[50] Coutumièrement, le mariage avant d'être l'union de deux personnes est l'union de deux familles. Voir NAYIRE (E.P) dans: Mariage et « prix de la fiancée chez les Dagara» au Burkina - Faso. Journal des africanistes 1994 p. 65 à 75.

[51] Voir DAVID (R) et JAUFFRET-SPINOSI (C) : Grands systèmes de droit contemporains 9ème édition. p 649

pour une unification partielle des règles matérielles du droit avec l'ordonnance n°81/02 du 29 Juin 1981. Ce texte intègre des données du droit civil français et du droit coutumier. Conformément à la législation en vigueur, le texte à été publié en français et en anglais au journal officiel. Mais à la lecture du texte, il est évident que le législateur a voulu se doter d'un texte qui reformule le droit français en tenant compte de certaines données camerounaises. On n'y retrouve aucune trace du droit anglais. Comme c'est souvent le cas au Cameroun, le législateur a réfléchit en terme de droit francophone et une simple traduction en anglais a été faite pour les Camerounais anglophones. Dans le texte, la polygamie est légalement reconnue même si la loi n'organise pas son régime. La dot aussi retient l'attention du législateur qui bien qu'il ne l'interdit pas, ne lui reconnaît aucune valeur particulière. Cette ordonnance suscite d'énormes difficultés - sur lesquelles nous reviendrons largement dans les chapitres suivants - car le droit de la famille forme un tout. En intervenant sur de petits pans comme le fait cette ordonnance, l'équilibre général de la matière est menacé. En outre, les erreurs de terminologie relevées dans le texte ne facilitent pas sa compréhension. Il y a confusion entre régime matrimonial et système matrimonial, les notions de domicile et de résidence sont indifféremment employées, or elles renvoient à des réalités complètement différentes en common law. L'interprétation qu'en feront les juristes anglophones et francophones sera parfois différente du fait de l'approche différente qu'ils ont du droit. L'ordonnance de 1981 traite d'état civil, de filiation, de certaines conditions de forme et de fond du mariage et soustrait ces différents points à la compétence du code civil, de la common law et de la coutume[52].

§ 2 : Le droit moderne francophone.

L'application du droit français dans les anciennes colonies a été rendue possible par les décrets du 28 Septembre 1897 et du 17

[52] Voir l'arrêt n°57 de la cour d'appel de Yaoundé du 12 Octobre 1989 qui précise la portée de l'article 43 al 2 de l'ordonnance : La reconnaissance des enfants adultérins précise le juge est une matière qui « n'est soumise ni à la coutume, ni au code civil, puisque légiférée par l'ordonnance de 1981 ».

Mars 1903[53] . L'extension du droit français au Cameroun s'est faite par deux décrets du 16 Avril 1922 et du 22 Mai 1924 qui ont introduit dans le pays la législation en vigueur dans les autres colonies françaises. A l'origine, ce droit était celui des citoyens français et assimilés. A l'époque il était fait une distinction entre les personnes de statut de droit moderne et celles de statut de droit coutumier. Avec les constitutions de 1960 et de 1961 qui affirment toutes l'égalité des citoyens doit-on conclure à la mort de la dualité des statuts personnels ? L'arrêt ANGOA[54] considère qu'il « résulte de la constitution camerounaise que tous les citoyens ont le même statut »[55]. Conclusion pour le moins surprenante quand on constate que le législateur prévoit expressément comme à l'époque coloniale un droit et une justice coutumière à côté du droit et de la justice moderne.

Le code civil de 1804 tel qu'il avait été modifié à la date du 1er Janvier 1960 est la version actuellement en vigueur; à cette époque il y' avait eu très peu de modifications en matière familiale. C'est donc quasiment de la version originale que le Cameroun oriental hérite au moment des indépendances. C'est le droit applicable devant les juridictions de droit moderne. Si l'on considère que ce sont les juridictions traditionnelles qui appliquent la coutume et que leur compétence peut être déclinée *in limine litis*, alors que la réciproque n'est pas vraie pour les juridictions de droit civil, on peut dire que le droit civil est le droit en puissance de tous les Camerounais francophones. Le droit civil est également appliqué comme raison écrite devant une coutume obscure, muette ou contraire aux bonnes mœurs.

Certains articles du code civil font l'objet d'une relecture par la jurisprudence et n'ont donc rien à voir avec la lettre de la version

---

[53] Le décret du 17 Mars 1903 étend la législation en vigueur au Sénégal à l'Afrique équatoriale française.

[54] C.S 10 Décembre 1981 RCD n°21-22 p201 et Penant 1982 p337

[55] Cette décision prend le contre pied de la thèse de LAMPUÉ qui dans un commentaire sous l'arrêt ZAMBO de la C.S du 2 Février 1978; Penant 1978 suggérait la survivance d'une dualité de statut personnel. POUGOUÉ (P.G) dans ses observations sous le même arrêt à la RCD n°13-14 p178 et suiv. démontre que la détermination des personnes devant relever du statut de droit moderne ou du statut coutumier est désormais inutile ...

française originale. C'est le cas notamment des articles 1400 et suivants qui sont souvent invoqués en l'absence de contrat de mariage. Au lieu d'ordonner le partage équitable de la communauté en cas de divorce comme les y invitent ces articles, il est arrivé à plusieurs reprises que les juges procèdent à un partage inégalitaire[56]. Ainsi, dans l'affaire SAME LOTIN ADOLPHE / Mme SAME née MARIA JACOBA LEMBERDINA[57], les époux n'ayant pas conclu de contrat de mariage le tribunal de grande instance du Nfoundi a recours à l'article 1400 du code civil pour liquider la communauté mais octroie 1/3 des biens à l'épouse et 2/3 au mari... SAME LOTTIN ADOLPHE et madame née MARIA JACOBA LEMBERDINA s'étaient mariés le 12 Juin 1971 aux Pays-Bas (commune de Nijmegen). Les époux rentrent au Cameroun en 1973. En Juillet 1979 madame SAME LOTTIN tombe malade et se rend aux Pays-Bas pour se faire soigner emmenant avec elle leur fille. En Juillet 1985, son mari entame une procédure en divorce contre elle pour abandon du domicile conjugal. Le 20 Décembre 1985 il se marie avec NTAMAG SYLVIE devant l'officier d'état civil de la mairie de Yaoundé et opte pour la monogamie alors que son précédent mariage n'a pas encore été dissolu[58]. Madame SAME LOTTIN introduit une demande reconventionnelle en divorce demandant qu'il soit prononcé aux torts exclusifs de son conjoint. Voici un extrait du jugement:

« - Attendu que le mariage est une institution qui exige pour sa survie, harmonie et cohabitation avec ses corollaires;

- Attendu qu'en droit, l'adultère constaté par un époux dans le mariage est une cause péremptoire de divorce;

- Mais attendu qu'il paraît manifestement injurieux pour l'autre qu'un conjoint abandonne le domicile conjugal;

Dès lors, il y a lieu d'admettre des griefs réciproques tant du côté de l'épouse qui a abandonné son foyer que du côté de l'époux

---

[56] Voir aussi l'arrêt n°66/L du 18 juillet 1985 op. cit où la cour suprême a cassé une décision de cour d'appel pour mauvaise application de l'article 1400 du code civil car il avait été procédé à un partage de 1/3 pour l'un des époux et de 2/3 pour l'autre.

[57] T.G.I du Nfoundi, jugement civil n° 195 du 1er Février 1989

[58] Ce second mariage sera annulé par le jugement civil n° 43 du 26 octobre 1988 du tribunal de grande instance du Nfoundi.

qui avant la dissolution de l'union a épousé une autre femme alors que le premier mariage monogamique n'était pas encore dissout;

- Attendu que l'enfant du couple étant âgé de plus de six ans, il échet de maintenir les mesures provisoires ordonnées en ce qui concerne sa garde;

- Attendu que le couple LOTTIN ayant constitué un patrimoine, il échet d'ordonner son partage dans la proportion de 2/3 pour l'époux et du 1/3 pour dame SAME;

Par ces motifs

Statuant publiquement, contradictoirement en matière civile et commerciale et en premier ressort;

- Reçoit les demandes principale et reconventionnelle des époux SAME LOTTIN;

- Relève en la cause des torts et griefs réciproques;

- Prononce en conséquence le divorce aux torts réciproques;

- Maintient la mesure provisoire par laquelle la garde de l'enfant commun a été confiée à son père

- Permet cependant à sa mère de lui rendre visite une fois l'an;

- Dit n'y avoir ni dommages-intérêts ni pension alimentaire à servir à l'épouse;

- Rejette les autres demandes formulées par dame SAME comme non justifiées;

- Ordonne liquidation de la communauté dans la proportion de 2/3 pour l'époux et du 1/3 pour dame SAME. »

Ce jugement a été rendu par le tribunal de grande instance du Nfoundi. C'est une juridiction de droit moderne qui a vocation à appliquer le droit écrit; en l'occurrence le code civil et l'ordonnance du 29 Juin 1981. En l'absence de contrat de mariage le régime matrimonial des époux est le régime légal visé aux articles1400 et suivants du code civil. Il s'agit au Cameroun de la communauté de meubles et acquêts.

Le tribunal devant lequel cette affaire est portée ordonne laconiquement « la liquidation de la communauté dans la proportion de 2/3 pour l'époux et du 1/3 pour dame SAME ». Il ne précise pas quelle loi il applique. On pourrait penser qu'il s'agit de l'article 1400 « adaptée » aux réalités locales mais ce n'est qu'une supposition... Ce jugement qui mérite d'être infirmé pour plus d'une raison laisse incontestablement un sentiment de malaise: soit le juge à voulu protéger un «national » face à sa femme étrangère soit il a du mal à assimiler l'idée de communauté et de partage égalitaire entre époux.

§ 3: Le droit moderne anglophone.

Par *l'order in council* n°1621 de Juin 1923, l'Angleterre décidait d'administrer la part du Cameroun qu'elle avait reçu après la défaite de l'Allemagne comme faisant partie intégrante du Nigeria limitrophe. La législation en vigueur dans ce pays a été purement et simplement étendu à la partie occidentale du Cameroun sans tenir compte de sa particularité.[59] L'héritage juridique britannique du Cameroun est délimité par l'article 11 de la *Southern Cameroons high court law* de 1955[60] qui reprend l'article 14 de la *nigerian supreme court ordinance* de 1914. Cet article stipule que la common law, l'*equity* et les lois d'application applicables au Cameroun anglophone. Il existe un vieux débat académique sur la question de savoir si la date butoir du 1er Janvier 1900 ne concerne que les lois d'application générale ou si elle s'applique aussi à la common law et à l'*equity*. La doctrine majoritaire admet que seules les lois d'application générale sont concernées par cette date[61]. Dans l'affaire SOLOMON MUKETE *and 7 others* / JOSEPH TARH *and 2 others*[62], le juge n'a pas hésité à exclure le frère du de cujus de la liste de ses ayants droit en se basant sur une vielle loi d'application générale ; la *Fatal accident act* de 1864. La *Fatal accident act* de 1976 étant une loi d'application générale post Janvier 1900.

---

[59] Le Cameroun n'a jamais été stricto sensu une colonie. Elle a été un protectorat allemand avant d'être sous tutelle de la Société des Nations confié à l'administration de la France et de l'Angleterre.

[60] *Section 11 of the southern Cameroons high court law : (a) The common-law*
(b)The doctrines of equity and
(c)The statutes of general application which were in force in England on the first of January 1900, shall in so far as they relate to any matter with respect to which the legislature of the southern Cameroons is for the time being competent to make laws, be in force within the jurisdiction of the court.

[61] Voir - NGWAFOR (E): Family law in Anglophone Cameroon. P 2 et suiv.
- ANYANGWE (C): The Cameroonian judicial system. P 222 et suiv.

[62] Appeal case n°CASWP/49/80

L'article 15[63] de la *Southern Cameroons high court law* de 1955 par contre, établit un système de « réception continue » du droit anglais comme législation d'emprunt dans les domaines suivants : homologation des testaments, divorce, droit matrimonial. En dehors donc de ces matières que règle l'ordonnance de 1981, la loi dans l'ex Cameroun occidental évolue en même temps que la loi en Grande-Bretagne. Il existe une disposition similaire en matière de procédure : L'article 10[64] de la *Southern Cameroons high court law*, permet l'application de la *Matrimonial causes rules* de 1968[65] au Cameroun. Par conséquent, des lois anglaises telles que : La *Guardianship and minor act* de 1971, la *Guardianship act* de 1973, la *Children act* de 1975, la *Family law reform act* de1987, etc. s'appliquent directement au Cameroun anglophone sans autre formalité. Pour preuve, dans l'affaire ENONGENEKANG / ENONGENEKANG,[66] il a été fait application de la Matrimonial causes act de 1973. Pour ce qui est de la procédure civile, le Cameroun n'ayant pas légiféré en la matière depuis l'indépendance, la procédure suivie en Grande-Bretagne est naturellement appliquée au Cameroun occidental comme le souligne l'un des attendus de l'arrêt ENONGENEKANG[67]. L'affaire BERNARD FONLON / JUDITH FONLON *and eight others*[68] a aussi été jugée selon la procédure britannique.

---

[63] *Section 15 of the southern Cameroons high court law: « The jurisdiction of high court in probate, divorce and matrimonial proceedings may subject to the provisions of this law be exercised by the court in conformity with the law and practice for the time being in force in England. »*

[64] *Section 10 of the southern Cameroons high court law: «The jurisdiction vested in the high court shall, so far as practice and procedure are concerned, be exercised in the manner provided by this law or any other written law, or by such rules and orders in court as may be pursuant to this law or any other written law, and in the absence thereof in substancial conformity with the practice and procedure for the time being of her Majesty's* High Court of justice in England. »

[65] Modifié en 1977.

[66] Affaire n° HCSW/28MC/82.

[67] « *There is no specific provision in our high court laws as to the practice and procedure to be applied by this high court and therefore the law, practice and procedure for the time being in force in England apply (to this petition) . The law now in force in England is the Matrimonial Causes Act 1973, and the applicable procedure is contained in the Matrimonial Causes Rules 1968.*

[68] Civil appeal n° BCA /2/75.

Cependant, il faut préciser que l'emploi du mot « *may* » plutôt que « *shall* » par exemple dans l'article 15 de la *Southern Cameroons high court law*[69] suggère que ce n'est nullement une obligation pour les juges camerounais anglophones d'appliquer les textes de loi votés au palais de Westminster. « *May* » pourrait être traduit par « peut » et « *shall* » par « doit ». Cette subtilité de langage est la bienvenue car s'il est important de parer à l'éventualité du vide juridique, il est également bien de prévoir la possibilité pour les juges de juger de l'opportunité de l'application d'une loi qui n'a pas été expressément prévue pour le Cameroun. Ce qui est adéquat pour le peuple anglais peut ne pas l'être pour le peuple camerounais. Malheureusement, l'évaluation de la nécessité de l'application au Cameroun d'un texte de loi anglais postérieur à l'indépendance n'est pas toujours satisfaisante. Il existe un précédent particulièrement choquant où il n'a pas été fait application de la common law et pourtant les circonstances de la cause auraient dues conduire le juge à se servir de celle-ci pour régler le problème qui se posait à lui. Il s'agit de l'affaire NDUMU / NDUMU[70] : Les époux de nationalité camerounaise pour le mari et de nationalité américaine pour la femme, se sont rencontrés et se sont mariés aux Etats-Unis d'Amérique. Ils y ont vécu pendant quelques années avant de regagner le Cameroun. A peine une année après leur retour au Cameroun, la femme a introduit une demande en divorce auprès de la high court de Bamenda. Le mariage ayant été célébré dans un pays qui ne connaît que la forme monogamique de cette institution. Au vu des faits et étant donné que l'affaire a été portée devant la high court qui est une juridiction de common law, il aurait été logique de faire application de la common law. C'est l'avis de la juridiction saisie qui dans sa décision fait mention de l'article 15 de la *Southern Cameroons high court law* qui permet l'utilisation au Cameroun anglophone des lois d'application générale anglaises post Janvier 1900. Dans le cas d'espèce, il aurait fallu appliquer le Matrimonial Causes Act de

---

[69] Article 15 de la Southern Cameroons high court law 1955: « *The jurisdiction of the high court in probate, divorce and matrimonial causes and proceedings, may subject to the provisions of this law and in particular of section 27, and to the rules of court, be exercised by the court in conformity with the law and practice for the time being in force in England.* »

[70] Affaire n° HCB/MC/86

1973 ; Ce que le jugement admet clairement. Mais alors par une volte-face qu'on retrouve souvent chez le juge camerounais quand le résultat de l'application d'une loi ne lui semble pas « convenable », celui devant lequel cette affaire était pendante refuse de faire application de la *Matrimonial Causes Act* de 1973, lui préférant l'article 27 de la *Southern Cameroons high court law* de 1955[71] qui lui permet de soumettre le règlement patrimonial du divorce au droit coutumier. Dans d'autres circonstances, il aurait été peut-être bienvenu de pouvoir user de cette faculté de ne pas appliquer directement au Cameroun la loi en vigueur en Angleterre tant il est vrai que les disparités sont grandes dans le contexte socio-économique des deux pays. Ce n'était malheureusement pas le cas dans l'affaire NDUMU. Vu leur mode de vie, le recours à la common law aurait été tout à fait approprié pour régler tous les aspects de ce divorce.

L'article 15 de la *Southern Cameroons high court law* par ce système de « réception continue » du droit anglais crée une situation pour le moins surprenante dans un pays qui a acquis son indépendance plus de trente ans auparavant. Le bien fondé de cet article était évident les premières années de l'indépendance : Il fallait éviter le vide juridique ; le droit traditionnel ne prévoyant pas toujours des solutions appropriées aux problèmes que la lente mais irréversible occidentalisation - ne serait-ce que d'une partie de la population - n'allait pas manquer d'entraîner. Trois décennies après le début de la décolonisation, il est plus que temps pour le Cameroun anglophone d'arrêter de traîner dans les jupes de « la

[71] L'alinéa 2 de cet article permet au juge d'appliquer le droit traditionnel même lorsque l'une des parties n'est pas un « native », s'il apparaît qu'une stricte application du droit anglais aboutirait a une injustice substantielle. Ce que relève l'un des attendus du jugement: « *having regard to the obvious fact that the socio-economic character of this country is not the same as in England, it would be unjust to the parties to conform strictly with part 2 of the Matrimonial Causes Act 1973 which deals with financial provision and property adjustment* ... » La droit anglais précise le juge pour ce qui est du règlement patrimonial du divorce ne reflète pas nos valeurs traditionnelles. Motivation que condamne et explicite NGWAFOR (E) dans son cours de droit de la famille à l'université de Yaoundé 2: « *Property cannot own property* ... »

common law mère »[72] et de prendre son envol en se dotant d'une législation qui même si elle puise dans l'héritage colonial est beaucoup moins dépendante et surtout correspond au contexte social où elle est appliquée. La jurisprudence par contre est plus autonome.

SECTION 3 : LA JURISPRUDENCE.

Pour les juristes camerounais anglophones formés à l'école du précédent judiciaire, il ne fait pas de doute que la jurisprudence est une source du droit. C'est même la source par excellence du droit. Tant qu'une loi n'a pas reçu d'application jurisprudentielle elle est comme inexistante ou impropre à être utilisée directement. C'est à croire qu'elle a besoin d'être « activée » par une première application jurisprudentielle. Parfois le précédent revêt une telle importance que la loi s'en trouve reléguée au second plan. Ainsi le juge dans un système de *judge made law* où il « crée » la loi, se sent la liberté de refuser d'appliquer une loi parce qu'elle est « manifestement injuste ou manifestement absurde »[73]. Le simple fait d'évoquer cette raison dans le corps du jugement pour écarter une loi pourtant en vigueur est révélateur de la place qu'occupe la loi dans l'esprit des magistrats appartenant à ce système juridique[74].

Au Cameroun anglophone, la doctrine du précédent judiciaire n'est pas pratiquée à l'état pur. Elle à été introduite dans les provinces du nord-ouest et du sud-ouest qui constituent la partie anglophone du pays par l'article 10 de la *Southern Cameroons high*

---

[72] JOLOWIGS (J.A) : (sous la direction de) Le droit anglais 2ème édition Dalloz 1992 p1 « Dérivés du droit anglais, héritiers de ses méthodes et de sa manière de penser, les droit des anciennes colonies britanniques ont, pour la plupart disposés d'un temps suffisant pour se développer indépendamment. Chacun de ses pays a son législateur et sa jurisprudence ; il est membre de la « famille » de la common-law ; dans cette famille, la common-law anglaise est la mère, mais la majorité des enfants ne sont plus pendus à ses jupes. »

[73] AGOSTINI in Droit comparé. p 216

[74] Un juge dans le système romano-germanique devant une loi « manifestement injuste ou manifestement absurde » soit l'appliquera quand même, la loi étant la loi ou alors l'écartera de façon plus subtile. Il n'aura pas a priori cette attitude audacieuse qui consiste à mentionner dans le jugement le refus d'appliquer une loi existante parce qu'elle est injuste ou absurde ...

court law de 1955. L'article 23 de la loi n°75/16 du 8 Décembre 1975 sur le fonctionnement et la procédure devant la cour suprême précise que ses arrêts ne lient les juridictions inférieures que s'ils sont rendus par un collège de cinq magistrats.[75]En droit de la famille, généralement les arrêts sont rendus par trois juges. Donc, les juridictions inférieures ne sont pas nécessairement liées par les décisions de la cour suprême, bien que celles-ci aient de fait une autorité incontestable. Cependant, tous les arrêts de la cour suprême n'influencent pas les jugements et arrêts des juridictions inférieures. Les juges ont une attitude différente selon que la décision rendue par la juridiction suprême a été jugée au fond par un tribunal situé en zone francophone ou anglophone. Dans la première hypothèse, ils l'ignorent tout simplement. Ainsi, un des grands principes jurisprudentiels de la cour suprême « l'option de juridiction entraîne l'option de législation » est totalement inconnu des juridictions anglophones et par conséquent jamais évoqué devant elles.

Par contre, les arrêts des cours d'appel lient les juridictions inférieures situées dans leur ressort : Les juridictions du nord-ouest sont liées par les arrêts de la cour d'appel de Bamenda et celles du sud-ouest par les arrêts de la cour d'appel de Buea. C'est une conséquence de la réception globale de la common law.

Si une partie de la loi en zone anglophone évolue en même temps que la loi en Angleterre, qu'en est-il de la jurisprudence britannique ? Il apparaît que comme celle de la cour suprême, elle a une « forte autorité », sert de repère dans les cas où les tribunaux camerounais n'ont pas encore eu à se prononcer mais les juges ne se sentent nullement liés par elle.

Au Cameroun francophone, en partie paralysés par l'article 5 du code civil qui interdit les arrêts de règlement, les juges face à un litige rechercheront dans un premier temps la solution dans la loi plutôt que de s'interroger comme le feraient leurs collègues anglophones sur l'existence d'un précédent sur la question car il est surtout et avant tout « la bouche qui prononce les paroles de la loi ». Le législateur fait les lois et le juge les applique. Dans le

---

[75] L'alinéa 2 de l'article envisage cette hypothèse dans les cas où la peine capitale est encourue ou alors à l'initiative du président de la cour suprême après consultation de l'avocat général.

système francophone de droit, la loi n'est pas *jugde made*. Néanmoins il arrive que le juge soit contraint de faire preuve de créativité : L'article 4 du code civil lui en donne l'occasion. Cet article l'oblige à « créer » le droit dans les espèces non prévues par la loi. Il a dû pallier au vide juridique lorsqu'il a eu à connaître du règlement par une juridiction de droit moderne des effets patrimoniaux du divorce dans un foyer où l'époux est polygame. Le code civil n'ayant pas prévu le partage des biens des époux dans ces conditions, l'ordonnance de 1981 étant muette à ce sujet, le juge n'a pas d'autre alternative que de trouver par lui même une solution qui satisfasse son sens de la justice. La décision rendue sera généralement suivie par les juridictions inférieures dans les cas ultérieurs pour diverses raisons : Convenance ponctuelle, paresse intellectuelle, pragmatisme, souci de cohésion...

De façon générale, même dans la partie francophone du pays où le système juridique n'est pas aussi imprégné que dans la partie anglophone de l'autorité du précédent judiciaire, il est indiscutable que les juges sans pour autant être liés hésiteront à aller dans le sens contraire de la jurisprudence d'une juridiction supérieure et en particulier de celle de la cour suprême. La différence entre tribunaux anglophones et tribunaux francophones est que les premiers sont « conditionnés » pour respecter le précédent, ce qui n'est pas le cas des seconds.

Pour ce qui est de la jurisprudence purement française sur la partie commune du code civil[76], Il est évident qu'elle a une certaine influence sur les juristes francophones de façon générale. L'étude des grands arrêts de la jurisprudence française fait partie intégrante - même ceux qui ont été rendus après l'indépendance - du cursus universitaire et son évolution est suivie avec intérêt par les praticiens qui s'en trouvent plus ou moins imprégnés et par conséquent influencés même involontairement.

---

[76] C'est-à-dire celle issue de l'application des articles du code civil restés inchangés aussi bien en France qu'au Cameroun depuis 1960.

CHAPITRE 2 L'EVOLUTION DE L'ORGANISATION JUDICIAIRE

L'Afrique pré - coloniale avait des structures chargées de l'application de son droit: La justice était généralement rendue par le chef ou par un conseil d'anciens ou de notables. Le droit civil et la common law ayant été introduits au Cameroun par la France et la Grande Bretagne, c'est tout naturellement qu'il a été crée des tribunaux adaptés pour assurer leur application.

Du fait de la cohabitation sur le même territoire de personnes de statuts différents (les indigènes et les citoyens Français ou Anglais et assimilés), il était tout à fait normal qu'il y ait deux ordres de juridictions distincts. A l'époque coloniale, ce dualisme judiciaire est un instrument nécessaire de différenciation statutaire. Les Européens et assimilés dépendent des juridictions de droit moderne tandis qu'en principe, les autochtones sont soumis au droit coutumier et pour ester en justice doivent s'adresser à une juridiction coutumière.

L'organisation des instances chargées de rendre la justice pour les indigènes était liée à la politique de gestion des colonies[77]. L'Angleterre opte pour l'administration indirecte: Les indigènes restent soumis au droit traditionnel et les structures juridictionnelles traditionnelles sont maintenues et utilisées pour juger sous la supervision de la puissance coloniale sans que celle-ci n'intervienne directement dans les affaires locales. Quant à la

---

[77]Voir Les grands systèmes de droit contemporains op. cit. p. 638 « Les Français, les Espagnols les Portugais ont eu une politique d'assimilation, fondée sur le double postulat de l'égale valeur de tous les hommes et de la supériorité de la civilisation européenne sur les mœurs africaines... L'assimilation à été considérée comme l'aboutissement normal de l'action civilisatrice, la métropole ayant pris en mains, directement l'administration du pays. Les Anglais ont au contraire une politique d'administration indirecte (*indirect rule*); ils ont en principe admis que les indigènes devaient continuer à se gouverner eux-mêmes, sous le contrôle des britanniques, selon leurs coutumes. » Cependant, la différence sur le terrain de l'administration indirecte et de l'assimilation était parfois minime car l'assimilation a parfois été menée en demi teinte et l'administration anglaise a parfois été amenée à « découvrir des institutions indigènes sans appui dans la tradition ou à renforcer le pouvoir de chefs qui avaient cessé d'être reconnus comme tels. » P. 646

France, son choix d'une politique d'assimilation la conduira à pratiquer dans le domaine judiciaire une administration beaucoup plus directe. Des magistrats ou de simples fonctionnaires français interviendront directement dans les affaires locales.

Le dualisme juridictionnel bien qu'organisé différemment dans les deux parties du territoire, s'impose plus ou moins à la France et à la Grande Bretagne. Il aurait été difficilement envisageable à l'époque de soumettre les autochtones et les occidentaux aux mêmes juridictions. Pendant des siècles ils avaient été régis par des droits profondément différents et la conception même de la justice n'est pas la même dans ces différentes cultures. Soumettre l'ensemble des indigènes aux juridictions de droit moderne du jour au lendemain aurait été hasardeux. Le dualisme subsistera donc pendant toute la période où le Cameroun sera administré par la France et la Grande Bretagne. L'accession à la souveraineté nationale va provoquer un changement de cap. A compter de cette date, l'évolution du droit en général et de l'organisation judiciaire en particulier se fera dans le sens de l'unification.

A la veille de son indépendance, le Cameroun oriental désireux de parvenir à l'unicité de son droit conçoit une réforme judiciaire (ordonnance n° 59/86 du 17 décembre 1959) qui organise l'unification des juridictions préalable à l'unification, du droit. Après la réunification au Cameroun occidental le 1er octobre 1961, la nécessité d'unifier le droit se fait plus impérieuse mais le gouvernement fédéral occupé à pacifier le pays que la réunification avait mis à feu et à sang est contraint de mettre ce projet en veille. Néanmoins, il crée au niveau fédéral une juridiction compétente pour trancher les conflits éventuels entre les juridictions supérieures des deux Etats fédérés. Ce n'est qu'après l'unification, le 20 mai 1972 que le gouvernement votera un texte sur l'organisation judiciaire applicable sur l'ensemble du territoire: il s'agit de l'ordonnance n°26/4 du 26 août 1972 portant organisation judiciaire.

L'histoire de l'organisation judiciaire au Cameroun aura donc été marquée par l'instauration du dualisme d'une part (section1) et par des tentatives d'unification d'autre part (section2).

SECTION 1 L'INSTAURATION DU DUALISME JURIDICTIONNEL

Le dualisme juridictionnel en Afrique a été une constante pendant la période coloniale. Les puissances coloniales ont dû s'accommoder de cette réalité: Les indigènes ne pouvaient être jugés de la même façon que les européens et assimilés. Le sens de la justice chez ces deux groupes de personnes est très différent. C'est la prise en considération de cette différence qui conduira les puissances coloniales à instaurer deux types de juridictions. Les juridictions de droit moderne étaient calquées sur celles de la métropole, somme toute assez familières et les juridictions de droit traditionnel qui constituaient une nouveauté pour elles.

Par souci d'une bonne administration de la justice coutumière, il est fait appel aux indigènes qui ont une meilleure connaissance du droit traditionnel. L'Angleterre laisse directement aux autorités coutumièrement compétentes le soin de juger tandis que la France crée des juridictions spéciales pour les autochtones au sein desquelles des assesseurs, représentant les coutumes des parties siègent avec un président de tribunal de nationalité française.

Le dualisme juridictionnel dont le bien fondé n'est pas discuté à l'époque coloniale a conduit à la mise sur pied de deux ordres parallèles de juridictions aussi bien dans la partie francophone du pays que dans la partie anglophone. Une fois son indépendance acquise, les dirigeants Camerounais s'en accommoderont provisoirement. Quels sont les fondements du choix de ce modèle d'organisation judiciaire? (Para 1) Quelle en est la portée? (Para 2)

§ 1 : LES FONDEMENTS DU DUALISME JURIDICTIONNEL

Les raisons qui ont poussé la France et la Grande Bretagne à maintenir, lorsqu'elles avaient en charge l'administration du Cameroun, des règles et une justice traditionnelle face à l'organisation juridictionnelle moderne qu'elles mettaient parallèlement en place ne sont pas tout à fait les mêmes que celles qui ont conduit les dirigeants du Cameroun indépendant à opter pour le pluralisme judiciaire. A l'époque coloniale, le fondement du dualisme juridictionnel est étroitement lié à la fois au statut international du Cameroun, aux idées de la doctrine dans sa grande majorité hostile à l'assimilation pure et aussi à la prise en compte des réalités sociologiques locales. Après les indépendances, l'ordre juridictionnel colonial est reconduit provisoirement par pragmatisme et le dualisme devient une simple tolérance.

Nous verrons donc tour à tour le dualisme juridictionnel dans le cadre colonial (A) avant de l'envisager au sein de l ' Etat indépendant (B).

A- LE DUALISME JURIDICTIONNEL DANS LE CADRE COLONIAL

Les anciennes colonies ou protectorats allemands avaient un statut particulier (notamment le Cameroun et le Togo) à la suite de la défaite de l'Allemagne en 1918. Ils sont successivement passés sous mandat de la SDN et sous tutelle de l'ONU[78]. Confiés à l'administration de la France et de la Grande Bretagne ils sont assimilés dans la pratique aux colonies françaises et anglaises mais juridiquement, ils ne sont pas des colonies. La décision de la SDN de mettre sous mandat les anciennes possessions coloniales allemandes avait été justement prise pour éviter que celles-ci ne fassent l'objet d'une annexion pure et simple[79]avec toutes les conséquences qui en découleraient[80]. Le mandat est le résultat d'un compromis entre les Etats-Unis et les autres puissances. Le président WOODROW WILSON, anticolonialiste, était pour l'autodétermination des pays concernés. Il fait part dans son message sur la préparation de la paix le 8 janvier 1918 de son souci de voir « les intérêts des populations en cause peser d'un même poids que les revendications équitables du gouvernement. » Plus tard, lors des discussions de la conférence de paix de Versailles il va jusqu'à suggérer que l'administration des anciennes colonies

---

[78]C'est le 7 mai 1919 que le conseil suprême de la Société des nations prend la résolution de repartir entre les puissances alliées, les anciennes colonies allemandes.

[79]Voir ROUARD DE CARD (E) dans Les mandats français sur le Togo et le Cameroun.

[80]Sur un territoire annexé, une puissance coloniale légifère comme bon lui semble alors que dans le cas d'un pays sous mandat, il devrait en principe être limité par les termes du mandat.

allemandes revienne à des petits pays sous le contrôle de la SDN. La France et l'Angleterre bien entendu sont contre. Le mandat[81] est le mode de gestion des colonies allemandes autour duquel l'accord se fait finalement. C'est «une forme mitigée d'internationalisation des colonies »[82]. L'article 22 du pacte les classe en trois catégories:

- Le mandat A concerne l'ancien empire ottoman (moyen orient). Le mandataire n'est ici qu'un guide temporaire en attendant que ces peuples, qui ont atteint un certain degré de développement, puissent se prendre en charge tous seuls.
- Le mandat B s'applique à l'Afrique centrale et orientale. Le mandataire ici peut adopter la forme d'administration de son choix. La seule obligation qui pèse sur lui est d'empêcher la traite des esclaves, le trafic de l'alcool et des armes et enfin d'assurer aux indigènes la liberté de conscience et de religion.
- Le mandat C intéresse le sud-ouest Africain et les îles du pacifique austral. Les territoires concernés étaient pratiquement gérés comme des parties du pays du mandataire. Il n'était que vaguement recommandé au mandataire de tenir compte des intérêts des populations locales.

Le Cameroun appartenant au groupe B, en principe les pouvoirs de la France et de la Grande Bretagne sont limités. Dans les pays sur lesquels il y avait un mandat C, il était demandé aux mandataires de prendre en considération les intérêts des autochtones. Cette obligation existait a fortiori pour les pays soumis au mandat B. Les puissances mandataires au Cameroun doivent respecter les intérêts des indigènes et en matière d'organisation judiciaire, cela signifie leur donner la possibilité d'être jugé par des juges formés au droit coutumier, le droit des

---

[81]Le mandat en droit civil est le pouvoir donné à une personne appelée mandataire pour agir au nom d'une autre appelée mandant.
MAILLET (J) dans son ouvrage: Histoire des institutions pense que c'est dans le droit romain que le mandat trouve sa source. A ce propos il fait référence aux « directives intérieures à l'administration que l'empereur romain envoyait à ses agents locaux pour leur donner des instructions administratives. »
Pour les signataires du pacte de la SDN par contre, le mandat est une formule qui permet de rejeter l'idée d'annexion des anciennes colonies allemandes en les plaçant sous le contrôle direct de la SDN.
[82]Voir NGONGO (L.P) dans Histoire des institutions et des faits sociaux du Cameroun. Tome1 1884-1945 p.93
Collection mondes en devenir. Éditions Berger -Levrault 1987.

populations locales. L'esprit dans lequel le pacte de la SDN a été signé commande que des dispositions soient prises dans ce sens. Dans la pratique, les choses sont toutes autres. Le 20 juillet 1922 est signé à Londres la formule du mandat sur le Cameroun. Le texte a été préparé par la France et l'Angleterre qui occupent de fait le territoire depuis 1918. La période de flottement qui a précédé la signature des accords internationaux à été mise à profit par ces deux puissances pour marquer de leur empreinte de façon irréversible le territoire[83]. L'article 9 de la formule de mandat va bien au delà de ce que prévoit l'article 22 al 5[84] du pacte de la SDN. Il dispose: « La puissance mandataire aura pleins pouvoirs d'administration et de législation sur les contrées faisant l'objet du mandat: ces contrées seront administrées selon la législation de la puissance mandataire, comme faisant partie intégrante de son territoire... » Cet alinéa reflète les désirs annexionnistes des rédacteurs du texte. Une telle formule n'aurait pu s'appliquer qu'à un pays soumis à un mandat de la catégorie C. Le Cameroun relevant du mandat B, la France et l'Angleterre n'avaient pas juridiquement parlant le droit d'y étendre leur législation, du moins pas en des termes aussi généraux et complets.

Il n'est explicitement question de prendre en considération les lois, les coutumes et les intérêts des indigènes qu'en ce qui concerne la tenue et le transfert de la propriété foncière (article 4 al 5 de la formule du mandat français sur le Cameroun)[85]. Il n'existe

---

[83]Bien avant la signature des accords de mandat, aussi bien l'Angleterre que la France avaient étendu au Cameroun des textes en vigueur dans les pays limitrophes qui étaient sous leur domination. Voir ANYANGWE (C) dans The Cameroonian judicial system op.cit. p.63

[84]Article 22 al 5 du pacte de la SDN: « Le degré de développement où se trouvent d'autres peuples, spécialement ceux de l'Afrique centrale, exige que le mandataire y assume l'administration du territoire à des conditions qui, avec la prohibition des d'abus, tels que la traite des esclaves, le trafic des armes et celui de l'alcool, garantiront la liberté de conscience et de religion, sans autres limitations que celles que peut imposer le maintien de l'ordre public et des bonnes mœurs, et l'interdiction d'établir des fortifications ou des bases militaires ou navales et de donner aux indigènes une instruction militaire, si ce n'est pour la police ou la défense du territoire, et qui assureront également aux autres membres de la Société des conditions d'égalité pour les échanges et le commerce. »

[85]Article 4 al 5 de la formule de mandat Français sur le Cameroun : «La puissance mandataire devra, dans l'établissement des règles relatives à la tenue et au

pas de disposition générale dans ce sens alors qu'a priori on aurait pu s'attendre au contraire. Etant donné qu'on n'était pas dans une hypothèse d'annexion pure et simple, on pourrait penser que le respect de la personnalité des peuples administrés s'imposerait davantage comme une évidence.

Après la deuxième guerre mondiale, l'Organisation des Nations-Unies ayant remplacé la Société des Nations, le Cameroun anciennement sous mandat passe sous tutelle[86]. La tutelle devait préparer les pays à l'indépendance. Au niveau de l'organisation judiciaire du pays, il n'y a pas de changement notoire. Les pouvoirs de législation de la France et de l'Angleterre au Cameroun ne sont toujours pas limités par une obligation générale de respecter le droit traditionnel. Seule a été reconduite l'obligation de tenir compte des règles coutumières en matière foncière[87].

Pour des raisons de commodité pratique, des *natives courts* ont néanmoins été créées dans la partie anglophone bien avant la signature de l'accord de mandat. L'ordonnance portant création de ces juridictions date de 1918. En 1933 il existe 64 *natives courts* sur l'ensemble du *Southern Cameroons*. Au Cameroun francophone, c'est un décret du 23 avril 1921 qui crée les premiers tribunaux pour les autochtones[88]. La mise sur pieds de ces différentes juridictions traduit la difficulté qu'il y 'aurait eu à soumettre les indigènes exactement aux mêmes juridictions que les Français ou les anglais et assimilés. Jusqu'à la proclamation des indépendances, les tribunaux de droit traditionnel[89] fonctionneront parallèlement à ceux de droit moderne.

---

transfert de la propriété foncière, prendre en considération les lois et les coutumes indigènes, respecter les droits et sauvegarder les intérêts des indigènes. »

[86]Il faut préciser que placer sous tutelle un pays anciennement sous mandat était une décision discrétionnaire de la puissance mandataire. Au Cameroun, la France ne s'y résoudra qu'à cause de la forte pression morale internationale exercée sur elle.

[87]Article 8 du British trusteeship agreement : « *In framing laws relating to the holding or transfer of land and natural resources, the administering authority shall take into consideration native laws and customs, and shall respect the rights and safeguard the interests, both present and future, of the native population...* »

Article 7 de l'accord de tutelle de la France :

[88]Il s'agit des tribunaux de premier degré, des tribunaux de race et des tribunaux du second degré.

[89]Par tribunaux de droit traditionnel, nous entendons ici les juridictions établies par l'administration coloniale qui appliquent le droit coutumier dans les limites

Si le fondement du dualisme juridictionnel n'est pas très net du fait du statut particulier du Cameroun au plan international, l'influence d'une grande partie de la doctrine de l'époque franchement hostile à la politique de l'assimilation pure à été par contre décisive pour la mise en place d'instances juridictionnelles propres aux indigènes. La prise en considération des coutumes fait partie des idées humanitaires défendues à l'époque aussi bien en Angleterre qu'en France. Dans l'opinion publique britannique, l'idée d'agrandissement de l'empire colonial est rejetée car, une des causes de la première guerre mondiale serait justement l'impérialisme. Il est alors hors de question d'annexer le Cameroun ou quelque autre ancienne colonie Allemande. En France, les partisans du respect des intérêts des colonisés ainsi que certains administrateurs coloniaux[90] appelaient à l'humanisation de la colonisation. LYAUTEY dira à ce propos que « c'est la tâche la plus noble, la plus juste et la plus pure, la plus digne de la France et de ces traditions, que d'associer à ses destinées, non pas un peuple asservi, mais un peuple bénéficiant de la plénitude de ses droits naturels et de la satisfaction de tous ses besoins moraux. » Certains comme ANATOLE FRANCE iront jusqu'à dire que l'assimilation ou l'assujettissement sont « un déchaînement des forces brutales qui se couvrent du masque de la colonisation. » C'est « la forme la plus récente de la barbarie.[91] » En outre, le fait que l'assimilation du plus grand nombre (les indigènes) était faite par la minorité (les administrateurs coloniaux) constitue une méconnaissance de la Grande Déclaration que la doctrine ne manquait pas de souligner[92]. C'est donc pressée de toute part par toutes ces critiques que la France à l'origine partisane de l'assimilation a dû souvent la mener en demi teinte. Concernant l'organisation judiciaire, même si elle n'est pas allée jusqu'à laisser l'administration de la justice aux indigènes comme la Grande-Bretagne, elle a cependant été contrainte de prendre en considération les spécificités locales: a

---

permises par l'ordre public. Ils n'ont rien à voir avec la justice coutumière « sous l'arbre » que nous verront plus tard.

[90]Voir SARRAUT (A) dans Grandeurs et servitudes coloniales (1931).

[91]ANATOLE (F) cité par HARDY (G) dans La politique coloniale et le partage de la terre aux 19ème et 20ème siècles, Paris 1931 p. 336

[92]Voir GIRAULT (A) dans Principes de colonisation et législation coloniale. Paris 1929 p. 374.

côté des juridictions de droit civil ont été créées des juridictions pour les indigènes devant lesquelles des assesseurs apportaient l'éclairage de la coutume des parties. Celle-ci n'était appliquée bien entendu que lorsqu'elle n'était pas contraire à l'ordre public et aussi bien l'administration que les différentes missions chrétiennes qui s'installeront au Cameroun combattront énergiquement toutes les pratiques coutumières barbares[93].

Enfin, on peut soutenir que le dualisme juridictionnel à l'époque coloniale était une simple question de bon sens et de pragmatisme. Il n'était pas envisageable de supprimer par simple décision de l'autorité coloniale l'ensemble du droit coutumier; un droit qui avait régi les populations locales pendant des siècles. A cette époque plus encore qu'aujourd'hui, les autochtones avaient une approche très différente du droit et de la justice. Il aurait été difficile de leur rendre justice dans un cadre prévu pour le droit moderne et selon une procédure propre à celui-ci. D'autre part, même si la France et l'Angleterre avaient voulu remplacer la justice traditionnelle par une justice calquée sur les modèles occidentaux, il est fort probable qu'ils auraient eu de la peine à trouver suffisamment de personnel qualifié pour couvrir la totalité du territoire et assurer une présence judiciaire même dans les localités les plus retirées. A supposer même que des juridictions existent un peu partout, il n'est pas sûr que les indigènes se seraient adressés à elles. Il aurait fallu compter avec la méfiance des populations face à une justice qu'elles ne connaissent pas et qui est rendue selon des règles qui leur sont étrangères. L'expérience par la suite montrera que lorsque les juridictions coutumières sont supprimées alors que les populations ne sont pas prêtes à embrasser un nouveau type de justice, celles-ci plutôt que de porter leurs litiges devant les nouvelles instances juridictionnelles auront tendance à les régler extra - judiciairement. C'est ce qui a été observé en Côte - d'Ivoire à la suite de la suppression des juridictions de droit coutumier au lendemain de l'indépendance: une partie importante du contentieux du droit de la famille a été

---

[93]Voir - ZE-MEKA (R) dans L'administration française et les missions chrétiennes devant le problème de l'évolution du statut des femmes béti et Boulou du sud-Cameroun (1893-1957). Thèse de 3ème cycle, Paris 1984.

- Mgr LE ROI (A) dans Les populations dites de civilisations inférieures, annales des Pères du Saint-Esprit, juillet-août 1930.

soustrait à la connaissance des juridictions étatiques. Contrairement à la Côte - d'Ivoire, le Cameroun après l'accession à la souveraineté nationale reconduira le système juridictionnel dualiste hérité de la France et de l'Angleterre. Quelles étaient les motivations de ce choix ?

B - LE DUALISME JURIDICTIONNEL DANS LE NOUVEL ETAT INDEPENDANT

Au lendemain des indépendances, les pays d'Afrique noire étaient partagés entre la tentation de faire *tabula rasa* du passé colonial, et l'attrait incontestable qu'exerçait sur eux le droit de l'ex colonisateur. Fallait-il rompre avec le passé, repartir sur de nouvelles bases ou alors s'inscrire dans une logique de continuité et pourquoi pas pousser l'audace plus loin que ne l'avait fait le législateur colonial ?

Le Cameroun choisit une voie médiane qui l'amène à conserver aussi bien les institutions héritées des anciens administrateurs (les tribunaux de droit moderne) que celles qui étaient prévues pour les personnes ayant un statut personnel de droit local; s'inscrivant par là dans une logique de continuité.

La raison de cette option pour le dualisme de façon générale et pour le dualisme juridictionnel en particulier - alors que dans d'autres pays comme la Côte-d'Ivoire l'indépendance à sonné le glas, du moins dans les textes, des coutumes et des juridictions traditionnelles étatiques - est fondée sur des de considérations politiques, sociologiques, économiques et pragmatiques.

Au moment de l'accession à la souveraineté nationale, puis de la réunification, dans les deux parties du territoire, les populations n'étaient assurément pas prêtes pour une rupture totale avec les institutions ancestrales, avec cette justice mise sur pieds par les maîtres coloniaux qui intégrait tant bien que mal les particularités locales. Les dirigeants du pays aspirant à un droit moderne « moteur » du développement économique[94] n'étaient pas prêts non plus à faire rimer décolonisation[95] et rupture d'avec le droit de

[94] Voir HILAIRE (J) dans variation sur le mariage op. cit. p. 148

[95] QUERONNE définit la décolonisation comme « un processus d'établissement ou de rétablissement du droit commun sur une base strictement égalitaire dans les rapports inter individuels et inter collectifs entre anciens colonisateurs et anciens

l'ancien législateur. Ils entendaient bien profiter de toutes les facettes du droit moderne susceptibles de les conduire vers ce développement économique tant convoité. Le respect de cette double exigence - prise en compte de l'état sociologique des populations et volonté d'assurer l'essor économique - conduira le législateur lors de l'élaboration du premier texte sur l'organisation judiciaire s'appliquant à l'ensemble du pays réunifié à composer avec le présent tout en se projetant dans l'avenir.

Dans les discours officiels, la richesse culturelle du pays est souvent soulignée. Le fait que « reconnaître l'intérêt de nos valeurs culturelles ne signifie pas refuser les apports du monde moderne. Nous en faisons partie intégrante et notre survie est liée à notre capacité de s'adapter à lui[96] » est également régulièrement rappelé.

La réunification quelques années après les indépendances a dû également peser d'un certain poids sur l'adoption du dualisme juridictionnel. Dans le passé, les deux parties du territoire avaient évoluée différemment sur le plan judiciaire. Les populations anglophones étaient plus encore que celles du Cameroun francophone attachées à la justice coutumière. Politiquement le législateur national ne pouvait ignorer ce fait à peine quelques semaines après la « révolution pacifique du 20 mai 1972 ». L'ordonnance de juin 1972 sur l'organisation judiciaire est le premier texte national en la matière. Elle se devait de ménager les susceptibilités et de refléter un schéma juridictionnel où tout le monde pourrait se retrouver.

De toutes les façons, l'Etat n'avait pas les moyens matériels et humains nécessaires pour faire une « révolution » dans le cadre de l'organisation judiciaire et c'est tout naturellement que le législateur adoptera l'attitude prudente de reconduire grosso modo le dualisme juridictionnel institué par les anciens administrateurs coloniaux. Quelle en est la portée ?

---

colonisés. » Voir Esquisse d'une théorie juridique et politique de la décolonisation. RJPUF 1958 P.436

[96] Voir La pensée politique d'AHMADOU AHIDJO. Bureau politique de l'Union nationale camerounaise 1970 P. 24

§ 2 LA PORTEE DU DUALISME JURIDICTIONNEL : LA COEXISTENCE D'UNE JUSTICE COUTUMIERE ET D'UNE JUSTICE DE DROIT MODERNE.

Par justice coutumière, on entend celle qui applique le droit traditionnel. Elle s'adresse aux indigènes alors que la justice de droit moderne est celle qui a été introduite sur le territoire camerounais par les puissances occidentales. Dans un premier temps elle régira les Européens installés sur place et s'étendra par la suite aux indigènes dans certaines conditions.

A LA JUSTICE COUTUMIERE.

Il existe deux sortes de justice coutumière :
- La justice coutumière non étatique (a).
- La justice coutumière reconnue et organisée par l'Etat (b).

a) La justice coutumière non étatique.

La justice coutumière non étatique est celle de l'époque antérieure à l'arrivée des Européens; c'est celle de l'Afrique pré - coloniale. On peut dire qu'elle correspond à ce qui est communément appelé « la palabre sous l'arbre[97]. » Elle existait bien avant l'ère coloniale et subsiste. Elle a sans doute de longs jours devant elle encore. L'Etat n'est pas forcément au courant de ce qui s'y passe et c'est en cela qu'elle peut paraître comme une justice parallèle au système judiciaire mis en place par l'Etat. C'est une justice parallèle dans la mesure où les autorités traditionnelles sans tenir compte des textes sur l'organisation judiciaire peuvent à tout moment se saisir ou être saisis de tout litige, quel qu'en soit la nature qui survient dans la tribu, le clan ou le village. La justice coutumière non étatique se présente comme la justice « naturelle » dans une société gérontocratique telle que la société traditionnelle africaine où il est normal et habituel d'avoir recours à un aîné pour trancher lorsque survient un différend. La justice coutumière non étatique est très sollicitée surtout dans les campagnes où les populations restent très attachées aux traditions. Dans les centres

---

[97] C'est la justice familiale qui peut être étendue à la tribu, au clan ou au village. La justice dont il est question ici n'est pas forcément rendue sous un arbre... Mais elle est toujours rendue dans le même esprit de conciliation.

urbains aussi, elle a eu à connaître bon nombre d'affaires. Il arrive qu'elle soit la première étape d'une procédure qui conduira les parties devant des juges professionnels - au sein soit d'une juridiction de droit traditionnel, soit d'une juridiction de droit moderne - qui ont les moyens de faire intervenir la force publique pour faire exécuter leurs décisions contrairement à celles issues de la justice non étatique qui sont dépourvues de toute force exécutoire.

Dans la tradition, la fonction judiciaire va de pair avec le pouvoir coutumier. La justice est un des attributs de la fonction de chef[98]. C'est une notion qu'on retrouve à différentes échelles. Lorsqu'il y a un conflit, on recherche généralement l'arbitrage d'un aîné pour le résoudre. Ce dernier peut statuer seul ou alors avec un conseil de personnes dont il estime nécessaire de demander l'avis. Quand il s'agit d'un problème qui oppose des membres d'une même famille, souvent ce sera le chef de famille qui le réglera. Lorsqu'il s'agit de personnes de familles différentes, le chef de quartier peut intervenir s'il s'agit de personnes habitant le même quartier ou alors l'affaire peut être portée devant le chef de village s'il n'est pas du ressort du chef de quartier. Il peut arriver que la même affaire soit successivement portée devant un aîné de la famille, le chef de famille, le chef de quartier et le chef de village par les parties personnellement impliquées dans le litige ou alors par les générations suivantes[99]. Ces différentes autorités essaieront à tour de rôle de trouver une solution qui préserve la cohésion sociale car c'est là l'objectif assigné à la justice coutumière. Si des générations successives peuvent à tout moment invoquer à nouveau une affaire déjà jugée une fois, c'est la preuve que le but recherché n'est pas tant de désigner un coupable mais, de trouver un moyen d'amener les parties à faire la paix. Ce dessein sera le même pour les générations futures[100]. Pour ce qui est de l'autorité des décisions prises dans le cadre de la justice coutumière non étatique, comme nous le soulignions plus haut, elles sont normalement dépourvues

---

[98]Voir MIGNOT (A) dans La justice traditionnelle, une justice parallèle: L'exemple du sud - Togo. Penant 1982 p.12 et suivantes

[99]Coutumièrement, la même affaire peut être jugée plusieurs fois contrairement à ce qui se passe en droit civil où le principe de l'autorité de la chose jugée s'y opposerait.

[100]Voir MIGNOT (A) op. cit. p.13

de toute force exécutoire. L'exécution d'une décision dépendra du bon vouloir des parties d'une part et de l'autorité qui émane de celui qui l'a rendue d'autre part. Généralement, lorsqu'une affaire est réglée au niveau de la chefferie du village, la promptitude à se soumettre à une décision du chef est aussi liée au rapport que les administrés entretiennent avec la chefferie. Dans le Cameroun francophone, on peut plus facilement imaginer un « Ewondo » refusant d'obéir à une injonction du chef que le « Bamiléké » car leur rapport à la chefferie est très différent. Même si l'on retrouve dans ces deux tribus une très grande déférence pour le chef ; chez les « Bamiléké » elle est mêlée d'une crainte qui est absente chez les « Béti », groupe auquel les « Ewondo » appartiennent. De même, dans le Cameroun anglophone, il est difficilement imaginable qu'un natif de « Babalang » refuse d'obtempérer à un ordre du chef alors qu'un « Bayangui » de Manfé le ferait un peu plus facilement. Plus le respect pour le chef est grand, plus ses décisions seront suivies.

Si les décisions prises par le chef de village sont en droit dépourvues de force exécutoire, elles ont une force contraignante certaine à cause du poids de la tradition. Refuser d'obéir au chef, c'est s'exposer au risque d'être mis au ban du village ou pire de provoquer la colère des dieux ou des ancêtres. Il faut aussi préciser que ces jugements rendus en dehors des structures étatiques trouvent parfois des relais informels au commissariat de police le plus proche ou à la gendarmerie. Ainsi, un chef de village peut brandir la menace d'informer la police ou la gendarmerie d'une affaire si sa sentence ne reçoit pas exécution. Les commissaires de police à leur tour peuvent menacer de garder à vue ou de transmettre un dossier au parquet pour contraindre le récalcitrant à s'exécuter. Cette procédure parfaitement illégale est pourtant courante. Le commissaire de police, surtout s'il est originaire de la région de son lieu de travail, ne peut ignorer le pouvoir du chef de village. En droit coutumier, il est sous son autorité et c'est tout naturellement qu'il aura tendance à appuyer les décisions du chef en usant des pouvoirs que l'administration lui confère.

Cette juridiction non institutionnalisée des aînés et des chefs de village ou de quartier est très vivante et draine bon nombre d'affaires qui ne seront jamais déférées aux tribunaux officiels. La nature de certains litiges désigne naturellement les autorités villageoises comme seules compétentes. Ainsi par exemple en matière de sorcellerie, étant donné que même les tribunaux de droit traditionnel institués par l'Etat peuvent être vus comme « la justice des blancs », les parties en réalité pour faire juger une affaire de cet ordre n'ont pas d'autre alternative que de se tourner vers des autorités coutumières « initiées » qui le cas échéant peuvent avoir recours à un marabout ou aux sociétés secrètes villageoises pour rassembler des preuves. Les explications portant sur la coutume des parties que les assesseurs donneraient au président d'un tribunal étatique de droit traditionnel ne seraient d'aucune aide à ce dernier s'il n'est pas un initié. Il recherchera des preuves objectives dans un domaine où il n'y a pas a priori de place pour la rationalité.

La proximité de cette justice surtout pour ceux qui habitent la campagne ou des zones enclavées ainsi que sa familiarité et sa rapidité sont des atouts majeurs qui expliquent la préférence que certains justiciables sont susceptibles d'avoir pour ce type de justice. Saisi d'une affaire, celui qui la juge[101] s'intéressera à tous ses aspects et jugera même *ultra petita* s'il l'estime nécessaire.

L'Etat est conscient de la grande audience dont jouit cette justice informelle et essaie d'en exploiter les avantages. Les tribunaux étatiques comme c'est le cas dans la plupart des pays sont encombrés ce qui ralentit considérablement le cours de la justice. L'intervention conciliatrice des autorités villageoises en amont de la justice d'Etat contribue à désengorger ces structures[102] et permet de gagner du temps lorsque la conciliation aboutit à un accord. Les chefs traditionnels peuvent également jouer un rôle important dans le déroulement des procès en étant assesseurs ou même présidents de tribunaux étatiques de droit traditionnel[103]. Malheureusement cette intégration des responsables coutumiers

---

[101]La nature civile, commerciale ou pénale du litige importe peu. Dans tous ces différents cas, les autorités villageoises s'estiment compétentes.

[102]La possibilité pour les chefs coutumiers de procéder à des arbitrages ou à la conciliation de leurs administrés a été prévue par l'article 21 du décret n° 77/245 du 15 juillet 1977. L'article 14 al 3 du décret n° 69/DF/544 du19 décembre 1969 prévoit lui aussi la possibilité pour le président du tribunal de premier degré de procéder à la conciliation des parties soit de son propre chef soi à la demande de ces derniers.

[103]Beaucoup de chefs traditionnels de nos jours sont des personnes actives qui exercent une activité professionnelle parallèlement à la fonction de chef coutumier.

dans les structures administratives contribue à amoindrir leur autorité. Ils ne sont plus, dans un tel schéma, au sommet de la hiérarchie judiciaire. Assesseur, le chef coutumier délibère certes mais ne tranche pas en dernier ressort comme il l'aurait fait s'il avait eu à intervenir en dehors d'un cadre institutionnel. Président d'un tribunal coutumier, sa décision peut être reformée en appel, chose difficilement imaginable lorsqu'il agit en sa qualité de chef de village.

A quelques nuances près, la situation est la même dans la plupart des tribus camerounaises. En cas de litige, on recherche l'arbitrage d'un aîné ou du chef et ce n'est qu'en cas d'échec de la tentative de conciliation qu'on envisagera la possibilité de s'adresser à un tribunal officiel. Il peut cependant arriver que pour diverses raisons les parties préfèrent agir directement devant une juridiction de l'Etat[104].

b) LA JUSTICE TRADITIONNELLE ETATIQUE

La justice traditionnelle que nous qualifions d'étatique est celle qui a vu le jour au Cameroun anglophone comme au Cameroun francophone avec l'arrivée des puissances coloniales. Elle a été mise sur pied par ces dernières pour juger les indigènes. Son organisation était différente dans les deux parties du territoire.

<u>1) La justice coutumière institutionnelle dans le Cameroun francophone</u>.

L'organisation juridictionnelle allemande a été provisoirement maintenue jusqu'au décret du 13 avril 1921 qui y met un terme et institue pour les indigènes des tribunaux du premier degré, des tribunaux du second degré et une chambre d'homologation. Un décret du 31 juillet 1927 viendra compléter celui de 1921[105]. Il ouvre le droit à l'appel aux indigènes, attribue un pouvoir délibératif aux assesseurs et rend la conciliation obligatoire avant tout procès civil. A la date du 11 septembre 1928, il existe quatre instances juridictionnelles coutumières dans la zone française : les

---

[104]On peut penser que certaines femmes préféreront s'adresser à une juridiction officielle pour obtenir la liquidation d'une communauté conjugale dans la mesure où en principe elles y ont plus de chance de bénéficier d'un partage équitable.
[105]Voir Codes et lois du Cameroun. Tome I p. 233

tribunaux de conciliation, les tribunaux de premier degré, les tribunaux de second degré et la chambre spéciale d'homologation. Une cinquième sera créée par le décret du 26 juillet 1944: il s'agit du tribunal coutumier[106]. Leurs compétences géographiquement étaient reparties comme suit: au niveau du village ou de la tribu, il y avait les tribunaux de conciliation, les tribunaux coutumiers à l'échelle du groupe de villages, les tribunaux du premier degré et du second degré respectivement au niveau de la subdivision et de la région[107]. La chambre d'homologation quant à elle avait une compétence qui s'étendait sur tout le territoire[108].

Les tribunaux du premier et du second degré étaient seuls compétents pour les actions relatives à l'état des personnes, à la famille, au mariage, au divorce et à la filiation. Les tribunaux coutumiers intervenaient pour les autres actions civiles et en matière commerciale. Les tribunaux du second degré recevaient en appel les décisions du tribunal du premier degré ainsi que celles du tribunal coutumier. Au dessus des tribunaux du second degré il y' avait une chambre d'homologation qui était la juridiction suprême pour les affaires coutumières. Lorsqu'elle était amenée à se prononcer, elle pouvait soit homologuer le jugement, soit l'annuler et renvoyer l'affaire à la juridiction inférieure ou alors l'évoquer et statuer au fond sans renvoi[109].

Pour ce qui est des membres de ces différentes juridictions, les tribunaux de conciliation étaient présidés par les chefs coutumiers. Lorsqu'ils parvenaient à un accord, procès verbal en était dressé et lui conférait force obligatoire. Il y 'avait à la présidence du tribunal du premier degré un fonctionnaire Français; généralement le chef de subdivision qui siégeait avec deux assesseurs choisis parmi les notables indigènes. Le tribunal du second degré par contre était composé par des chefs ou des notables indigènes. Le fait qu'on retrouve devant cette juridiction d'appel uniquement des indigènes est pour le moins surprenant. C'est bien la preuve que sur le terrain l'assimilation voulue par la France a parfois été menée en demi-

---

[106]Voir Codes et lois du Cameroun. Tome 1 p. 302

[107]La subdivision correspondrait à peu près à l'arrondissement actuel et la région au département actuel.

[108]Voir MARTICOU RIOU (A) dans L'organisation judiciaire du Cameroun. Penant 1969 p. 33 et suiv.

[109]Voir MARTICOU RIOU (A) op. cit. p. 42.

teinte. Il aurait été plus logique d'avoir les notables indigènes à la base de l'organisation juridictionnelle et le chef de subdivision ou tout autre fonctionnaire Français à l'échelon supérieur étant donné qu'implicitement le droit français était supérieur. Le juge d'appel Français aurait pu plus adéquatement travailler à l'évolution des coutumes en jugeant en second ressort plutôt qu'en premier avec le risque de voir sa décision reformée en appel. Cependant, étant donné que les indigènes qui siégeaient devant le tribunal du second degré étaient nommés par le chef du territoire sur proposition du chef de subdivision, on peut penser qu'ils gardaient le contrôle de l'évolution du droit coutumier en désignant des « progressistes ». En outre, il était toujours possible au niveau de la chambre d'homologation[110] dont le président était le même que celui de la cour d'appel de réorienter une mauvaise décision du tribunal du second degré.

Ces différentes juridictions que nous venons d'évoquer, jugeaient les indigènes d'après leurs coutumes lorsqu'elles n'étaient pas contraires à l'ordre public et aux bonnes mœurs. Cette organisation juridictionnelle séparée, certes propre aux autochtones, permettait tout de même aux autorités françaises d'avoir une mainmise sur la justice coutumière. La création de tribunaux pour les indigènes alors que jusque là ils dépendaient de la justice de leurs chefs coutumiers constituait un message fort aussi bien pour les chefs traditionnels que pour leurs administrés: Désormais, l'autorité et le pouvoir judiciaire appartenaient à la puissance mandataire.

Toutes ces juridictions coutumières seront supprimées dans l'ex Cameroun oriental par l'ordonnance n°59/86 du 17 décembre 1959 fixant l'organisation judiciaire de l'Etat, qui abolit le dualisme judiciaire. La justice devait être rendue pour tous par les mêmes juridictions dans lesquelles devaient siéger des magistrats de carrière. C'était une réforme ambitieuse dont la mise en application a dû être ajournée faute de moyens. Certains des anciens tribunaux de droit coutumier appelés à disparaître ont donc subsisté provisoirement en dépit des dispositions de l'ordonnance.

---

[110]Sous l'administration française, la chambre d'homologation était la plus haute instance juridictionnelle de droit coutumier au Cameroun. Elle était présidée par un magistrat Français président de la Cour d'appel.

Le décret n° 69/DF du 19 décembre 1969[111] dix ans plus tard rétablira expressément le tribunal du premier degré et le tribunal coutumier. Aujourd'hui, ce sont les seules juridictions étatiques de droit traditionnel qui existent encore au Cameroun francophone. Le tribunal de premier degré est compétent pour les matières relatives à l'état des personnes, à l'état civil, au mariage, au divorce, à la filiation, aux successions et aux droits réels immobiliers[112] et le tribunal coutumier pour les autres actions civiles et en matière commerciale[113]. Chaque fois que nous ferons référence à une décision rendue par une juridiction de droit traditionnel au Cameroun francophone, il s'agira d'un jugement du tribunal de premier degré: juridiction présidée par un fonctionnaire[114] assisté de deux assesseurs[115] représentant les coutumes des parties et ayant voix délibérative. Les sentences rendues à la suite des « palabres sous l'arbre » n'ont aucune valeur juridique propre et généralement n'ont pas de support écrit d'où la difficulté à connaître leur contenu exact. Leur exécution dépend essentiellement du bon vouloir des parties qui peuvent parfaitement refuser de s'y soumettre. Nous ne pouvons pas par conséquent les utiliser.

---

[111] Amendé par le décret n°71/DF/607 du 3 décembre 1971.

[112] Voir l'article 4 alinéa (a) du décret n° 69/DF/544 du 19 décembre 1969 fixant l'organisation judiciaire et la procédure devant les juridictions traditionnelles du Cameroun oriental modifié par le décret n° 71/ DF/607 du 3 décembre 1971.

[113] Article 4 al (b) du décret de 1969 : « Les tribunaux coutumiers connaissent des différends d'ordre patrimonial, et notamment des demandes en recouvrement de créances civiles et commerciales, des demandes en réparation de dommages matériels et corporels, et des litiges relatifs aux contrats. »

[114] Le président du tribunal de premier degré est nommé par arrêté du ministre de la justice parmi les fonctionnaires en service dans le ressort du tribunal. En cas d'absence ou d'empêchement du président, il est remplacé de plein droit par le sous-préfet de l'arrondissement où siège le tribunal ou par un adjoint d'arrondissement désigné par ce fonctionnaire (article 7 du décret de 1969). Cependant, dans les cas où le tribunal du premier degré est rattaché à un tribunal de première instance, il est présidé par un magistrat de carrière.

[115] Les assesseurs sont choisis sur une liste de six notables arrêtée par le ministre de la justice sur proposition conjointe du préfet et du président du tribunal de première instance du ressort (article 10 du décret du 3 décembre 1971.)

2) La justice coutumière institutionnelle dans le Cameroun anglophone.

L'administration des territoires colonisés ou sous tutelle de l'Angleterre n'a pas conduit à la suppression des institutions coutumières, ni à leur remplacement par de nouvelles calquées sur les modèles européens mais, à la création d'institutions parallèles[116]. Il n'y a pas non plus eu d'extension du statut anglais aux populations indigènes locales[117]. Hormis les personnes qui étaient en mesure de rapporter la preuve que leur mode de vie ou leur comportement dans des circonstances particulières commandent l'application de la common law, le reste c'est-à-dire la quasi totalité des indigènes était présumée régie par les coutumes locales et comme tel soumise aux juridictions pour « natives ». Ce terme par ailleurs pouvait être entendu de façon très extensive. Comme le souligne MARTICOU RIOU (A)[118] « Pour la fédération du Nigeria est « *native* » tout Africain d'une région du continent où les institutions tribales ont existé que ses parents soient tous deux « natives » ou l'un seulement d'entre eux, ce qui permet d'étendre le terme aux métis. Il résulte de cette définition qu'elle englobe les noirs d'Amérique ou des Indes, mais qu'elle ne peut être étendue aux personnes morales. Pour les provinces de l'est du Nigeria (l'actuel Cameroun) est « *native* » toute personne dont les parents étaient membres d'une ou plusieurs tribus du Nigeria et les descendants de ces personnes ou toute personne dont l'un des deux parents était membre d'une telle tribu. Le terme se trouve enfin pris dans un troisième sens dans une matière spécifique « *The tenure of land* » dans les « *laws* » of Nigeria de 1948. Est « *native* » toute personne dont les parents (ou l'un d'entre eux) étaient membres d'une tribu des provinces du nord ou du « *Cameroons* » et les descendants de ces personnes. L'ordonnance précise toutefois que le terme peut être étendu aux personnes issues d'une autre tribu d'Afrique, avec accord des autorités, lorsqu'elles fixent leur domicile dans ces régions. » On ne peut dire avec précision laquelle de ces acceptions était retenue pour le Cameroun à

[116]Voir ALLOT (A) dans: The future of African law. p.221

[117]MARTICOU RIOU (A) in L'organisation judiciaire du Cameroun op. cit. p. 63

[118]Article op. cit. p. 63

proprement parler. Peut-on déduire qu'en parlant de « natives of Cameroun » on englobait les autochtones de l'ensemble du Cameroun ou en se référant aux « *natives of Cameroon* » on n'incluait dans la notion que les indigènes de l'ex Cameroun occidental? En réalité la réponse à cette question ne revêt une quelconque importance que lorsqu'on est en présence de populations itinérantes. C'était exceptionnel à l'époque coloniale: Le droit coutumier régissait surtout des tribus sédentaires.

L'autonomie des provinces anglophones au sein de la fédération du Nigeria n'a été reconnue qu'en 1954. Avant cette date, elles étaient gérées purement et simplement comme des provinces de ce pays en dépit du statut international particulier du Cameroun. Contrairement au Cameroun oriental où la compétence judiciaire était liée au statut des personnes, au Nigeria et dans l'ex Cameroun occidental, elle était fonction de la matière. Les indigènes pour ce qui est des questions relevant du droit de la famille agissaient devant les tribunaux de droit coutumier qui, il faut le préciser, avaient compétence exclusive en cette matière lorsque les parties étaient toutes les deux des « *natives* ». Exceptionnellement le *district officer* pouvait conformément au *Customary court ordinance* de 1948 transférer une affaire dans laquelle un indigène était impliqué à une juridiction de common law ou à un autre tribunal coutumier. Le recours à cette procédure avait lieu lorsque de toute évidence le jugement de la juridiction coutumière préalablement saisie, nécessitait une révision. Ce droit de regard du *district officer* sur les décisions des *natives courts* subsistera même après la reconnaissance de l'autonomie aux provinces camerounaises.

Entre la création sur le territoire Camerounais des *native courts* par le *Native court ordinance* n° 5 de 1918 et le premier octobre 1961 date de l'indépendance de l'ex Cameroun occidental, le système juridictionnel coutumier dans cette partie du pays n'a pas connu de modification significative. Les jugements des *natives courts* pouvaient faire l'objet d'un appel devant différentes autorités administratives: *District officer*, « *resident* » de Buea, gouverneur à Lagos au Nigéria.

Pour ce qui est de la composition des tribunaux coutumiers, ils comprenaient généralement cinq personnes dont trois étaient nécessaires pour former un quorum. Le président et le vice président étaient élus par leurs pairs. Il était très rare qu'ils soient désignés par le *députy commissionner du Southern Cameroons*. Comme le voulait *l'indirect rule*, les membres de ces juridictions étaient des personnes à quelques exceptions près auxquelles la coutume reconnaissait le pouvoir de juger.

Au lendemain de son indépendance, il existe au Cameroun anglophone des *customary courts* de degré A et B[119] d'une part et des *alkali courts*[120] d'autre part. Les appels des décisions de ces tribunaux sont déférés à des *customary courts of appeal* qui ont été crées par le *Southern Cameroons native court amendment ordinance* n°8 de 1961. En plus de la possibilité d'interjeter appel devant les *customary courts of appeal*, les parties pouvaient encore faire d'autres appels devant des autorités administratives: *Le district officer*, *le senior district officer* et le premier ministre de l'Etat fédéré. L'article 54 du *Southern Cameroons constitution order in council* de 1960 qui précise que hormis, la cour suprême, *la high court* et la court martiale, le reste sont des juridictions inférieures, laisse penser qu'il est encore possible après l'appel porté devant le premier ministre d'en faire un autre devant la *high court*. Ce qui porterait au nombre de cinq les possibilités d'appel. L'ordonnance de 1972 portant organisation judiciaire abolira la distinction de degré entre les *customary courts* ainsi que le droit d'interjeter appel plusieurs fois. A compter de la date d'entrée en vigueur de cette ordonnance, seule la cour d'appel provinciale est compétente pour recevoir les appels aux jugements des juridictions coutumières. C'est la même cour d'appel qui examine en deuxième instance les affaires issues des tribunaux de droit moderne.

---

[119]Les customary courts de degré B étaient compétentes pour les demandes n'excédant pas 69200f CFA et les customary courts de degré A étaient compétentes jusqu'à 138400f CFA.

[120]Les alkali courts sont considérés comme une variante des customary courts. Ils sont compétents dans les litiges concernant les musulmans. Il en existe trois situés à Kumba, Ndop et Nkambe qui sont des villes ayant une forte concentration de musulmans. L'administration britannique a parfois pris en considération l'appartenance religieuse dans l'administration de la justice. La création des alkali courts en est un exemple. Une autre illustration peut être trouvé dans le fait que les indigènes qui avaient demandé la bénédiction de leur mariage dans une église échappaient à la compétence des native courts et relever - pour tout litige relatif à leur mariage - de tribunaux de common law. Voir ANYANGWE (C) op. cit. p. 75

B : LA JUSTICE MODERNE

Les tribunaux de droit moderne qui ont été créés pour l'application du droit civil et de la common law en principe étaient compétents pour les matières relevant de ces domaines. Mais, divers mécanismes permettaient à ces tribunaux d'intervenir dans les affaires coutumières. C'était le cas avec l'option de juridiction au Cameroun oriental qui permettait à un tribunal de type français de juger un indigène d'après sa coutume. *Dans la zone anglophone, sous l'ordonnance n° 45 de 1933, la high court pouvait recevoir des appels en matière foncière des native courts.* L'article 27 de la *Southern Cameroons high court law* donne également compétence à la *high court* pour intervenir en matière coutumière[121]. Par ailleurs, les articles 11 et 12 du *Provincial court ordinance* reconnaissaient la compétence de ces tribunaux aussi bien pour les indigènes que pour les occidentaux. Bien qu'en principe ils devaient appliquer la common law, ils prenaient en considération les coutumes locales dans les limites autorisées par l'ordre public et les bonnes mœurs. Les provincial courts étaient présidés par le « *resident* » de la province qui pouvait siéger avec deux assesseurs s'il le souhaitait.

Même s'il arrivait que les juridictions de droit moderne interviennent dans les affaires coutumières, ce n'était pas leur vocation première. Leur champ de compétence normal s'étendait aux matières non soumises à la coutume et aux personnes de statut de droit écrit c'est-à-dire aux français, anglais et assimilés. Parallèlement aux tribunaux pour les indigènes, a été mise sur pied une organisation judiciaire calquée sur les modèles occidentaux. Pour ce qui est de la partie occidentale du Cameroun, on peut retenir que jusqu'à la réorganisation judiciaire opérée par la *protectorate court ordinance* n°45 de 1933[122], la plus haute instance juridictionnelle situé sur le territoire camerounais et appliquant la common law était la provincial court. Les appels

---

[121]S. 27 de la southern Cameroons high court law: « *The high court shall observe, and enforce the observance of every native law and custom which is not repugnant to natural justice, equity and good conscience, nor incompatible with any law for the time being in force, and nothing in this law shall deprive any person of the benefit of any such native law or custom.* »

[122]Entré en vigueur le 1er avril 1934.

provenant d'elle étaient adressés à la *supreme court* de Calabar au Nigeria[123]. L'ordonnance de 1933 crée aussi des *magistrate courts* et des *high courts* qui constituent les *protectorate courts*. Tout en bas de l'échelle des juridictions de common law, on retrouve la *magistrate court* qui en matière civile est compétente pour les affaires n'excédant pas 100 livres. Elle est présidée par le préfet (*divisionnal officer*) à l'époque. Les appels de ces décisions peuvent être portés devant la *high court* et ensuite devant la cour d'appel de l'Afrique de l'ouest (*west-african court of appeal*). Seules les *magistrate courts* étaient localisées sur le territoire camerounais. La *high court* dont dépendaient les provinces camerounaises était celles de Calabar-Aba au Nigeria. Il en sera ainsi jusqu'en 1943[124] lorsqu'une nouvelle *supreme court* qui supervise et reçoit les appels provenant des *magistrate courts* du Cameroun et du Nigeria est créée. La cour d'appel de l'Afrique de l'ouest reste compétente pour les appels aux décisions de la *supreme court*.

Suite à la reconnaissance en 1954[125] de l'autonomie du Cameroun occidental au sein de la fédération du Nigeria, de nouveaux changements interviennent dans l'organisation judiciaire. Les *high courts* abolies en 1943 refont leur apparition et il en existe une pour l'ensemble des provinces anglophones. Une nouvelle *supreme court*, cette fois fédérale, est créée tandis que la *west-african court of appeal* disparaît comme juridiction d'appel. Les appels venant de la *supreme court* fédérale sont portés devant le *judicial committee du privy council* à Londres. Cependant, à cause de l'éloignement géographique et des dépenses qu'occasionnerait un déplacement vers ces juridictions, les appels devant la *supreme court* fédérale située au Nigeria étaient très rares et il n'existe pas à notre connaissance d'affaire camerounaise qui ait été portée devant le *privy council* en Angleterre.

Au lendemain de l'indépendance et jusqu'en 1972, en vertu de l'article 46 de la constitution de 1961, l'organisation judiciaire dans le Cameroun occidental est restée inchangée. Pour ce qui est

---

[123] La *supreme court* de Calabar ne peut être traduite par « cour suprême » dans la mesure où elle ne juge pas en dernier ressort

[124] Supreme court ordinance n°23 de 1943

[125] La constitution nigériane de 1954 reconnaît au Southern Cameroons le statut de « quasi État fédéral »

des juridictions de common law, de bas en haut de l'échelle juridictionnelle, on retrouve : Les *magistrate courts*, les *high courts*, la cour d'appel et la cour suprême.

Dans la partie francophone du pays aussi, à côté des juridictions coutumières que nous avons évoquées précédemment, il y avait des juridictions de droit civil qui sauf exception (une personne de statut de droit coutumier par exemple qui fait option de juridiction pour la justice de droit écrit) ne jugent que les citoyens Français et assimilés. La toute première juridiction de droit moderne établie au Cameroun oriental était un tribunal de première instance qui devait assister l'armée française pour le maintien de l'ordre. Les appels étaient déférés à la cour d'appel de l'Afrique équatoriale française située à Brazzaville. Plus tard un décret du 29 décembre 1922 instaurera diverses juridictions compétentes pour juger les français et assimilés. Celles intervenant en matière civile en particulier sont : les justices de paix à compétence ordinaire, les tribunaux de première instance, le tribunal supérieur de Douala qui sera remplacé par une cour d'appel créée par un décret du 11 Avril 1951 et située à Yaoundé. Le pourvoi en cassation était possible devant la cour de cassation française.

Avant que ne soit prise l'ordonnance de 1972 sur l'organisation judiciaire, il y' avait quatre cours d'appel régionales[126]. Elles étaient composées d'un magistrat qui statuait seul bien qu'assisté par deux assesseurs qui n'avaient que voix consultative. Dans les cas où le siège de la cour comprenait trois magistrats, il était possible que les arrêts soient rendus par les trois magistrats assistés de deux assesseurs.

Jusqu'en 1972, l'organisation judiciaire des deux parties du Cameroun est réglementée par des textes différents. L'ordonnance n° 72/4 du 26 Août 1972 portant organisation judiciaire est le premier texte de loi national en la matière. Il est pris quelques mois après la réunification politique du pays qui a eu lieu le 20 Mai 1972[127] et constitue la principale tentative d'unification du système judiciaire.

---

[126]Celle de Yaoundé couvrait deux régions : le centre-sud et l'est.

[127]Le 20 Mai 1972, la république fédérale du Cameroun devient république unie du Cameroun.

SECTION 2 : LES TENTATIVES D'UNIFICATION DU SYSTEME JUDICIAIRE.

Dès l'accession à l'indépendance, l'unification du droit est l'objectif visé par le législateur. L'unification des juridictions s'inscrivait dans cette logique. L'idée qu'elle pourrait constituer un préalable à l'unification des règles matérielles du droit s'impose vite dans les esprits. Cette volonté d'unifier l'ordre juridictionnel n'est pas propre au Cameroun. La quasi totalité des pays anciennement colonisés d'Afrique noire ont cet objectif à plus ou moins long terme. Certains faisant fi des réalités sociologiques ont opté pour l'unicité juridictionnelle en supprimant immédiatement les tribunaux de droit coutumier sans leur accorder le moindre sursis : Il s'agit du Sénégal[128], de la Côte-d'Ivoire[129], du Mali[130], du Burundi[131], du Rwanda[132]. D'autres comme le Cameroun[133], le Congo[134], le Bénin[135], le Gabon[136], le Niger[137], la République Centrafricaine[138], le Tchad[139], le Zaïre[140], la Mauritanie[141], le Burkina - Faso[142] et le Togo[143] maintiennent provisoirement les

---

[128]Ordonnance n°60-56 du 14 Novembre 1960.

[129]Loi n° 61-155 du 18 Mai 1961 modifié par la loi la loi 64-227 du 14 Juin 1964.

[130]Loi n° 61-123 du 27 Juin 1961 modifié par la loi 68-17 du 17 Février 1968.

[131]Loi du 26 Juillet 1962 et décret n°1-24 du 28 Août 1979 portant code de l'organisation et de la compétence judiciaire.

[132]Loi d'août 1962 portant code de l'organisation et de la compétence judiciaire.

[133]Ordonnance n° 59-86 sur l'organisation judiciaire du Cameroun oriental modifié par l'ordonnance 72-4 du 26 Août 1972.

[134]Loi n° 28-61 du 19 Mai 1960 abrogé par l'ordonnance 62-10 de Novembre 1963.

[135]Loi n° 64-28 du 9 Décembre 1964.

[136]Décret-loi n° 11-PM du 13 Novembre 1960, loi n° 4-64 du 5 Juin 1964, décret n° 0053-PR du 24 Juin 1969.

[137]Loi n° 59-24 du 24 Décembre 1959 portant réorganisation de la justice dans la République du Niger complétée par la loi 62-11 du 16 Mars 1962 modifié plusieurs fois (1963, 1964, 1965, 1969,1973)

[138]Loi n° 61-182 du 17 Janvier 1961. Voir aussi MANDE-DJAPOU dans : Les institutions judiciaires centrafricaines, Penant 1979 P. 287 et MANDAMBA BORNOU dans : L'organisation judiciaire de l'empire centrafricain. Thèse Paris 1977.

[139]Ordonnance n° 6-67 PR M ratifiée par la loi n° 14 du 23 Mai 1967

[140]Ordonnance-loi du 1er Juillet 1968 et ordonnance-loi du 31 Mars 1982.

[141]Loi du 20 Juillet 1965.

[142]Loi du 10 Mai 1963.

juridictions de droit coutumier[144]. Dans ces différents pays, la tâche était un peu moins complexe que celle qui attendait les dirigeants Camerounais. Il était question dans ces pays d'unifier le droit traditionnel et un droit moderne. Au Cameroun, il fallait envisager l'unification du droit civil, de la common law et du droit traditionnel dans un climat politique à peine apaisé après les âpres débats qui ont précédé l'entrée du Southern Cameroons dans l'ensemble camerounais et la réunification quelques années plus tard. Il va sans dire que c'était une entreprise ardue. Trois traditions juridiques très différentes devaient disparaître pour laisser la place à une seule. Le législateur aurait sans doute aimer y arriver tout de suite, mais il a dû faire quelques accommodements avec la réalité: Il n'en avait pas les moyens et l'immense majorité de la population n'était pas prête à être jugée à « l'européenne », l'unification se faisant bien entendu dans le sens du remplacement du droit traditionnel par un droit d'essence plus moderne, plus occidentalisé. Le législateur retient le principe de la suppression des juridictions traditionnelles mais diffère sa mise en œuvre. C'est le premier pas vers l'unification. C'est certes un tout petit pas mais on peut saluer la clairvoyance du législateur qui a eu la sagesse de n'en faire qu'un seul à la fois. L'expérience devait par la suite en effet montrer que les pays qui ont fait le grand pas de supprimer immédiatement les juridictions traditionnelles n'ont pas gagné sur le plan de la pénétration du droit moderne. Parce que les populations n'étaient pas prêtes pour ce changement, elles ont préféré régler leurs litiges en dehors du cadre institutionnel; une part importante du contentieux échappant ainsi à la justice étatique.

L'ordonnance de 1972 sur l'organisation judiciaire comme nous le soulignions plus haut est la principale tentative d'unification du système judiciaire au Cameroun après l'indépendance (Para 1). C'est aussi celle qui a été le plus suivie dans la pratique ; les autres n'ayant parfois pas dépassé le stade de l'avant projet (Para 2).

---

[143]Loi n° 61-17 du 12 Juin 1961.

[144]Voir MELONE (S) dans : Du bon usage du pluralisme judiciaire en Afrique. Contribution à l'Académie internationale de droit comparé1986. Sydney-Melbourne.

§ 1 : LES TENTATIVES RATEES D'UNIFICATION DU SYSTEME JUDICIAIRE AU CAMEROUN.

Il s'agit principalement de l'ordonnance de 1959 sur l'organisation judiciaire au Cameroun oriental et de l'avant projet de loi COMTE-QUINN sous l'Etat fédéral.

A- LA REFORME JUDICIAIRE ORGANISEE PAR L'ORDONNANCE N°59/86 DU 17 DECEMBRE 1959.

L'ordonnance n° 59/86 du 17 Décembre 1959 complétée par le décret n° 59/247 du 18 Décembre 1959[145] est signée au moment où les Français se préparent à confier l'administration du pays aux autochtones. Ces textes de loi devaient entrer en vigueur le 1er Janvier 1960, jour de l'accession à l'indépendance du Cameroun oriental. Cette réforme, rendue nécessaire par les impératifs de la souveraineté nationale avait pour objectif de supprimer la dualité des juridictions et de créer une cour suprême ; la cour de cassation Française ne pouvant plus intervenir dans les affaires du Cameroun nouvellement indépendant.

Avec l'unification des deux ordres de juridictions parallèles[146], la justice devait à l'avenir être rendue pour tous par les mêmes tribunaux à la tête desquels il y aurait des magistrats de carrière. L'uniformisation du système judiciaire recherché devait donc se faire par le transfert des attributions des juridictions de droit traditionnel à celles de droit moderne. La nouvelle organisation judiciaire bien plus simple que la précédente prévoyait au premier degré d'une part, les tribunaux de conciliation[147] et d'autre part des tribunaux de première instance. Les premiers avaient pour mission de rechercher un compromis entre les parties. Comme les anciens tribunaux coutumiers d'avant la réforme, ils sont présidés par des chefs coutumiers et des notables. Cependant la conciliation était facultative. Lorsqu'il y avait accord, un procès verbal était dressé ; il avait valeur d'acte sous seing privé. Pour ce qui est des tribunaux

[145]Ces textes ne concernent que la partie francophone du pays.

[146]Juridictions de droit civil et juridictions de droit coutumier.

[147]L'article 6 de l'ordonnance prévoit qu'ils soient implantés « dans toutes les localités où cela paraît souhaitable ».

de première instance prévus par la réforme, ils étaient compétents en matière civile et commerciale quel que soit le statut des parties. A l'exception des tribunaux de Douala et Yaoundé où plusieurs juges devaient siéger, les décisions des autres tribunaux de première instance étaient prises par un juge unique assisté de deux assesseurs ayant voix simplement consultative.

L'ordonnance du 17 Décembre 1959 prévoyait également trois cours d'appel (Douala, Dschang, Yaoundé) alors que jusqu'à cette date seule celle de Yaoundé faisait office de juridiction d'appel pour l'ensemble du Cameroun oriental. Les cours d'appel nouvellement créées étaient régionales à l'exception de celle de Yaoundé qui couvrait le centre - sud et l'est. Comme les tribunaux de première instance, la cour d'appel siégeait avec un à trois magistrats et deux assesseurs représentant la coutume des parties. Elle recevait les appels aux décisions du tribunal de première instance.

La cour suprême du Cameroun oriental également créée par l'ordonnance de 1959 hérite des anciennes attributions de la cour de cassation française en plus de celles de la chambre d'homologation de la cour d'appel qui était la plus haute instance juridictionnelle en matière coutumière.

Excepté la cour d'appel et la cour suprême qui seront effectivement mises sur pied, le reste des dispositions de cette ordonnance n'auront presque pas de suite dans la pratique. Le dualisme sera souvent maintenu au premier degré. Cette réforme, ambitieuse au demeurant échouera faute de moyens : Le grand nombre de magistrats ainsi que les moyens financiers nécessaires pour sa mise en oeuvre se sont avérés être des obstacles difficilement surmontables. Par cette réforme plutôt moderniste[148], le Cameroun oriental comme la République Unie du Cameroun quelques années plus tard a déjà fait le choix de sa politique judiciaire : L'unification du droit se fera par élimination progressive de la coutume. L'avant projet de loi COMTE-QUINN sera élaboré dans la même optique.

---

[148]On peut en effet affirmer que le moderne l'emporte sur le traditionnel dans cette réforme car toutes les juridictions contentieuses devaient être présidées par des magistrats de carrière et les assesseurs qui sont supposés représenter les coutumes des parties n'ont que voix consultative.

B - L'AVANT PROJET DE LOI COMTE-QUINN

Cet avant projet est l'œuvre de deux conseillers techniques au ministère fédéral de la justice dans les années 1960. L'un était Français et l'autre Anglais. Ils ont imaginé au travers de cet avant projet l'unification des systèmes judiciaires des deux Etats fédérés. Conscients de la nécessité de disposer de suffisamment de personnel judiciaire pour entreprendre une quelconque réforme judiciaire[149]ils proposent à l'époque pour pallier à la pénurie de magistrats que ces derniers tiennent des audiences foraines d'une part et d'autre part que les mêmes juges puissent siéger en première instance et en appel. Une pratique courante dans la partie occidentale du pays devait ainsi être étendue à l'ensemble du pays. Le personnel de la *high court* en effet est le même que celui de la cour d'appel : En première instance, un seul juge statue et en appel un collège de trois juges n'ayant pas connu l'affaire en premier ressort siègent. L'avantage de ce système est que quatre juges suffisent pour faire fonctionner une cour d'appel et un tribunal d'instance. N'importe lequel peut siéger indifféremment en première instance ou en appel.

Toujours dans le but d'utiliser au mieux le personnel judiciaire disponible, cet avant projet préconise le remplacement des deux cours suprêmes des Etats fédérés par une seule cour suprême fédérale qui serait la juridiction suprême pour l'ensemble de la fédération. Ces différentes propositions n'ont pas dépassé le stade de l'avant projet sans doute par manque de volonté politique. Certes l'adoption de ce texte aurait nécessité une révision constitutionnelle mais il n'est pas sérieusement pensable que ce soit la seule perspective d'avoir à amender la constitution qui ait fait reculer le gouvernement devant cet avant projet[150]. Comme on

---

[149]La réforme de l'organisation judiciaire au Cameroun oriental en 1959 avait échoué entre autre à cause du manque de personnel ; notamment de magistrats. Dans les années troubles 1958-1959 les services judiciaires camerounais avaient perdus une grande partie de leur effectif. Voir dans MARTICOU RIOU (A) op. cit. P.46

[150]Voir ANYANGWE (C) op. cit. P.157

le verra quelques mois plus tard, la constitution sera modifiée à deux reprises[151] pour des raisons de moindre importance.

Après cette première tentative ratée d'unification des systèmes judiciaires des deux Etats fédérés, il faudra attendre la « révolution pacifique du 20 Mai 1972 » qui fera passer le pays de la Fédération à la République Unie du Cameroun pour qu'il soit à nouveau question d'unification des systèmes judiciaires. Ce sera fait avec l'ordonnance n°72/4 du 26 Août 1972 portant organisation judiciaire.

§ 2 : L'ORDONNANCE N° 72/4 DU 26 AOÛT 1972.

Cette ordonnance qui est le premier texte d'organisation judiciaire de la jeune République Unie du Cameroun opère une unification des ordres juridictionnels des deux parties du pays. Comme c'était le cas au Cameroun oriental en 1959, le gouvernement opte pour une unification qui fait la part belle au droit moderne au détriment du droit traditionnel. Alors qu'avec la réforme de 1959 il y avait le souci de garder une touche coutumière avec la présence d'assesseurs lorsqu'un tribunal tranche en matière de droit traditionnel, il n'y a rien de tel dans l'ordonnance de 1972. Aux termes de laquelle, la justice est rendue sur le territoire camerounais par: Les tribunaux de première instance, les tribunaux de grande instance, les *magistrate courts*, les *high courts*, les tribunaux militaires, les cours d'appel et la cour suprême. Devant ces juridictions, l'ordonnance ne prévoit pas la possibilité d'avoir recours à des assesseurs représentant la coutume des parties. La seule référence au droit traditionnel qui subsiste figure au chapitre 6 de l'ordonnance au titre des dispositions transitoires dont l'article 26 dispose : « L'organisation et la procédure des justices de paix à attributions correctionnelles, des juridictions traditionnelles, à l'exclusion de la compétence des customary courts, sont provisoirement maintenues. » C'est sans doute conscient du fait qu'il ne dispose pas encore de moyens matériels et en personnel

---

[151]Le 10 Novembre 1969 la constitution est modifiée pour habiliter le président à demander la démission des premiers ministres et des secrétaires d'État. Le 4 Mai 1970 la constitution sera à nouveau amendée avec l'institution d'incompatibilités entre les fonctions de président et vice-président avec toute autre fonction élective ou professionnelle.

suffisants que le législateur a laissé subsister provisoirement les juridictions traditionnelles. A la longue le souhait du législateur est de les voir disparaître. Cependant, le maintien des juridictions de droit traditionnel laisse subsister un dualisme certes provisoire, mais réel. Les juridictions traditionnelles anciennement compétentes en matière familiale, le restent en attendant que l'article 26 de l'ordonnance soit purement et simplement abrogé.

A priori, on pourrait penser qu'il y aurait égalité entre les juridictions de droit traditionnel et les juridictions de droit moderne mais, en réalité loin il n'en est rien. Les juridictions de droit moderne ont une place de plus en plus prépondérante en droit. Elles sont pour ainsi dire devenues les juridictions de droit commun[152]. Les juridictions traditionnelles ne sont compétentes que dans les cas où les deux parties acceptent de leur soumettre un litige; le déclinatoire de compétence présenté in *limine litis* par l'une des parties suffisant pour que l'affaire soit soustraite à la connaissance de la juridiction de droit coutumier et déférée à un tribunal de droit moderne. Par contre le refus d'une des parties de voir un différend réglé par une juridiction de droit moderne n'entraîne pas sa transmission à un tribunal du premier degré. Le déclinatoire de la compétence in *limine litis* des juridictions de droit traditionnel n'est une pratique courante qu'au Cameroun francophone. Au Cameroun anglophone, il est rare qu'on ait recours à cette technique[153].

C'est en matière de divorce que la compétence des juridictions traditionnelles est le plus souvent déclinée. Au Cameroun

---

[152]Dans l'ex Cameroun oriental.

[153]Voir le cas isolé de MOKWE V. MOKWE (HCB/14 MC/ 89) où le juge INGLIS cite le cas NDIGO NDZIÉ C. NDIGO NDZIÉ où la cour suprême subordonnait la compétence des tribunaux traditionnels à l'acceptation de toutes les parties. C'est assez exceptionnel d'avoir recours à cet argument pour retenir ou écarter la compétence d'une juridiction. Généralement dans les provinces anglophones c'est le système matrimonial (polygamie ou monogamie) ou la nature du litige (demande de remboursement de dot par exemple) qui déterminera la compétence du tribunal. Il arrive même qu'une juridiction de common law se déclare d'office incompétente s'il s'agit de la dissolution d'une union polygamique. Voir KEMGNE V. KEMGNE (suit n° HCB/16MC/83) et aussi MOTANGA V. MOTANGA (suit n° HCB/2/76) Dans la dernière affaire citée, l'acte de mariage ne comportant pas la mention du système matrimonial, la high court de Bamenda se déclare incompétente car le mariage est présumé polygamique ; la monogamie étant l'exception.

francophone il sera fait indépendamment du système matrimonial des parties (monogamie ou polygamie). Au Cameroun anglophone par contre, c'est le système matrimonial choisi lors de la célébration du mariage ou la nature du litige qui déterminera la compétence du tribunal. Les *customary courts* seront ainsi compétentes pour les affaires de nature coutumière telles que celles relatives à la dot ou alors opposant des époux ayant opté pour la polygamie.

L'ensemble des juridictions traditionnelles sur le territoire camerounais sont soumises au même régime depuis la loi n°79/04 du 29 juin 1979 qui rattache les *customary courts* et les *alkali courts* du nord et du sud ouest au ministère de la justice. Avant cette date ces tribunaux dépendaient du *ministry of local goverment*. Désormais, les jugements de toutes les juridictions traditionnelles sont susceptibles de faire l'objet d'un appel devant la cour d'appel dans les mêmes formes et délais que ceux rendus par un tribunal de première instance au civil. L'uniformisation du droit pour ce qui est des juridictions traditionnelles est presque achevée sur l'ensemble du territoire. Cependant le Cameroun anglophone garde la spécificité d'avoir les *alkali courts* dans les localités où il y' a une forte concentration de musulmans[154] (Ndop, Nkambe et Kumba) et la loi de 1979 à l'article 3 alinéa 2(b) prévoit que la cour d'appel lorsqu'elle statue sur des jugements des *customary courts* et des *alkali courts* est complétée par deux assesseurs ayant voix consultative. On peut se demander quel est le bien fondé de cette disposition dans le contexte unificateur que crée l'ordonnance de 1972 sur l'organisation judiciaire. Pourquoi ne pas garder une composition identique de la cour d'appel pour les affaires provenant des tribunaux du premier degré et celles issues des *customary courts*? En réalité, l'intérêt de la question est plus théorique que pratique. Le fait que les assesseurs n'aient que voix consultative limite considérablement leur influence. Dans tous les cas, on ne peut que souhaiter l'abrogation de l'article 3 alinéa 2 (b) de la loi de 1979. Il contribue à marginaliser, ne serait- ce que formellement, les juridictions traditionnelles du nord et du sud

[154]Les *alkali courts* sont compétents dans les litiges impliquant des musulmans. Il n'existe rien de tel dans l'ex Cameroun oriental. L'appartenance religieuse d'un individu n'entre jamais en ligne de compte dans la détermination de la juridiction compétente.

ouest du pays alors que le but de la loi était de les rapprocher des autres juridictions coutumières en les soumettant au même régime et en les intégrant dans un système d'ensemble.

Aujourd'hui en première instance, les juridictions compétentes pour statuer dans les matières relevant du droit de la famille sont : Le tribunal de grande instance et le tribunal du premier degré pour les provinces francophone. La *high court* d'une part, les *customary* et *alkali courts* d'autre part pour les provinces anglophones. Les appels de toutes ces juridictions sont portés devant les cours d'appel qui sont provinciales. Tout en haut de la pyramide de l'organisation judiciaire, il y a la cour suprême nationale qui reçoit les pourvois en cassation.

Plus de vingt ans après l'ordonnance de 1972 sur l'organisation judiciaire, le dualisme juridictionnel subsiste et il en sera ainsi probablement pour de nombreuses années encore[155]. « Le pluralisme judiciaire n'est ni nécessairement un handicap, ni nécessairement la solution toujours idéale pour bien appliquer le droit dans les pays en voie de développement[156]. » Une fois l'option du pluralisme choisie encore faut-il adopter le type de pluralisme adéquat. Le dualisme législatif n'a pas pour conséquence inéluctable le dualisme juridictionnel. La pluralité de sources du droit peut être respectée dans un cadre juridictionnel unitaire. Le dualisme n'est pas non plus incompatible avec le développement. L'expérience à montré que le développement ne s'est pas fait plus vite dans les pays où le dualisme à été supprimé. L'abolition des juridictions traditionnelles a eu pour conséquence de drainer hors des circuits judiciaires officiels une partie du contentieux de droit privé sans pour autant que le développement suive nécessairement.

Le Cameroun aspire à une organisation judiciaire unifiée mais par réalisme a maintenu une structure dualiste transitoire. C'est une décision louable car elle s'appuie sur de solides réalités sociologiques. Malheureusement les règles de fonctionnement de ce dualisme laisse l'observateur avisé quelque peu sceptique quant au sort des juridictions traditionnelles. Le but recherché ne doit pas être de les maintenir à tout prix mais bien de toujours disposer

---

[155]Il n'existe pas de projet de loi sur l'organisation judiciaire à notre connaissance.
[156]MELONE (S) dans l'article op. cit. p.17

d'une structure au niveau étatique qui permette de juger les individus selon des règles et une procédure qui leur soient familières et compréhensibles. Une chose est certaine, les tribunaux coutumiers tels qu'ils existent actuellement sont appelés à disparaître. Pour les justiciables, ce ne sera pas forcément dommageable si quelques aménagements sont par ailleurs faits. Ce qui importe vraiment c'est que l'Etat dans l'effort de codification entrepris depuis quelques années prenne en considération l'état sociologique des populations pour ne pas risquer d'aboutir à un texte de loi qui n'aura pas de suite dans la pratique. Depuis de nombreuses années, la doctrine appelle les gouvernements africains à élaborer un droit moderne qui aura été fécondé des valeurs traditionnelles africaines. Cet appel est encore valable pour le Cameroun aujourd'hui. Pour ce qui est de l'organisation judiciaire, il serait souhaitable qu'elle soit simplifiée. La justice pourrait être rendue pour tous par les mêmes tribunaux quitte à prévoir la possibilité pour des assesseurs de siéger lorsque le jugement est rendu en matière coutumière. A bien y regarder en effet ce qui différencie les juridictions traditionnelles étatiques des juridictions de droit moderne c'est le fait que devant les premières c'est la coutume qui est appliquée et devant les secondes la loi écrite. Devant les tribunaux coutumiers, le teneur de la coutume est rapportée par les assesseurs. Le président du tribunal parfois ignore la coutume des parties et n'a pas reçu de formation particulière qui pourrait justifier qu'on le préfère dans ce poste à un magistrat quelconque. Les attributions du tribunal du premier degré et celles des *customary courts* devraient être transmises au tribunal de grande instance et à la *high court* qui siégeraient avec des assesseurs lorsqu'elles statuent en matière coutumière. Pour le justiciable des tribunaux coutumiers cela ne ferait pas d'énorme différence. Ce qui importe pour lui c'est que la coutume plutôt que le droit écrit lui soit appliqué. Que le tribunal soit présidé par un fonctionnaire comme c'est parfois le cas actuellement ou systématiquement par un magistrat comme nous le proposons ne change pas le regard qu'il porte sur cette justice qui de toutes les façons est forcément déformée du fait de son institutionnalisation. Une telle réforme nécessitera sans doute un recrutement accru de magistrats. L'Etat devra s'en donner les moyens. Comme nous le disions dans les développements précédents, le but du législateur

Camerounais est de parvenir à l'unification du droit et de doter le pays d'un arsenal judiciaire moderne. Des magistrats de carrière parce que formés à l'école du droit moderne et influencés même malgré eux par le droit écrit l'aideront mieux à faire évoluer le droit traditionnel vers le schéma de droit moderne auquel il aspire.

En attendant qu'une réforme du système judiciaire soit entreprise, l'admission de la coutume et de la loi comme sources du droit d'une part, la compétence concurrente des juridictions de droit moderne et de celles de droit traditionnel pour trancher les litiges relatifs au droit de la famille d'autre part créent bien attendu des conflits auxquels il faut apporter ses solutions.

LES CONFLITS DE DROITS ET LEURS MODES DE SOLUTION.

Les conflits de droits constituent un élément très important du droit camerounais. La composition même du droit national rend le conflit incontournable. Trois systèmes de droit de nature complètement différente et ayant vocation à s'appliquer aux mêmes situations ne sauraient coexister dans le même ensemble, sous la même souveraineté sans qu'il y ait conflit.

A l'époque coloniale des règles de conflit ont été instituées pour résoudre les conflits d'alors : Conflits inter coutumiers et conflits entre droit moderne et droit coutumier. Au moment des indépendances, et ensuite de la réunification, les règles de conflits en vigueur dans les deux parties du territoire n'étaient pas les mêmes. Le conflit de système était alors inévitable.

Sur le plan international, l'originalité du système juridique camerounais soulève des problèmes dont l'étude n'est pas dénuée d'intérêt pour quiconque s'intéresse à ce véritable laboratoire juridique qu'est le Cameroun. Comme partout ailleurs sur le continent, la diversité des lois peut être ici une richesse ou une malédiction[157] .

La détermination de la loi applicable aussi bien sur le plan interne que lorsque le conflit de loi revêt un caractère international n'est pas une tâche aisée dans un tel contexte (chap. 2). Répertorier les différents types de conflits permet d'avoir une vue d'ensemble sur ce « droit de la diversité du droit[158] » selon l'expression désormais célèbre de M. FRANCESKAKIS (Chap. 1).

---

[157] Voir MALAURIE (P) dans : Loi uniforme et conflits de lois. Travaux du comité français de droit international privé (1965) p. 85

[158] Voir son cours à l'académie de la Haye : Problèmes de droit international privé de l'Afrique noire indépendante. Recueil des cours 1964, tome 2

CHAPITRE 1 LES TYPES DE CONFLITS

On retrouve dans l'étude des conflits de droit dans le contexte camerounais la même singularité rencontrée à propos des sources du Droit. La diversité des sources du droit crée des difficultés quant à la détermination de la loi applicable. Cette diversité des sources du Droit n'est pas spécifiquement camerounaise, ni même africaine. Partout où elle existe, le risque que les différentes lois en présence entrent en conflit est réel. Dans le cadre du Droit Camerounais, les difficultés liées à l'existence d'une multitude de règles de droit sont exacerbées. En effet, la gestion de l'héritage colonial s'avère délicate dans la mesure où il est double. La common law et le droit civil sont tous les deux applicables et dès lors, sont sujets à conflit. Soit entre eux ou alors avec une des coutumes locales. Les coutumes sont également susceptibles d'entrer en conflit l'une avec l'autre, car même s'il existe un fond commun entre les différentes coutumes, les quelques points de divergence laissent subsister l'hypothèse du conflit.

Sur le plan du droit international privé, les règles de conflit n'étaient pas les mêmes sur l'ensemble du territoire et là encore, on ne peut ne pas une fois de plus, envisager la possibilité du conflit. Nous verrons donc tour à tour, les conflits en Droit Interne et les conflits en Droit International Privé.

SECTION 1 LES CONFLITS DE DROIT INTERNE.

En droit interne, les conflits naissent de la coexistence de plusieurs sources du droit. Bien avant l'ère coloniale, les conflits de droits devaient exister, mais ce n'est qu'à l'époque coloniale, à cause de la dimension nouvelle qu'ils prendront qu'on sera amené à s'en préoccuper.

Parce qu'il s'est vite trouvé dans l'impossibilité d'imposer son droit notamment dans les matières relevant du droit de la famille, le législateur colonial admet que l'immense majorité des populations locales continue d'être régie par la coutume tout en conservant son droit de légiférer en matière familiale. La conséquence de cette politique coloniale était qu'il existait sur le même territoire, des personnes de statuts différents : certaines relevaient d'une des coutumes locales et d'autres relevaient du droit moderne. Avec les brassages de populations, les conflits de Droits étaient inévitables. Plus tard, au moment de l'accession à l'indépendance, le législateur ayant reconduit la coutume, le droit civil et la common law comme sources du droit, on retrouve les conflits de droit de l'époque coloniale en plus d'une nouvelle forme qui est le conflit opposant des personnes de statut de droit civil d'une part, et de common law d'autre part.

A l'heure actuelle, devant les tribunaux camerounais, les différents conflits de droits qui se présentent sont: Les conflits inter coutumiers (Para 1), les conflits opposant le droit moderne à la coutume (Para 2) et enfin les conflits entre la common law et le droit civil (Para 3).

§ 1 : LES CONFLITS INTERCOUTUMIERS

Déjà dans l'Afrique précoloniale, il existait sur le continent une multitude de coutumes. Les migrations de populations et les brassages humains qui s'en suivaient mettaient en contact des personnes d'origines différentes, de coutumes différentes. Au Cameroun plus que partout ailleurs en Afrique noire, il est rationnellement impensable qu'il n'y ait pas eu de conflits inter coutumiers. L'histoire des peuples du Cameroun met en évidence la présence de la plupart des grands groupes humains africains sur le territoire national[159]. Or plus la diversité est grande, plus le risque de conflit est élevé.[160]

De façon générale, pour le profane l'Afrique noire forme un tout et il existe une « coutume africaine ». Dans la réalité, il n'en est rien. Certes, il existe un fond commun à toutes les coutumes de cette partie du continent, mais sur certains points, les variations peuvent être très grandes. A quelques variantes près, dans toutes les coutumes camerounaises, le mariage, la dot, la polygamie, la propriété foncière sont entendus de la même façon. Le mariage avant d'être l'union de deux personnes est d'abord celle de deux familles. Le versement de la dot par le futur époux ou par sa famille à celle de la fiancée est pratiqué presque partout[161]. La

---

[159] «... Il y a les Arabes Choa, de race blanche quoique Basanés, pasteurs de petit bétail. D'autres populations de type soudanien occupent le Nord: Dans les plaines parfois inondées vivent les Kotoko islamisés ou les grands Massa, les Toupouri et les Mousgoum; dans les massifs montagneux escarpés, on trouve de véritables mosaïques de tribus comme les Matukam, les Kapsiki, les Kali, plus bas les Dourou, les Doayo, les Namchi; sur le plateau, les Mboum, les Tikar et les Babouté, dont la civilisation originale connaît des rois divinisés,... ». Les Foulbé, guerriers souvent métissés, dont le type le plus pur se trouve chez les nomades Bororo au teint cuirassé. Dans les montagnes de l'Ouest: les semi-Bantou (Bamiléké et Bamoun); Les Bantou d'origine diverse comme les Douala, les Bassa, les Bafia; Puis les populations du groupe Fang: Les Boulou, les Ewondo, les Eton et loin à l'Est : les Maka, les Kaka, les Baya. Enfin, la forêt inviolée, souvent marécageuse, abrite encore quelques milliers de chasseurs Pygmées qui constituent une race particulière. Voir l'Encyclopédie Universalis 1995 Corpus 4 P.817

[160] Malheureusement, la manière de régler les divergences de coutumes à cette époque n'a pas fait l'objet d'études poussées par les spécialistes dans diverses disciplines des sciences humaines. Voir ABD-EL-KADER BOYE dans: Le Statut personnel dans le Droit international privé des pays africains au Sud du Sahara. Conceptions et Solutions des conflits de lois. Le Poids de la tradition négro-africaine personnaliste in Recueil des cours de l'Académie de Droit international. Année 1993 n°238 Vol I. P. 263

[161] Le montant de la dot et les modalités de versement varient selon les familles et parfois selon les tribus. Pour l'estimation du « prix » de la fiancée, différents facteurs peuvent être pris en considération : Son niveau scolaire, son origine familiale, le pouvoir financier du futur époux ou de sa famille, la beauté physique de la fiancée etc... Dans certaines tribus la couleur de la peau de la future épousée est d'une très grande importance. Plus elle est claire de peau plus la dot a des chances d'être élevée.

Voir aussi ANYANGWE (C) in Divorce and property rights. Mémoire de licence université de Yaoundé 1975. P. 34: « *Mariage consideration is always negociated. These are taken into consideration: The character of the girl, her*

polygamie est également connue et admise dans la quasi totalité des coutumes. Dans l'Afrique traditionnelle, plus un homme avait de femmes, plus il était respecté. Incontestablement, c'était un signe d'ascension sociale[162]. Aujourd'hui encore la polygamie est une pratique très courante. Elle trouve même des adeptes dans la jeune génération. Quant à la propriété foncière, elle est communautaire.

Pour ce qui est des points de divergence entre les différentes coutumes, il n'est pas sans importance de souligner le fait que le contenu de la coutume peut être modifié chez un individu du fait de la religion qu'il a embrassé. Ainsi, un homme qui se convertit au christianisme et qui pratique sa religion au sens où l'entendent les évangiles renoncera à la polygamie qui est pourtant autorisée par sa coutume. Par contre, celui qui se convertit à l'islam sera conforté dans la sienne qui l'admet. L'Etat ne fait aucun cas de l'appartenance à la religion chrétienne même s'il est parfois fait mention dans certains jugements de cet état de fait[163]. La coutume d'origine de la partie chrétienne dans ces cas là est appliquée tout simplement. Par contre, les choses sont légèrement différentes pour ce qui est du droit coranique. Ce dernier est considéré en droit camerounais comme un sous - système du droit coutumier. Devant les tribunaux du premier degré qui sont des juridictions coutumières, il arrive que « la coutume musulmane » soit invoquée et appliquée. Preuve si besoin en était que l'islam est plus considéré comme une coutume, qu'une religion. Il faut dire qu'il est rarement pratiqué dans sa forme orthodoxe. Dans certains cas,

---

chastity, her age, her industry and of recent her level of education. Among the Hausa and Foulbe « roubou » or mariage consideration hardly exceeds twenty thousand francs. With the coastal people it hardly goes above fifty thousand francs. But in the hinterland, it may go well over three hundred thousand francs. Which is why a man with many wives is revered. The Banso and the Bassa however know no cash payment as marriage consideration. In the Batié tribe in Mifi division marriage consideration as it is widely known does not exist. They operate on a system known as « ouape » which is an exchange of women. »

162 Voir JEAN HILAIRE dans Variations sur le mariage op. cit. p. 150.

163 Voir l'arrêt n° 57/L du 21 septembre 1995 de la cour suprême où il est fait mention de l'appartenance de l'une des parties à la religion chrétienne à cause de la consonance chrétienne de son prénom (Julienne).

l'influence de l'islam est limitée au formalisme procédural ou aux tournures de phrases empruntées à l'arabe[164].

Conscients du fait que l'éventualité du conflit entre les différentes coutumes du pays ne pouvait être totalement exclue, le législateur colonial avait prévu des règles de conflit qui ont été reconduites dans la plupart des pays africains après les indépendances[165]. Pour le Cameroun, la source des règles de conflit se trouve dans le décret du 31 juillet 1927 (article 51). Ce texte est repris en partie par le décret du 19 Décembre 1969 sur l'organisation judiciaire et la procédure devant les juridictions traditionnelles de l'ex Cameroun oriental. En cas de conflit de coutumes, l'article 3 prévoit des rattachements qui varient en fonction des matières:

a) « Pour les questions concernant le mariage, le divorce, la puissance paternelle et la garde des enfants: D'après la coutume sous le régime de laquelle le mariage avait été contracté ou dans l'incertitude, d'après les principes généraux du droit moderne ;

b) Pour les questions relatives aux successions et testaments: D'après la loi du défunt ;

c) Pour les questions relatives aux donations: d'après la coutume du donateur ;

d) Pour les questions relatives au contrat, à la responsabilité civile, et à toutes autres matières: D'après la coutume la plus fréquemment suivie dans le lieu où le contrat a été conclu, ou dans celui où se sont produits les faits qui sont à l'origine du litige. »

Dans la zone anglophone, sur l'acte de mariage, se trouve mentionnée la coutume dans les formes de laquelle le mariage a été célébré.[166] En cas de conflit, c'est cette coutume qui devrait naturellement être compétente. L'immense majorité des gens se

---

[164] Voir La formation des droits non étatiques. Encyclopédie juridique de l'Afrique. P. 375 « Souvent, il y a comme un phénomène d'osmose entre le droit traditionnel et le droit musulman ».
« L'islamisation des comportements sociaux n'entraîne pas mécaniquement l'islamisation du droit, et l'islamisation du droit peut se faire (rappelons-le) en prenant des libertés plus ou moins grandes, avec le droit coranique ». Op. cit. p. 376

[165] Pour le Togo il s'agit du décret du 21 avril 1933 (article 6), de ceux du 29 mai 1936 (article 51) pour l'Afrique équatoriale et du 3 décembre 1931(article 6) pour l'Afrique occidentale.

[166] « ... *Married according to the native laws and customs of ...* »

marient avec un membre de leur ethnie ou d'une ethnie proche. Le contenu de la coutume est donc le même et il n'y a donc pas lieu de parler de conflit. Par contre, lorsque deux individus relevant de coutumes différentes se marient - lors de la transcription du mariage - les époux sont invités à préciser à l'officier d'état - civil d'après quelle coutume ils se sont mariés, et mention en est faite dans leur acte de mariage. En cas de différend, c'est cette coutume qui sera appliquée.[167] Pour les autres matières (celles qui ne relèvent pas de la loi du mariage), en cas de conflits de coutumes, les *customary courts* de l'ex Cameroun occidental appliquaient de façon générale la loi qui prévalait dans le ressort de la juridiction du lieu où a eu lieu la transaction ou celle qu'on pouvait déduire de l'intention des parties[168]. En matière de succession, il y avait au départ une présomption en faveur de la coutume du de cujus et en matière foncière en faveur du lieu de situation de la terre. Dans les autres causes civiles, de larges pouvoirs discrétionnaires d'appréciation étaient accordés aux tribunaux pour juger au cas par cas[169].

Aujourd'hui, devant une hypothèse de conflit de coutume, les choses sont appréhendées différemment selon qu'on est devant un tribunal du 1er degré ou devant une *customary court*. Devant le tribunal du premier degré (juridiction de droit traditionnel du Cameroun francophone), le tribunal compétent est celui qui est géographiquement le plus proche. Peu importe qu'il soit éloigné du ressort tribal des parties. Des assesseurs représentant leurs coutumes respectives étant chargés d'en faire connaître le contenu au tribunal. Devant les *customary courts*, à priori et de préférence, les parties doivent s'adresser lorsqu'elles appartiennent à la même tribu, à une juridiction coutumière située dans le ressort territorial de leur coutume. Ainsi, deux « Bayangui » devront saisir la *customary court* de Manfé, deux « Bakweri » celle de Buea ou Limbe, deux « Bafaw » celle de Kumba... Il peut arriver qu'une *customary court* située dans une localité qui a une coutume

---

[167] Généralement, se sera la coutume de la femme, étant entendu que dans la pratique c'est au mari qu'il revient de se conformer aux exigences de la coutume de sa belle-famille.

[168] Voir MARTICOU RIOU dans : Les statuts personnel au Cameroun. Revue Sénégalaise de droit, 1969 P.60

[169] MARTICOU RIOU dans : Les statuts personnels au Cameroun op. cit. p. 60

complètement différente de celle des parties se déclare néanmoins compétente pour connaître d'une affaire les concernant. Dans ce cas, il est fait appel à des « experts » des coutumes des parties pour éclairer le tribunal sur la teneur des coutumes invoquées[170]. Cependant, lorsque les parties sont d'une coutume différente de celle de la localité où est situé le tribunal saisi celles-ci seront renvoyées le plus souvent devant une juridiction coutumière située dans une localité où leur coutume s'applique[171].

Dans les jugements des tribunaux coutumiers, il est généralement fait mention de la coutume de chacune des parties, et de celle des assesseurs. Légalement, la coutume de chacune des parties doit dans la mesure du possible, être représentée au sein du tribunal[172] et devant la Cour Suprême, la non représentation de la coutume de l'une des parties dans les instances inférieures est un motif de cassation. Dans l'affaire MOUME ETIA née MOUDJONGUE / MOUME ETIA EKWALA[173], les époux étaient tous les deux de coutume « Douala », mais les assesseurs présents devant le tribunal du premier degré de Pouma qui a jugé le litige en première instance étaient de coutume « Bassa ». L'arrêt de la cour d'appel partiellement confirmatif a été cassé par la cour suprême pour non représentativité de la coutume des parties en première

[170] FEUTE v FEUTE C.S n°96 / 86 - 87 CRB 3 / 86 - 87 p. 109 du Limbe customary court: les parties étaient des *natives* de Mentchum, la customary court de Limbe s'est reconnue compétente en dépit du fait que dans cette localité, c'est la coutume Bakweri qui est en vigueur.

[171] Voir AYUK ETANG BECHEM (E) v MANYI AGBOR (S) and AGBOR (S) CS. n° 44 / 85 - 86 CRB 2/85-86 P. 37 du Kumba customary court. Les parties avaient saisi cette juridiction qui s'est prononcée en faveur du transfert de l'affaire devant une autre juridiction; la coutume Bafaw qui est celle de la localité où est situé le tribunal étant différente de la coutume Bayangui des parties.

[172] Voir article 10 (2c) du décret de 1969 sur les juridictions traditionnelles: « La coutume de chacune des parties doit, dans la mesure du possible, être représentée au sein du tribunal. Au cas où aucun des assesseurs titulaires ou suppléants ne représenterait la coutume de l'une des parties, le Président doit appeler à siéger, à côté des deux assesseurs et avec voix consultative, un notable résidant dans la localité ou à proximité, jouissant de l'estime publique, et connaissant bien cette coutume; le Président est tenu de le consulter, et mention de l'avis donné par le notable doit être portée dans le jugement. »

[173] Voir C.S arrêt n° 30/L du 26 janvier 1995

instance[174]. Une bonne représentativité de la coutume des parties en effet est importante pour la connaissance de leur contenu exact et partant pour la détection d'éventuels conflits entendus dans le sens de la contradiction de deux coutumes sur un point précis.

En réalité, la notion de conflit de coutume n'est quasiment jamais invoquée devant les juridictions traditionnelles. Le fait que les parties appartiennent à deux ethnies différentes n'entraîne pas forcément un conflit car le contenu des coutumes sur le problème invoqué devant le tribunal peut très bien être le même vu le large socle commun de l'ensemble des coutumes camerounaises. C'est ainsi que le tribunal du premier degré de Yaoundé dans une affaire[175] opposant des parties de coutume Bamiléké et Bafia s'est contenté de mentionner: « attendu que d'après les coutumes Bamiléké et Bafia applicables en la cause l'exercice d'une action en recherche de paternité par la mère d'un enfant né hors mariage peut donner lieu à une déclaration de paternité lorsqu'un lien de sang est établi entre ledit enfant et le père présumé.» En l'espèce, les deux coutumes en présence ne s'opposaient pas, leur contenu était identique. Mais même dans les cas où les coutumes sont susceptibles d'entrer en conflit, les juges ne règlent pas la question préalable du conflit et de la détermination de la coutume applicable mais éludent le problème. Soit ils n'y font pas référence du tout, soit ils vident la question de tout intérêt comme c'était le cas dans l'affaire SIALEU JULIENNE / HAMIDOU HASSANE[176] où entre autre il est dit: « attendu au demeurant qu'il n'y a pas conflit de coutume en l'espèce; qu'en effet, il résulte du dossier que la demoiselle SIALEU JULIENNE, loin de se prévaloir d'une coutume propre, a juré sur le Coran devant le premier juge, se conformant ainsi à la coutume musulmane de la partie adverse. »

---

[174] Voir aussi -TPD de Yaoundé, jugement n°329 du 15 décembre 1994 où les assesseurs étaient Béti et Bamiléké tandis que les parties étaient Bassa.

-TPD de Yaoundé, jugement n°640 du 16 mai 1994 où les assesseurs étaient Béti et Bamiléké et les parties Bassa.

- TPD de Yaoundé, jugement n° 1347 du 18 juillet 1985 où les assesseurs étaient Béti et Bassa et les parties Bamiléké.

[175] TPD de Yaoundé jugement n° 1011 du 9 mai 1985. Juridis info n° 4 p.45 observations YOUÉGO CHRISTINE.

[176] C.S arrêt n°57/L du 21 septembre 1995.

Dans l'ex Cameroun occidental, il n'y a toujours pas de texte de loi réglementant les conflits inter coutumiers. L'ordonnance de 1969 sur les juridictions traditionnelles ne s'applique qu'à l'ex Cameroun oriental étant donné qu'il date d'avant la réunification. Les tribunaux traditionnels de la région anglophone restent donc soumis à un régime similaire à celui de la période coloniale qui laisse de larges pouvoirs discrétionnaires aux *customary courts* pour décider en équité de la juridiction et de la coutume compétente pour régir une question.

Vu le vaste fond commun des coutumes, l'entreprise d'uniformisation du droit coutumier ne devrait pas poser de problème insurmontable. L'émergence d'une coutume nationale se fera en son temps sans difficulté majeure. Par contre l'uniformisation du droit coutumier et du droit écrit à cause de l'ampleur des conflits qu'il peut y avoir entre ces deux systèmes de droit nécessitera sans doute plus de temps.

§ 2 : LES CONFLITS ENTRE LA COUTUME ET LE DROIT ECRIT

Des différents types de conflits évoqués au début de ce chapitre, les conflits entre la coutume et le droit écrit sont ceux qui ont fait l'objet du plus grand nombre de développements dans la doctrine. C'est également le conflit qu'on est le plus susceptible de rencontrer dans la pratique. La plupart des gens vivent à cheval entre la tradition et le modernisme. Il est courant qu'avant de se marier civilement, on le fasse coutumièrement ou alors, cas exceptionnel que l'on procède aux formalités du mariage coutumier après un mariage à l'état civil[177]. Ce n'est pas seulement pour le mariage que l'on observe cette dualité. De façon générale, les gens évoluent dans les deux systèmes de droit. Il en est ainsi aussi pour les successions et la filiation.

La coutume et la loi écrite sont pourtant fondamentalement différentes à la base. Le conflit est sous-jacent aux rapports qu'il

---

[177] C'est souvent le cas de ceux qui vivent à l'étranger ou qui ne disposent pas dans l'immédiat de revenus suffisants pour satisfaire aux demandes de la belle-famille.

peut y avoir entre ces deux systèmes de droit. Comment concrètement s'est-il présenté au fil du temps ?

A l'époque coloniale dans l'ex Cameroun oriental, le conflit droit coutumier - droit écrit était celui qui opposait un individu de statut coutumier à un français ou assimilé[178]. La loi personnelle de l'un étant la coutume et celle de l'autre le droit civil. L'un dépendant de la justice indigène et l'autre de la justice de droit moderne, quel tribunal saisir ? Quelle loi appliquer ?

Au Cameroun occidental, la situation n'était pas différente dans la mesure où il était également fait une distinction entre *natives* et non *natives*. Les uns relevaient de la coutume, les autres de la Common Law. En cas de conflit entre personnes appartenant aux deux groupes, quelle loi devait-on appliquer ? Et devant quelle juridiction faire valoir ses prétentions?

Le législateur colonial français ne s'est pas au départ soucié de ce type de conflits, se contentant dans un premier temps de ne réglementer que les conflits inter coutumiers, les rapports juridiques entre personnes de statuts différents étant plutôt rares. Cependant, avec la multiplication des contacts entre les deux groupes et les conflits qui s'en sont suivis, la jurisprudence s'est trouvée contrainte d'élaborer des règles de conflit. Règles au demeurant simples: la préférence était donnée au Droit civil, loi de l'Etat qui, mise en concurrence avec une coutume locale devait l'emporter[179]. Du côté anglophone, la préférence était également donnée à la Common Law en cas de conflit mixte. Mais celle-ci

---

[178] Sous le régime du mandat, les Camerounais conservaient leur statut local à l'exception des métis (qu'un décret du 7 novembre 1930 autorisait avec l'accord d'un tribunal à relever du statut français), des Camerounais qui avaient acquis grâce au décret du 27 octobre 1939 (après une procédure ressemblant à celle suivie pour la naturalisation des étrangers) la qualité de citoyen français. Sous la tutelle, le bénéfice de la nationalité française et le changement de statut qui s'en suivait a continué à être réglementé par les deux textes op. cit. L'article 84 de la Constitution française de 1946 prévoyant en outre la possibilité pour les Camerounais désireux de le faire de renoncer à leur statut coutumier. Cette disposition de la Constitution française s'appliquant au Cameroun en vertu des accords de tutelle qui prévoyaient que la France administrerait le Cameroun comme partie intégrante de son territoire. Voir p. 43 MARTICOU RIOU dans Les statuts personnels au Cameroun. Revue Sénégalaise de droit de 1969.

[179]Voir BOUREL (P) in Conflits de droits. Encyclopédie juridique de l'Afrique T1 chap. 17 p. 424

était écartée au profit du droit coutumier si son application entraînait une grande injustice pour l'une des parties.

Au moment des indépendances, ce conflit dit « conflit colonial » subsiste. Aussi bien au Cameroun anglophone qu'au Cameroun francophone, il n'a pas été légiféré sur la question. Les solutions au problème sont d'origine prétorienne; le législateur s'étant contenté d'apporter des réponses aux conflits de droit inter coutumier[180]. Une telle attitude n'est pas propre au Cameroun. D'autres pays de la région se sont également contentés de réglementer seulement les conflits inter coutumiers. C'est le cas du Congo[181] et de la République Centrafricaine[182]. Le Sénégal[183], le Niger[184] et le Tchad[185] par contre ont étendus au conflit droit moderne - droit coutumier les solutions retenues pour les conflits inter coutumiers, la loi étant considérée comme la coutume de l'une des parties.[186]

Parmi les pays qui n'ont pas légiféré sur les conflits mixtes, la jurisprudence est divisée et parfois fluctuante dans le même pays. Certains donnent la préférence au droit traditionnel[187] alors que d'autres comme l'ex Cameroun oriental optent résolument pour l'hégémonie du droit moderne. Bien qu'il existe une série d'arrêts[188] de la cour suprême qui ont amené à s'interroger sur la

---

[180] Voir l'Ordonnance de 1969 au Cameroun Oriental sur les juridictions traditionnelles op cit.

[181] Loi du 29 mai 1961

[182] Loi du 21 mai 1962

[183] Article 830 du code de la famille qui a abrogé l'ordonnance du 14 novembre 1960

[184] Articles 52 et 54 de la loi du 16 mars 1962

[185] Article 70 de l'ordonnance du 21 mars 1967

[186] Voir BOUREL in Encyclopédie juridique de l'Afrique op cit. p 433.

[187] BOUREL dans l'article op cit. p. 433 dans ce sens une décision de la cour suprême du Gabon du 4 janvier 1971. Voir ses observations sous cet arrêt au Clunet 1972 P. 326

[188] - C.S de l'ex Cameroun oriental (arrêt n° 38 du 2 décembre 1969) : L'application de la coutume est préférée à celle du code civil et la haute cour déclare que l'adultère n'est pas une cause péremptoire de divorce en cas de polygamie.

- C.S affaire NDENGUE du 14 juin 1966 Penant 1966 P. 438 : La C.S admet la reconnaissance d'un enfant adultérin en cas de polygamie.

- C.S arrêt BOLO n° 86 du 25 mai 1971 et arrêt DAYAS n° 30 L du 12 janvier 1971 où la C.S en l'absence de contrat de mariage préconise un partage égalitaire des biens de la communauté entre les deux époux si l'épouse a contribué

suprématie du droit civil, la tendance actuelle est à la condamnation de la coutume qui est en outre considérée comme un simple élément de fait qui échappe par conséquent au contrôle de la juridiction de droit.

Dans les provinces anglophones par contre, il n'y a eu au départ « rien d'équivalent à l'inclination quasi pathologique des juges formés à l'école française pour le droit moderne[189]. » Les rapports entre les deux droits étaient plutôt de type égalitaire. L'explication de ce phénomène peut en grande partie être trouvée dans l'essor qu'a connu le droit traditionnel grâce à la technique administrative de l'*indirect rule*.

Aujourd'hui encore, les choses sont très différentes dans les deux parties du pays. Alors que dans les provinces francophones, il revient dans la pratique judiciaire au justiciable de choisir devant quel juge il veut porter son litige, dans la partie anglophone, la volonté des parties n'intervient pas ou alors n'intervient que très peu dans la détermination de la juridiction compétente. Celle ci est faite de façon objective. On recherche toujours quel est le juge naturel des parties. Divers facteurs sont pris en considération pour retenir la compétence de la *high court* ou celle de la *customary court*. Ainsi par exemple, une demande de divorce qui concerne un mari polygame devra être portée devant une *customary court* car celle ci apparaît comme la juridiction naturelle dans ce cas; la polygamie étant une institution propre au droit coutumier[190]. S'il

---

financièrement à leur acquisition en exerçant une activité professionnelle séparée de celle de son époux. Vu le petit nombre de femmes qui ont une activité professionnelle rémunérée, cette jurisprudence sans conteste a consacré le triomphe de la coutume.

Voir également MELONE (S) dans La coutume contre le code civil : La fin d'une suprématie. RCD n° 1 P. 12 à 17

[189] BANAMBA thèse op. cit. p. 247

[190] Au Cameroun francophone, la nature polygamique de l'union n'empêche en aucun cas que sa dissolution soit demandée devant un tribunal de grande instance. Les juges sont pourtant bien embarrassés lorsqu'il s'agit d'adapter les solutions du code civil à des situations imprévues dans ce système de droit. C'est le cas par exemple lorsqu'il faut liquider la communauté qui a existé entre un époux polygame et ses différentes épouses. Le code civil n'ayant pas prévu ce cas de figure, comment opérer le partage ? Comment distinguer les différentes communautés en présence ?

A l'époque coloniale, la cour de cassation faisait dépendre le fond du droit de la forme. Ainsi lorsque le mariage avait été célébré suivant le code civil, les effets de

arrivait néanmoins qu'une telle affaire soit portée devant une *high court*, il est plus que probable que celle-ci d'office déclinerait sa compétence et orienterait les parties vers la *customary court* compétente. Cette jurisprudence anglophone sur le règlement des conflits mixtes parce qu'elle colle plus à la réalité, et est très soucieuse d'efficacité doit être encouragée.

Comme nous le rappelions plus haut, il n'a pas encore directement été légiféré sur ce type de conflit. Les solutions en la matière sont prétoriennes. Cependant, il existe dans la doctrine des propositions de solutions. Le doyen POUGOUE préconise dans les conflits mixtes l'utilisation directe d'une règle matérielle[191] et non pas sa désignation préalable et abstraite par une règle de conflit[192]. Il propose également que le juge saisi aille « au delà de la simple désignation de la loi compétente, (il) devrait rechercher, en se conformant à l'esprit du droit commun dégagé des conceptions négro-africaines, la solution qu'il estime la meilleure dans son résultat concret. » On peut en conclure qu'il attend du juge qu'il tranche en équité tout en s'inspirant de ce nouveau droit qu'il appelle de tous ses vœux. Droit qui pourrait mettre fin non seulement aux conflits mixtes mais également aux conflits entre la common law et le droit civil qui constituent notre préoccupation suivante.

---

ce mariage étaient réglés par le code civil. Lorsqu'au contraire le mariage avait été célébré coutumièrement, il était du ressort du droit traditionnel. Les mariages mixtes quant à eux étaient généralement réglementés par le code civil étant donné que dans la quasi totalité des cas, ils avaient été célébrés par un officier d'état-civil. Voir les débats sur la communication de ACQUETEY (T) sur : Unité et dualité de statuts dans le droit de la famille au Togo. Revue juridique et politique de l'Union française 1967 p. 47

[191] Règle qui aura été élaborée à partir d'une re-interprétation des droits allogènes selon les conceptions propres du monde noir ; d'un rajeunissement de celles-ci, qui permettra d'aboutir à un droit nouveau spécifique et adapté à la vie moderne et qui ne soit pas la caricature grossière de l'occident. Voir sa thèse op. cit. P. 251

[192] Cette méthode de règlement des conflits présente l'avantage de favoriser l'unification progressive du droit en évitant l'évolution parallèle du droit écrit et de la coutume ; ce qui ne faciliterait pas leur intégration dans la même communauté culturelle.

§ 3 : LES CONFLITS ENTRE LE DROIT CIVIL ET LA COMMON LAW

Les conflits entre le droit civil et la common law au Cameroun constituent l'exemple type du conflit inter - territorial sans conflit de souveraineté qui est parfois identifié sous la dénomination de conflit inter - régional[193]. Ce type de conflit est le résultat du maintien après la réunification de l'ex Cameroun oriental et de l'ex Cameroun occidental de « deux territoires de droit[194] ».

Il existe dans la doctrine une opinion qui nie l'existence de ce genre de conflit et affirme que « depuis l'avènement de la République unie du Cameroun en 1972, théoriquement il n'existe plus ici une diversification des systèmes juridiques dans l'espace et les conflits inter - territoriaux ont perdu leur champ antérieur d'application[195]. » Ce point de vue est critiquable dans la mesure où on peut difficilement comprendre sur quoi il se fonde étant donné que la Loi Fondamentale en son article 38[196] établit clairement la dualité de systèmes[197].

Les textes d'application générale en principe réduisent progressivement le champ d'intervention de ces conflits au fur et à mesure qu'ils sont votés[198]. Cependant, une grande partie du droit reste soumis encore soit à la common law, soit au droit civil. Dans la pratique, il existe de nombreux cas où les tribunaux ont été

---

[193] Voir LAMPUE in Les conflits interrégionaux et interpersonnels dans le système juridique français. Revue critique 1954 P 225.

[194] Voir LAMPUE dans : Les conflits inter-régionaux op. cit. p. 254

[195] C'est l'opinion émise par POUGOUE (G) dans sa thèse op. cit. p. 249

[196] Article 38 de la constitution : « La législation résultant des lois et règlements applicables dans l'État fédéral du Cameroun et dans les États fédérés à la date de prise d'effet de la présente constitution reste en vigueur dans ses dispositions qui ne sont pas contraires aux stipulations de celle-ci, tant qu'elle n'aura pas été modifiée par voie législative ou réglementaire. »

[197] Les raisons qui ont poussé les constituants de l'époque à maintenir le dualisme en dépit de l'unification politique restent valables encore aujourd'hui : Le pays n'était pas encore prêt pour une unification totale sur le plan législatif. Il ne l'est toujours pas aujourd'hui et il n'y a rien d'étonnant en cela. Un droit national uniforme dans un contexte comme celui du Cameroun ne peut s'élaborer que dans la durée.

[198] Malheureusement comme nous le verrons dans les développements ultérieurs il arrivent qu'un texte d'application général certes résout quelques conflits mais en crée également. C'est le cas de l'ordonnance de 1981

confrontés à ce conflit opposant les deux droits modernes en vigueur sur le territoire national. Il intervient dans les matières qui n'ont pas été unifiées ou qui ne l'ont été que partiellement par l'ordonnance de 1981 qui est le principal texte d'application générale. Sont concernés, le divorce, les régimes matrimoniaux, les successions et l'adoption. D'autre part, l'ordonnance de 1972 sur l'organisation judiciaire n'uniformise que l'organisation juridictionnelle. Les règles de procédure restent propres à chacune des deux régions. Seule la procédure devant la cour suprême est la même pour tous. La combinaison de l'ordonnance de 1981 et de celle de 1972 sur l'organisation judiciaire laisse donc subsister un grand nombre d'hypothèses de conflits.

Lorsque deux citoyens originaires des provinces anglophones résidant dans une ville de la région francophone veulent agir en justice dans une des matières du statut personnel, à quelle juridiction doivent-il adresser leur requête ? Le code de procédure civile donne compétence au tribunal du lieu où se trouve le domicile conjugal pour tout ce qui a trait au mariage et à ses effets par exemple alors que le *Civil procedure* act et la *Matrimonial causes rules* de 1968 en vigueur dans l'ex Cameroun occidental donnent compétence à un tribunal du « domicile » des époux. Domicile étant entendu au sens que lui donne la common law et tel que repris dans les affaires ENONGENEKANG[199] et TUFON[200].

---

[199] Affaire n° HCSW / 28 MC / 82 du 13 août 1982. ENONGENEKANG (D) c. ENONGENEKANG (A) où le juge INGLIS reprend la définition du domicile contenue dans le Halsbury laws of England. 3ème édition, vol 7 paragraphe 26: « *A person's domicile is that country in which he either has or is deemed by law to have his permanent home. Domicile is generally identified with home, but whereas a person may have no home or more than one, the law requires him to have a domicile and one only. If the person whose domicile is in issue has a residence in more than one country, it must be determined in the light of the evidence adduced, which is his principal abode. In this respect, domicile differs from nationality, since though every person at a given point of time has a domicile and only one domicile, he may it seems be stateless, that is have no nationality...As i have pointed out early, in this country we do not yet have a single system of law. It follows for the purpose of matrimonial proceedings that one cannot have a Cameroon domicile. Every person should be domiciled in either one or other part of the territory where the legal system pertaining to his personal law applies.* »

[200] Affaire n° HCB/ 59/MC/83. TUFON (G) c. TUFON (S) où le juge ASU reprend la définition du domicile contenue dans The law and practice of divorce

S'ils saisissent une juridiction francophone, celle-ci se déclarera compétente sans aucun doute si la résidence des époux est située dans le ressort du tribunal ; la résidence se confondant ici avec le domicile conjugal. Si d'autre part ils saisissent la *high court* de leur province d'origine, il est également certain que celle-ci se déclarera compétente comme c'était le cas dans l'affaire ENONGENEKANG étant donné qu'en vertu de la loi applicable devant cette juridiction les époux sont domiciliés dans l'ex Cameroun occidental. Il y a assurément là un conflit positif de droit[201]. Dans le premier cas de figure, les époux se verront appliquer au fond le code civil car, « l'option de juridiction entraîne l'option de législation. » Dans la seconde hypothèse, il leur sera fait application de la common law.

Il peut également arriver que contrairement à l'exemple ci-dessus, les juges francophone et anglophone se déclarent tous les deux incompétents : Le conflit est alors négatif. Normalement, ça devrait être le cas si les deux époux d'origine francophone résident cette fois ci en région anglophone[202]. Une high court saisie devrait se déclarer incompétente car selon sa loi les époux sont domiciliés au Cameroun francophone et c'est un tribunal de grande instance de cette partie du territoire qui par conséquent est compétent. Or d'après l'article 8 du code de procédure civile, c'est le tribunal du lieu de situation du domicile conjugal qui est compétent ; donc la high court de la province où résident les époux. Un tribunal de grande instance saisi devrait se déclarer incompétent pour connaître de l'affaire.

---

de Tolstoy. 6ème édition p. 7: « *Domicile has been defined as the legal relation between a person and a jurisdiction (in the geographical sense) which arises from the person's residence in such jurisdiction with the intention of making it his permanent home...* »

[201] Comme illustration jurisprudentielle du cas où deux anglophones agissent en région francophone, on peut citer les affaires suivantes : LANTUM c. LANTUM, BIH BONGWA c. KETOUONYE (M) (Aff. n° 231 du 18/01/ 88 du TGI de Yaoundé, JUAH c. JUAH (Aff. n° 636 du 10/06/86 du TGI de Yaoundé), KIMA c. KIMA (Aff. n° 589 du 17/11/91 du TPD de Yaoundé.)

[202] Comme illustration jurisprudentielle on peut citer : NGALEU(J.B) c. POUAMBEY KOUANEY (J) (Aff. n° HCSW/ 32 MC/83), NSEKE c. NSEKE (Aff. n° HCSW/ 108 MC/ 84), NOUMESSI c. NOUMESSI (Aff. n° HCSW/ 8MC/82), MAHOP c. MAHOP appel (n° CASWP/12MC/79)

Les choses se compliquent davantage s'il s'agit d'un mariage mixte, l'un des époux étant originaire du Cameroun francophone et l'autre du Cameroun anglophone. A priori dans ce cas aussi bien le code civil que la common law ont vocation à s'appliquer.

Dans tous les cas invoqués, les juges saisis se sont déclarés compétents. La position des juridictions francophones est juridiquement parfaitement justifiable. Le code de procédure civile leur donne compétence pour connaître des affaires concernant les citoyens de l'ex Cameroun occidental résidant dans leur ressort territorial[203]. Par contre, on ne peut pas dire de même des juridictions anglophones. Elles ne sont pas compétentes pour connaître des affaires concernant les francophones car ceux-ci sont domiciliés dans l'ex Cameroun oriental d'après la common law. En cela, les décisions qui ont retenu leur compétence sont critiquables.

En réalité, le juge Camerounais ne se pose pas la question de savoir quel est le contenu de la loi des justiciables. Il ne fait absolument aucune différence entre individus d'origine anglophone et ceux d'origine francophone. Lorsqu'un anglophone comparaît en justice devant une juridiction du Cameroun francophone, le juge ne s'interroge pas sur les dispositions de la common law concernant le problème qui lui est soumis ni sur les règles de procédure de ce système de droit. Il réfléchit purement et simplement en termes de droit francophone et applique le droit que sa juridiction a vocation à appliquer ; c'est-à-dire le droit civil. Le juge anglophone de son côté se comporte de la même façon vis-à-vis des justiciables francophones et leur applique la common law.

Du point de vue de l'uniformisation du droit une telle attitude est de nature à la favoriser mais présente le désavantage d'instiller dans les rapports privés une dose d'incertitude. Ainsi, selon qu'on divorce dans la région francophone ou dans la région anglophone, les conditions à remplir seront différentes. Alors qu'il existe des causes péremptoires de divorce en droit civil, la common law ne connaît rien de tel. Il suffit par exemple d'établir de façon formelle

---

[203] Ce n'est pas l'avis de M. NGWAFOR qui écrit concernant toutes ces affaires dont les parties étaient anglophones et qui ont été jugés devant des juridictions du Cameroun francophone: « *Since divorce issues in former west Cameroon are resolved by the law of one's domicile, we can state without fear of any contradiction that the long chain of decisions from arrêt Lantum to the very recent ones are all null and void and so cannot be binding on the parties.* »

devant un juge de Yaoundé qu'il y a eu adultère pour obtenir un divorce aux torts de l'époux fautif tandis que le juge de Buea exigera en plus pour dissoudre l'union la preuve de l'« *irretrievable breakdown of the mariage* ». De même, des époux qui n'ont pas conclu de contrat de mariage avant de convoler en justes noces - et c'est le cas de l'immense majorité des gens - bénéficieront d'un régime matrimonial légal différent selon qu'ils demandent le partage de leurs biens devant un tribunal de grande instance ou devant une *high court*. Devant la première juridiction, le régime matrimonial légal sera la communauté de meubles et d'acquêts alors que devant la deuxième le juge partira du principe posé dans la célèbre affaire PETTIT / PETTIT[204] selon lequel « *english law knows no community of property* » et aura recours à l'article 17[205] du *Married women's property act* de 1882.

Dans l'affaire ENONGENEKANG, les deux parties au procès étaient anglophones et leur résidence commune était située à Douala dans le Cameroun francophone. L'épouse par requête adresse sa demande en divorce à la *high court* de la ville de Buea ; chef lieu de la province dont ils sont tous les deux originaires. L'époux in *limine litis* réfute la compétence de cette juridiction arguant du fait que le domicile conjugal étant situé à Douala, c'est le tribunal de grande instance de cette ville qui est compétent pour connaître de l'affaire. La *high court* de Buea se basant sur la *Matrimonial causes rules* de 1968 affirme sa compétence en qualité de tribunal dans le ressort duquel se situe le « *domicile* » des deux époux.

On peut penser que c'est pour de simples raisons de commodité que le sieur ENONGENEKANG invoquait la compétence du tribunal de grande instance de Douala ; ville où il réside. Le fait qu'il ait curieusement fait une demande reconventionnelle de divorce devant la *high court* de Buea dont il décline par ailleurs la compétence est assez significative. Il ne s'agit pas d'une manœuvre dilatoire. Le désir de divorcer est tout aussi présent chez lui que chez son épouse. Il est cependant fort

---

[204] PETTIT v PETTIT 2. All E.R. 385 (1969)

[205] Article 17 du Married women's property act de 1882 : « *In any question between husband and wife as to the title or possession of property, either of them may apply for an order to the high court or to a county court and the judge may make such order with respect to the property in dispute ...as he thinks fit.* »

probable que pour le sieur ENONGENEKANG comme pour le commun des justiciables, bénéficier d'une justice de proximité était tout aussi important que d'obtenir justice. La règle de procédure civile qui dans le droit anglophone donne compétence à une des *high courts* de l'ex Cameroun occidental lorsque les parties sont originaires de cette partie du pays peut s'avérer préjudiciable pour ceux qui doivent venir pour les différentes audiences de localités géographiquement éloignées de la juridiction dont la compétence a été retenue. Et puis que dire des anglophones qui depuis des générations sont installés dans le Cameroun francophone ? Est-ce admissible qu'ils ne puissent pas bénéficier d'une justice de proximité ? Peut-on sous prétexte que leur *domicile of origin* est dans l'ex Cameroun occidental les diriger systématiquement vers une juridiction de common law ?

Inversement les règles de procédure civile du droit francophone rapprocheraient le justiciable de son juge si elles devaient être étendues à l'ensemble du pays. Le seul inconvénient tant que le fond du droit n'est pas unifié serait que la common law et le droit civil soient appliqués indifféremment aux citoyens sans considération de leur origine.

Pour un pays bilingue et comportant plusieurs sources du droit comme le Cameroun, l'administration de la justice gagnerait en qualité si dans les diverses juridictions à travers tout le territoire national on trouvait des juges rompus aux techniques des différents systèmes de droits en vigueur dans le pays. Dans l'optique de l'uniformisation du droit, en attendant d'avoir des magistrats à l'aise à la fois dans le droit civil et la common law, on pourrait affecter devant chaque juridiction de droit moderne, aussi bien des juges versés dans le système de la common law que ceux qui ont été formés à l'école du droit civil. On éviterait ainsi l'application systématique du droit du juge qui est dû au fait que ce dernier ignore tout ou presque de l'autre système de droit.

Face aux affaires de droit international privé, le juge Camerounais garde la même attitude. Il élude complètement les éléments d'extranéité et applique le droit qu'il connaît le mieux: le sien.

SECTION 2 : LES CONFLITS INTERNATIONAUX DE LOIS.

Le Cameroun fait aussi partie des pays qui n'ont pas légiféré sur les conflits internationaux de lois [206].Trente ans après les indépendances, cette matière reste caractérisée par un grand vide législatif. En l'absence d'un texte national applicable à l'ensemble du territoire, les conflits internationaux de lois conformément aux termes de l'article 38 de la constitution restent réglementés dans l'ex-Cameroun occidental et dans l'ex-Cameroun oriental par le droit qui était en vigueur dans chacune des parties du pays préalablement à la réunification. Dans la zone francophone, le siège de la matière est l'article 3 du code civil tandis que dans les provinces anglophones suivant la règle rappelée dans les affaires ENONGENEKANG et TUFFON, les principes du droit international privé anglais s'appliquent tant qu'une loi nationale ne les a pas expressément modifiés.

Dans les pays d'Afrique noire où il a été légiféré après les indépendances sur le droit international privé, à quelques variantes près, les systèmes de conflit de lois en vigueur à l'époque coloniale ont été reconduits. Monsieur BOUREL se félicite de cet état des choses en faisant remarquer fort justement qu' « il est naturel que les Etats africains ne cherchent pas à construire de toutes pièces un système nouveau à leur propre usage, mais qu'ils s'intègrent à un système déjà existant, ce système étant de nature internationale. Il ne faut pas oublier, en effet, que les structures fondamentales du droit international privé ont été empruntées par tous les Etats à une tradition commune. Par conséquent, l'emprunt au système français, lui même intégré à la civilisation universelle, ne saurait être condamné en soi. Il serait à cet égard fâcheux de faire de la spécificité de la législation une question d'orgueil national bien

[206] Certains pays africains ont procédé soit à une codification de la matière, soit à l'insertion de dispositions de droit international privé dans d'autres textes de lois. C'est le cas du Sénégal (article 840 à 854 de la loi n° 72-61 du 12 juin 1972), du Togo (article 704 à 727 du code togolais de la famille), de la Guinée (loi n° 51-62 du 14 avril 1962), de la république Centrafricaine (loi du 3 juin 1965), et du Gabon (articles 29 à 58 du décret-loi du 20 juillet 1972 portant adoption de la première partie du code civil).

mal placé en une matière où le droit se veut précisément international et universel.[207] »

Si le Cameroun devait prendre des dispositions nationales pour réglementer les conflits internationaux de lois, probablement que le législateur irait dans le même sens en dépit des appels passionnés d'une partie de la doctrine pour une plus grande prise en considération du droit coutumier dans l'élaboration future d'une théorie générale des conflits de lois[208]. Ce ne serait d'ailleurs que la transposition sur le plan international de la volonté déjà manifestée en droit interne par le législateur de réaliser l'uniformisation du droit dans un sens résolument moderniste.

En attendant l'uniformisation de cette matière, coexistent donc sous la même souveraineté deux systèmes de règlement des conflits de lois originellement élaborés pour la France et l'Angleterre et qui au Cameroun doivent intégrer la donne de la présence sur le même territoire de règles d'origine coutumières qui ont elles aussi vocation à régir les mêmes situations. Dans un tel contexte, un conflit de système est susceptible de surgir à chaque fois qu'une règle de conflit de loi déclare la loi camerounaise compétente. Cette loi étant plurielle, d'après laquelle en particulier faut-il opérer la qualification ? En cas de renvoi à la loi camerounaise visée de façon générale à laquelle des lois internes faut-il soumettre un litige pendant devant un juge?

L'élasticité du statut personnel (Para 1) dans les Etats africains en général et au Cameroun en particulier réduit les hypothèses de difficulté de qualification. Cependant, les facteurs de rattachement (Para 2) étant différents dans les deux parties du territoire, les problèmes de conflit dans le contexte camerounais restent intacts.

§ 1 : LE STATUT PERSONNEL AU CAMEROUN

Le statut personnel peut être entendu de deux façons différentes. En droit interne, « la notion est conçue dans une perspective discriminatoire ; elle identifie un procédé dont la

---

[207] Voir BOUREL (P) : Les conflits de droits. Encyclopédie juridique de l'Afrique op. cit. p. 437

[208] Voir dans ce sens POUGOUE (P.G) et BANAMBA(B) dans leurs thèses op cit.

fonction traditionnelle est de marquer le départ entre le droit écrit et le droit coutumier sur une base personnelle[209].» En droit international privé, il peut être défini comme « l'ensemble des règles juridiques concernant l'état et la capacité des personnes[210] ». Ou encore « comme l'ensemble de matières soumises à la loi qui suit la personne[211] ». A la capacité et à l'état des personnes on peut ajouter selon les pays d'autres matières.

Le Cameroun comme les autres pays d'Afrique noire fait partie des pays de statut personnel. Ils ont la spécificité d'entendre le statut personnel de façon bien plus large que dans la plupart des pays européens. En plus de la capacité et de l'état des personnes, celui-ci comprend: les régimes matrimoniaux, les libéralités et les successions. Cette conception du statut personnel dérive de la tradition fortement personnaliste des pays africains. Dans les droits traditionnels, une loi unique réglemente les relations familiales[212] et la survivance des coutumes oblige en effet à une compréhension extensive de la notion.

La conception du statut personnel en occident peut certes être opposée de façon générale à celle qui prévaut dans les pays africains mais même dans l'ensemble européen, il faut encore distinguer entre les pays de l'Europe continentale et l'Angleterre par exemple qui est un pays de common law. Le domaine du statut personnel dans le premier groupe est sensiblement plus étendu.

Sur le territoire camerounais, le double héritage sur le plan du droit international privé n'a pas donné lieu à des divergences quant à la définition des matières qui rentrent dans le statut personnel ou « *status* ». IL est entendu de façon large aussi bien devant les juges anglophones que devant leurs collègues francophones. Les premiers nous le rappelions plus haut affirment la compétence de la loi anglaise à chaque fois que sur le plan national il n'a pas été légiféré sur un point de droit soumis à leur appréciation. Les principes du droit international privé en vigueur dans le nord-ouest et dans le sud-ouest devraient pour ce qui est des règles de conflit

---

[209] Voir thèse BANAMBA op cit. p. 337

[210] Définition donnée par le Lexique des termes juridiques. Dalloz éd de 1988.

[211] BATTIFOL (H) et LAGARDE (P) : Traité de droit international privé. LGDJ 7ème éd T.2 n° 376 p.1

[212] Voir BOULANGER (F) in Essai comparatif sur la notion de statut personnel dans les relations internationales de l'Afrique noire. RCDIP 1982 p. 657.

être ceux qui sont applicables en Angleterre actuellement étant donné qu'il n'existe pas de disposition nationale à ce sujet. La conception du statut personnel dans cette partie du territoire aurait pu être celle qui prévaut en Angleterre. Mais, il n'en est rien. Le statut personnel au Cameroun anglophone est entendu de façon bien plus large qu'en Angleterre. L'influence du droit traditionnel qui a une connotation très personnaliste y est pour beaucoup[213].

Pareillement, le juge francophone pour ce qui est du statut personnel se démarque nettement de la conception française du statut personnel. La notion dans les provinces francophones est également très extensive comme c'est le cas dans les autres anciennes possessions coloniales françaises en Afrique noire. Il faut dire que comme le souligne Boulanger, « le statut personnel entendu de façon large est adapté aux mœurs et au tempérament africain.»

Cette conception spécifique du statut personnel est parfois prise en considération par les juges étrangers lorsque des Camerounais sont en cause. C'était le cas dans une affaire opposant deux époux Camerounais où le tribunal de grande instance de Nanterre à considéré les régimes matrimoniaux comme une matière du statut personnel[214] alors qu'en France, ce n'est pas le cas.

Pour ce qui est des matières faisant partie du statut personnel prises individuellement, concernant le domaine de la loi compétente il faut préciser que pour ce qui est du mariage, en application de la maxime *locus regit actum*[215] les mariages célébrés dans les formes locales devraient en principe être valables. Cependant, la pratique judiciaire nuance cette règle. Les formes prévues par la loi commune des parties ou d'une d'elles peuvent également être admises. La cour suprême l'a implicitement

---

[213] Voir ABD-EL-KADER BOYE dans Le statut personnel dans le droit international privé des pays africains au sud du Sahara. Conceptions et solutions des conflits de lois. Le poids de la tradition negro-africaine personnaliste. Recueil des cours de l'académie de droit international. 1993 n°238 vol 1

[214] Citée par POUGOUE (P.G) et ANOUKAHA (F). Juris classeur de droit comparé éd de 1996 p.13

[215] Consacré par l'article 5 (2) de l'ordonnance n°81/2 du 29 juin 1981 qui dispose : « Toutefois, les actes d'état civil établis en pays étranger font foi s'ils sont rédigés dans les formes usitées dans ces pays.»

reconnu dans une affaire où un mariage unissant deux Grecs avait été célébré selon le rite orthodoxe à l'église orthodoxe de Yaoundé[216]. Par ailleurs, bien que la loi camerounaise autorise la célébration coutumière du mariage, il semblerait que cette possibilité ne soit pas ouverte aux étrangers[217]. C'est du moins ce qui se déduit de la volonté manifestée par la jurisprudence de ne soumettre les étrangers qu'aux institutions et formalités du droit moderne[218]. Pour résumer la jurisprudence sur cette question, on peut dire que les étrangers peuvent se marier au Cameroun dans les formes prescrites par leur loi personnelle (nationale ou du domicile selon les cas) mais ne peuvent pas le faire selon l'une des formes coutumières camerounaises à moins d'être dans le cas exceptionnel de personnes d'origine étrangère mais dont la coutume est représentée sur le territoire camerounais.

Le caractère facultatif de la maxime *locus regit actum* est à porter au crédit de la jurisprudence camerounaise. La force d'expansion du statut personnel en Afrique commande en effet que la forme et le fond du mariage soient soumis à la même loi[219]. Dans la pratique, les étrangers qui se marient au Cameroun avec des camerounais très souvent avant la cérémonie civile, passent par la procédure du mariage coutumier. Pour les étrangers Africains, c'est

---

[216] RCD 1972 n° 1 p. 54

[217] A moins que ce ne soient des ressortissants d'un des pays limitrophes du Cameroun qui appartiennent à une des ethnies dont les coutumes sont représentées sur le territoire national. Voir C.S arrêt du 15 octobre 1985 RCD 1985 n°30, P.427 où la cour suprême précise que « la coutume se rattachant à une ethnie, celle-ci demeure inapplicable à tous ceux qui ne sont pas membre de l'ethnie concernée.»

[218] Voir DJUIDJE (B) dans Ordre juridique pluraliste et droit international privé. Thèse université de Nanterre (1997). Voir aussi l'arrêt ZAMBO (C.S arrêt du 27 janvier 1977)

[219] Mr BOUREL déplore le fait que certains législateurs Africains aient retenus la solution française de conflit qui soumet obligatoirement la forme à la loi du lieu de célébration du mariage. Voir Encyclopédie juridique de l'Afrique op cit. Les conflits de Droits chap. 17 P 442.

Les raisons qui en France poussent à l'exclusion de toute loi autre que la loi locale pour régir la forme sont étrangères aux droits africains. Ceux-ci admettent sur leurs territoires différentes formes de célébration du mariage alors qu'en France, le mariage a non seulement un caractère laïc particulièrement marqué mais en plus les autorités publiques détiennent le monopole de la célébration du mariage. Les cérémonies religieuses subséquentes ne sont en réalité que des « bénédictions » post nuptiales.

quelque chose de tout à fait naturel parce que c'est un acte qui fait partie intégrante de leur culture, de leurs coutumes. Les occidentaux qui se marient à des Camerounais procèdent eux aussi souvent à la célébration coutumière de leur union. Diverses raisons peuvent expliquer ce geste : Désir de respecter la culture de l'autre, volonté d'affirmer le caractère mixte de l'union etc... En réalité le droit positif au Cameroun ne proscrit pas pour les étrangers la célébration coutumière de leur mariage. Il leur est seulement demandé de faire suivre la célébration coutumière d'une célébration civile. Même des futurs époux qui seraient Camerounais tous les deux ont intérêt à suivre cette recommandation comme nous le verrons dans des développements ultérieurs.

Le statut personnel constituant par excellence la catégorie de rattachement qui sur le plan interne est réglementé aussi bien par le droit traditionnel que par la loi écrite, on pourrait se demander d'après quelle norme la qualification en droit international privé devrait se faire. Le renvoi dans un tel contexte doit-il être accepté ?

Concernant la qualification, traditionnellement elle est faite selon la *lex fori* en droit international privé. Elle consiste à « déterminer la nature juridique d'une situation de fait ou d'une question de droit, afin de pouvoir la rattacher à une catégorie typique, ce qui permettra de déterminer la loi qui est applicable[220]. » Dans le contexte camerounais, la loi du for comprenant à la fois la loi écrite et les coutumes, on peut se demander d'après quelle loi exactement la qualification devra se faire. Face à des hypothèses de pluralisme législatif dans un même pays, il y a eu des propositions dans la doctrine pour l'utilisation de la *lex causae* par exemple à la place de la classique *lex fori*. Celle-ci pourrait être une solution acceptable devant une *lex fori* complexe. Cependant, si l'ordre juridique de la *lex causae* est lui aussi pluraliste, le problème est le même: Sur quelle base déterminer l'exacte loi compétente pour qualifier ? Il faut en outre ajouter que qualifier *lege causae* pêche un peu par son illogisme. Qualifier est la première étape du règlement d'un conflit de loi. Comment qualifier d'après la *lex causae* alors qu'on ne sait même pas encore si elle est compétente ou pas ? C'est en effet à raison

---

[220] Lexique des termes juridiques. Dalloz 1988 p.372

que le doyen POUGOUE écrit dans sa thèse que « la qualification *lege causae* est un sophisme intellectuel, car on ne peut pas s'adresser à une loi étrangère tant qu'elle n'est pas compétente et elle n'est pas compétente, tant qu'elle n'est pas qualifiée. Le problème de la qualification ne peut donc se résoudre que de *lege fori*[221]. »

En admettant qu'il faille retenir la *lex fori* comme loi compétente pour qualifier, encore faut-il solutionner le problème du choix de la loi interne selon laquelle la qualification se fera. La hiérarchisation des lois nationales pourrait être d'un certain secours, la distinction entre la législation de droit commun et les droits particuliers également. A supposer que l'une des lois de l'ordre législatif soit supérieure à l'autre, ou alors que l'une relève du droit commun alors que l'autre s'applique à des personnes ou à des circonstances particulières, il serait logique et naturel de retenir pour la qualification la loi supérieure ou de droit commun. Au Cameroun, même si cette affirmation est de nature à hérisser plus d'un juriste, le droit commun c'est le droit moderne. A ce titre, elle pourrait être considérée comme la *lex fori*[222]. Le doyen POUGOUE rejette cette solution qui a la faveur de M. LAMPUE en insistant sur le fait que: « M. LAMPUE ne se rend pas compte que cette loi écrite qui offre le caractère d'une législation de droit commun dans la plupart des Etats africains et de toute manière au Cameroun, est la loi d'origine européenne[223]. » C'est à croire que l'origine de la loi écrite serait de nature à la disqualifier d'office. M. POUGOUE semble oublier que bien que cette loi soit d'origine européenne, elle fait par adoption partie intégrante à l'avenir de l'arsenal juridique camerounais. Se servir de celle-ci comme *lege fori* dans l'opération de qualification n'est en rien honteux ou dommageable. Enrichir son patrimoine d'institutions ou de règles d'origine étrangère du moment que celles-ci s'intègrent facilement dans l'héritage ancestral et ne sont pas de nature à déséquilibrer l'architecture générale du droit peut être bénéfique; en tout cas pour ce qui concerne la qualification.

---

[221] Voir thèse op. cit. p. 257

[222] LAMPUE propose que le la loi écrite en tant que législation de droit commun soit retenue pour qualifier lege fori.

[223] Thèse POUGOUE op. cit. p. 258

Parfois, on retrouve chez les juristes Africains, la peur de voir le droit traditionnel relégué au second plan ou alors taxé d'inférieur par rapport au droit d'origine occidentale. Le problème ne doit pas être posé en termes de supériorité de l'un des systèmes juridiques par rapport à l'autre. Les deux sont par essence différents et donc difficilement comparables. Leur combinaison peut s'avérer utile, opportune et enrichissante. Dans le cas du Cameroun son triple héritage juridique est incontestablement une richesse vu de la perspective de la qualification. En attendant l'éventuelle unification totale du droit, nous préconisons l'emploi alternatif de la coutume, du droit civil et de la common law. Devant une institution propre au droit traditionnel (la polygamie ou l'héritage principal[224] par exemple) qualifier selon le droit coutumier éliminerait le risque de la dénaturation éventuelle de l'institution. De même, face à une hypothèse de légitimation adoptive[225] que la common law et le droit traditionnel ne connaissent pas, qualifier selon le droit civil relève du bon sens. Pareillement, face à un « *trust* », la qualification devra se faire d'après la common law.

Dans la pratique, le juge Camerounais qualifie selon la loi moderne : droit civil ou common law. C'est regrettable de restreindre en matière de qualification la *lege fori* à la loi écrite. L'emploi du droit traditionnel dans certains cas pourrait présenter une certaine utilité.

Le renvoi à la loi camerounaise visée de façon générale pose des problèmes proches de ceux invoqués à propos de la qualification. L'hypothèse de renvoi est à envisager lorsqu'il y a divergence des solutions de conflits. Une loi étrangère invoquée en vertu de la règle de conflit décline sa compétence et renvoie à la loi camerounaise (conflit au premier degré) ou alors, la règle de conflit camerounaise déclare compétente la loi X qui à son tour déclare la loi Y compétente et la loi Y renvoie à la loi camerounaise (renvoi au second degré). Lorsque la loi camerounaise est désignée, on

---

[224] L'héritier principal est l'héritier aux fonctions. Lorsque s'ouvre la succession du de cujus, l'héritage aux fonctions et l'héritage aux biens qui sont différents l'un de l'autre doivent être dévolus.

[225] Le droit anglophone ne connaît qu'un seul mode d'adoption alors que le droit francophone connaît l'adoption ordinaire et la légitimation adoptive. Les conditions de fond de l'adoption dans l'ex-Cameroun occidental sont différentes de celles de la légitimation adoptive. Voir SIBE (S.L) op. cit. p.75

peut se poser la question de savoir quelle loi exactement doit être retenue : Une des coutumes ? Le droit civil? La common law ?

Sur le principe même de l'admission du renvoi par les pays dont le droit interne a une structure pluraliste il existe deux écoles. Il y a les auteurs qui sont contre l'accueil du renvoi par les tribunaux africains tandis que d'autres sont pour[226]. M. BOUREL qui fait partie du premier groupe développe trois arguments pour étayer son point de vue: Le défaut d'unité de la législation intérieure des pays africains, le défaut de cousinage entre les systèmes juridiques africains et les systèmes occidentaux et enfin la forte tradition personnaliste des pays africains devraient les pousser à ne pas admettre le renvoi: les parties devant être soumises à leur loi nationale. POUGOUE et BANAMBA balaient d'un revers de main tous ces arguments et préconisent la réception du renvoi[227]. Le premier admet que préalablement il faudra déterminer la loi interne qui sera prise en considération. Pour cela il propose une stratégie de systématisation qui permettra d'obtenir un droit commun[228]. Quant au second, il réfute la pertinence des arguments classiquement développés à l'encontre du renvoi : Le pluralisme interne ne constitue pas un obstacle déterminant à l'accueil du renvoi par les tribunaux camerounais et les différences entre les droits coutumiers qui sont mis à l'index et les droits occidentaux ne sont pas aussi irréductibles qu'on le croit. « En fait dans les rapports entre le droit français et le droit coutumier, on est parti d'une cohabitation conflictuelle, d'un mariage contre nature, à

---

[226] POUGOUE, BANAMBA, EMANE

[227] Parmi les pays qui ont légiféré sur les conflits de lois, certains ont expressément admis le renvoi ; du moins au premier degré. C'est le cas du Togo (article 727 du code togolais de la famille) et du Sénégal (article 852 du code sénégalais de la famille.

[228] « Le droit commun dégagé à partir des concepts, des institutions et des cadres de la pensée juridique négro-africaine aboutit à l'unification du droit international privé. Ainsi, par exemple, le statut personnel largement compris relève de la loi nationale ; à cause de la place prépondérante de la femme et de sa famille dans le mariage selon les conceptions négro-africaines, le divorce d'époux de nationalités différentes devrait relever de la loi de l'épouse. Peu importe dès lors, pour la solution du problème du renvoi, de savoir quel sera le droit applicable puisque, de toutes les façons la règle de conflit est déjà connue. Au besoin, le juge pourra appliquer à titre subsidiaire, ce droit commun, dans ces dispositions ou dans son esprit général, comme lex fori. » p. 259 thèse POUGOUE op cit.

une sorte de mariage de raison[229]. » Sur divers points il y a un rapprochement des deux systèmes. On l'observe aussi bien pour ce qui est de la filiation (égalité des filiations légitimes et illégitimes), l'émancipation de la femme, l'égalité des successibles, l'égalité des deux sexes...

M. BOUREL qui est contre l'accueil du renvoi par les juges africains met cependant un bémol à son point de vue en précisant que le droit de l'ex colonisateur ayant été reconduit dans la plupart des pays, il n'y a pas de raison de ne pas faire application de ce droit si une loi étrangère retient la compétence d'une loi africaine. Pour l'illustre auteur, le renvoi serait admissible s'il met en mouvement la composante moderne des droits africains. C'est un point de vue que ne partagent pas beaucoup de juristes Africains qui y voient implicitement l'affirmation de la supériorité du droit de l'ex colonisateur. La proposition de M. BOUREL de se servir du droit moderne comme *lex fori* ne manque pourtant pas de pertinence. Si un juge accueille un renvoi dans une affaire où les parties sont d'origine occidentale, il serait en effet préférable de leur appliquer le droit moderne national qui est un droit sinon semblable, du moins « sociologiquement contigu » à leur loi personnelle. Il ne viendrait à l'idée de personne de les soumettre à une coutume africaine avec laquelle ils n'ont aucune attache. La réserve qu'émet BANAMBA devant cette proposition provient sans doute d'une confusion quant à sa portée. Nous ne pensons pas que M. BOUREL préconise l'application systématique de la loi moderne en cas de renvoi. Il va sans dire que celle-ci ne sera retenue préférentiellement à la coutume que dans les cas où les éléments de la cause l'exigent (l'arrière plan culturel des parties ou leur nationalité, la nature du contrat, ...) Par contre, à supposer qu'un renvoi soit fait à la loi camerounaise dans une espèce où l'un des droits traditionnels du pays apparaît comme le droit naturel des parties, il serait alors normal et opportun de le leur appliquer. En attendant l'uniformisation du droit, l'application soit de la loi écrite, soit d'un droit coutumier selon les cas pourrait constituer une solution provisoire. Sur le long terme, le renvoi sera peut être fait vers une loi camerounaise unifiée.

---

[229] Thèse BANAMBA op cit. P. 692

Les pays africains évoluent chacun à son rythme certes, mais de façon inéluctable vers une occidentalisation de leurs droits. Le Cameroun comme les autres s'est résolument engagé dans cette voie. Le nouveau Droit applicable en cas de renvoi à la loi camerounaise sera vraisemblablement assez proche des droits européens actuels sans toutefois leur ressembler en tous points.

Pour revenir au statut personnel, si au Cameroun il est entendu de façon large aussi bien dans la région anglophone que dans les provinces francophones, les critères de rattachement ne sont pas les mêmes dans les deux systèmes de droit.

§ 2:LES CRITERES DE RATTACHEMENT

Comme en France, le principe est de rattacher au Cameroun francophone le statut personnel à la loi nationale tandis qu'au Cameroun anglophone il est soumis à la loi du domicile comme en Angleterre.

A- LE RATTACHEMENT DU STATUT PERSONNEL A LA LOI NATIONALE AU CAMEROUN FRANCOPHONE.

Comme la quasi totalité des pays d'Afrique noire francophone, le Cameroun soumet à la loi nationale les matières du statut personnel. Ce n'est que le prolongement sur le plan du droit international privé du rattachement à une communauté ethnique ou religieuse sur le plan interne[230].

Traditionnellement on reconnaît à la loi nationale lorsqu'elle régit le statut personnel trois avantages par rapport à la loi du domicile[231]. Tout d'abord, la loi nationale est adaptée au tempérament de ceux pour qui elle est conçue. Ensuite, de toutes les catégories de rattachement, le statut personnel est celle qui exige le plus la permanence de la loi applicable et la nationalité présente une stabilité de loin supérieure à celle du domicile. Enfin, une plus grande certitude est attachée à la loi nationale. La

---

[230] Voir VERDIER (J.M) dans : Décolonisation et développement - Essai d'une systématisation à partir de l'expérience française. Clunet 1962 p. 950

[231] Pour les avantages de la loi nationale comme loi du statut personnel, voir LOUSSOUARN et BOUREL in Droit international privé. Dalloz N°s 156, 157, 158.

détermination de la nationalité d'un individu souvent s'avère être plus facile que son domicile.

Dans le contexte africain en particulier, « la nationalité a été considérée à juste titre comme l'un des rares éléments susceptibles d'aider les nouveaux Etats dans leur effort de construction nationale[232]. » En outre, le nomadisme, les migrations saisonnières, la difficulté à soumettre les étrangers à une loi domiciliaire pluraliste, l'éparpillement des domiciles au sein des foyers polygamiques rendent difficile le rattachement du statut personnel à la loi du domicile.

Au Cameroun, la notion même de domicile est problématique. Pour le juge francophone, c'est le lieu du principal établissement. On est domicilié dans une ville, dans un quartier donné. Pour le juge anglophone, la notion de domicile renvoie à un système de loi, à un territoire de droit bien précis. Pour KINDERSLEY, « *that place is properly the domicile of a person in which he has voluntarily fixed the habitation of himself and his family, not for a mere special or temporary purpose, but with a present intention of making it his permanent home, unless and until something (which is unexpected or the happening of which is uncertain) shall occur to induce him to adopt some other permanent home*[233]. »

Cette divergence au niveau de la conception du domicile n'est pas sans incidence sur le règlement des conflits de loi. En prenant un exemple où des époux danois résidants au Cameroun seraient amenés à divorcer au Cameroun, selon que l'action est intentée devant une juridiction située dans la région anglophone ou devant une juridiction de la zone francophone la règle de conflit désignera comme compétente une loi différente. La règle de conflit du juge francophone donne compétence à la loi nationale des parties; c'est à dire la loi danoise. Celle-ci donnant compétence à la loi du domicile, le juge francophone Camerounais estimera la loi camerounaise compétente. Par contre, s'il est saisi de l'action en divorce, le juge anglophone donnera compétence à la loi du « domicile » ; celle-ci correspondant ici à la loi danoise.

---

[232] Voir BOUREL in : La conjonction du Droit africain et du Droit européen dans le droit des conflits de loi en Afrique noire francophone. p. 67

[233] Cité par NGWAFOR (E) in Family law in Anglophone Cameroon op cit. p. 25

Cependant, la loi du domicile considérée comme loi régissant le statut personnel n'a pas que des inconvénients. Elle peut également présenter certains avantages. C'est la raison pour laquelle même dans les pays où le statut personnel est soumis à la loi nationale, il arrive qu'on ait recours dans certaines circonstances à la loi du domicile.

B - LE RATTACHEMENT DU STATUT PERSONNEL A LA LOI DU DOMICILE AU CAMEROUN ANGLOPHONE.

La loi du domicile au sens où l'entend le droit civil - lieu du principal établissement - présente l'avantage[234] d'être plus accessible à l'émigré[235] et de faciliter son intégration dans la mesure où elle lui assure un traitement égal à celui des nationaux. Deuxièmement, l'intérêt des tiers qui contractent avec les étrangers sont mieux sauvegardés si ces derniers sont soumis à la loi du domicile. Troisièmement, l'assimilation des étrangers se trouve facilitée s'il leur est fait application de la loi du domicile. Quatrièmement, dans les relations familiales où plusieurs nationalités sont en cause, la loi du domicile peut être retenue comme loi commune. Cinquièmement, le rattachement du statut personnel à la loi du domicile a également l'avantage de faire coïncider très souvent la compétence législative et la compétence juridictionnelle. Enfin, dans les rapports avec les pays à système juridique pluraliste, le recours à la loi du domicile est plus commode[236].

Le domicile au sens où l'entend la common law considéré comme critère de rattachement du statut personnel par contre présente des avantages similaires à ceux qui découlent de la soumission de cette catégorie de rattachement à la loi nationale. Comme cette dernière, elle a vocation à suivre ses nationaux partout.

---

[234] Pour les mérites reconnus à la loi du domicile comme loi du statut personnel, voir LOUSSOUARN et BOUREL op cit. n° 154.

[235] Le Cameroun n'est pas un pays à forte émigration contrairement à la Côte d'Ivoire ou au Sénégal.

[236] Le rattachement à la loi du domicile n'est préférable que si celle-ci n'appartient pas elle aussi à un ordre juridique pluraliste.

Dans l'optique de l'uniformisation du droit au Cameroun de façon générale et des règles de conflits en particulier, en dépit du fait que la liste des mérites attachés à la loi du domicile est plus longue que celle des avantages de la loi nationale, nous pencherions plutôt pour le rattachement du statut personnel devant toutes les juridictions du pays à la loi nationale car celle-ci est d'un maniement plus facile. La détection de « l'intention de résidence permanente » qui fait partie des éléments qui permettent d'établir qu'un individu au sens anglo-saxon du terme est domicilié en un endroit donné est assez délicate et le fait même que la notion ait plusieurs sens pousse à l'écarter. La loi nationale camerounaise englobe la common law, le droit civil, et le droit coutumier. Elle rend très bien compte de la situation juridique du pays alors que la loi du domicile ne réunirait ces trois éléments que si elle est interprétée à partir d'un système de droit qui lui donne le même sens que la common law.

Certes, la loi nationale a notre faveur, mais son adoption comme facteur de rattachement du statut personnel ne fera pas disparaître tous les problèmes inhérents au pluralisme juridique interne. La détermination de la loi exactement applicable par les juges Camerounais aussi bien sur le plan interne qu'en matière internationale reste nécessaire comme nous le verrons en étudiant les modes de solutions des conflits.

CHAPITRE 2 LES MODES DE SOLUTIONS DES CONFLITS DE DROITS.

Nous nous attacherons dans le présent chapitre à étudier les solutions aux conflits de droits et comme dans le chapitre précédent nous ferons une distinction entre les solutions apportées par la jurisprudence aux conflits de droit interne et celles appliquées aux conflits internationaux de lois. En fonction des solutions dégagées, nous pourrons faire une évaluation du niveau auquel se situent les juges dans l'entreprise d'uniformisation du droit pour ce qui est du règlement des conflits de droits. Nous pourrons ainsi voir si les solutions des différents juges (juge anglophone, juge francophone et juge de droit traditionnel) se recoupent.

Dans le chapitre 1 consacré aux conflits de droits et de lois, nous avons répertorié les différents conflits susceptibles de surgir à l'intérieur du système juridique camerounais. Nous avons aussi soulevé les problèmes que la configuration particulière du droit Camerounais pouvait créer en droit international privé. Enfin, nous avons mentionné les différentes règles de conflits existantes aussi bien à l'époque coloniale qu'après les indépendances. La connaissance des règles de conflits là où elles existent ne préjuge cependant pas forcément des solutions jurisprudentielles comme nous pourrons le constater.

SECTION 1 : LES SOLUTIONS DU DROIT POSITIF AUX CONFLITS INTERNES DE DROITS

Dans les modes de solutions des conflits internes, il faut encore faire une différence entre le règlement des conflits de droits par le juge anglophone et le règlement des mêmes conflits par le juge francophone.

§ 1: LE REGLEMENT DES CONFLITS INTERNES DE DROIT PAR LE JUGE ANGLOPHONE

Pour ce qui est des conflits inter coutumiers, nous pouvons rappeler qu'il existait sous l'administration britannique une règle de conflit: en matière successorale, la coutume du *de cujus* était présumée compétente et en matière foncière, celle du lieu de situation de la terre. Dans les autres matières civiles, les *courts* en fonction des circonstances de la cause décidaient de la coutume applicable.

Dans les conflits mixtes, c'est à dire entre une coutume et le droit écrit, le droit moderne l'emportait en principe. Cependant, lorsqu'il s'avérait que la stricte application du droit écrit était de nature à causer un grave préjudice à l'une des parties, celui ci était écarté au bénéfice du droit traditionnel. Ces larges pouvoirs accordés aux juges dans les *customary courts* leur permettaient de moduler les décisions en fonction des faits de la cause. Après l'indépendance de l'ex - Cameroun occidental il n'a pas été pris de texte modificateur de la règle de conflit qui était applicable à l'époque coloniale. Elle est donc toujours en vigueur. Dans la pratique, les juges en font- ils usage ?

Comme nous le soulignions, précédemment il n'est pas habituel que les juges camerounais invoquent d'office la présence d'un conflit de droits dans les litiges qui leur sont soumis. En matière coutumière par exemple lorsque les parties appartiennent à deux tribus différentes, la question préalable de la coutume applicable devrait être résolue. Devant les *customary courts*, les juges ont plutôt tendance à entrer directement dans le vif du problème dont on leur demande le règlement. Ils ne recherchent pas la règle de conflit applicable peut être parce qu'ils n'y voient pas d'intérêt. Les larges pouvoirs d'appréciation qu'ils ont leur permettent d'aboutir à des résultats «satisfaisants » sans qu'il soit nécessaire de passer préalablement par une règle de conflit. Cette façon de procéder est bien évidemment juridiquement critiquable. Cependant, elle aboutit parfois à des résultats justes sur le plan humain. C'est la raison pour laquelle il est difficile de critiquer certaines décisions des *customary courts* même lorsqu'elles occultent l'élément de conflit de droits. Il est en effet bien plus important d'arriver à des jugements équitables que de respecter à tout prix la logique juridique. Il faut aussi dire que le *manual of practice and procédure for customary court clerks* en usage devant les *customary courts* du nord ouest et sud ouest du pays y est pour quelque chose. Bien que cette compilation de règles générales du droit traditionnel ne lie pas les juges, ceux-ci s'en servent souvent. Devant les généralités contenues dans ce manuel, ils n'éprouvent pas le besoin de rechercher les règles particulières de la coutume des parties ; surtout lorsque celles-ci n'y font pas allusion elles-mêmes.

Lorsque le conflit oppose par contre la coutume des parties et celle du lieu de situation de la juridiction saisie, il est fréquent que les parties soient renvoyées devant la *customary court* compétente[237] mais il arrive aussi que la juridiction saisie se reconnaisse compétente en dépit de la différence entre la coutume des parties et celle du lieu dans le ressort duquel elle est située[238]. On peut en conclure que les juges des *customary courts* font un large usage des pouvoirs discrétionnaires qui leur sont octroyés y compris dans le règlement des conflits inter coutumiers. L'uniformisation de la coutume s'en trouve facilitée. Petit à petit un droit traditionnel uniforme éclôt. Le droit anglophone étant un droit essentiellement jurisprudentiel, les ajustements faits ici et là par les juges pour solutionner les conflits de coutumes élargissent progressivement la plate forme commune des coutumes. Concernant la garde des enfants légitimes par exemple, dans l'ensemble des provinces anglophones sauf exception elle revient au père[239]. La garde des enfants naturels revient à la mère en principe mais il peut être dérogé aux règles habituelles aussi bien

---

[237] Voir AYUK ETANG ELIAS BETCHEM C. MANYI AGBOR SERAH et AGBOR SIMON (affaire n°44/85-8. Kumba *customary court.*) Les parties qui s'étaient présentées devant le *customary court* de Kumba où elles résidaient ont été renvoyées devant la *customary court* de Manfé dans le Manyu, leur département d'origine. La coutume Bayangui (Manfé) étant différente de celle de Kumba.

Voir aussi ONANA C. ONANA (BCA/13 CC/89) où la cour d'appel de Bamenda casse un jugement de la customary court de Mankon qui avait prononcé le divorce de deux époux « Béti ». La coutume de Mankon étant différente de celle du centre sud dont sont originaires les Béti

[238] Voir FEUTE C. FEUTE (affaire n° 96/86-87 Limbe *customary court*. Les parties étaient originaires du département de Mentchum mais la *customary court* de Limbe s'est néanmoins déclarée compétente.

[239] Le *Manual of practice and procedure for customary courts clerks* au chapitre 10 (paragraphe 11) prévoit pour ce qui est des enfants légitimes que la garde soit accordée à la mère lorsqu'ils sont encore allaités. Pour les filles, la garde peut être prolongée au delà de la période d'allaitement jusqu'à neuf ans mais pour les garçons elle doit être transférée au père aussitôt le sevrage effectué. Voir NNAH CHRISTOPHER FONCHINGONG C. NCHANG MARY (affaire n° 53/87-88 du Mankon *customary court*) cité par NGWAFOR dans son ouvrage sur le droit de la famille au Cameroun anglophone op cit. p. 271

pour la garde des enfants légitimes que pour celle des enfants illégitimes si leur bien être est en jeu.

Concernant, les conflits mixtes : droit moderne / droit écrit, la préférence est donnée a priori au droit moderne. L'exclusion de la coutume pour cause de contrariété à l'ordre public et aux bonnes mœurs qui permet de faire échec à certaines dispositions du droit coutumier contribue à rétrécir son champ de compétence. Cependant, lorsque l'application du droit moderne à une affaire est de nature à causer un grave préjudice à l'une des parties, c'est le droit coutumier qui est appliqué.

L'adoption est une matière où le conflit droit coutumier / common law revêt un caractère particulier. Cette matière jusqu'à présent a été réglementée exclusivement par le droit traditionnel[240]. Il en était déjà ainsi à l'époque coloniale pour ce qui concernait les *natives*.

L'applicabilité de l'*Adoption act* de 1926, complétée par celles de 1958 et de 1976 est discutée au Cameroun. Dans une hypothèse de conflit droit coutumier / common law dans cette matière, l'application d'une loi anglaise serait critiquable. C'est pourtant la solution qu'a adoptée la cour d'appel de Bamenda dans l'affaire FONLON (B) C. FONLON (J) *and 8 others*[241]. Dans cette espèce, la *high court* de Bamenda s'était déclarée incompétente pour connaître d'une affaire d'adoption en l'absence d'une « *substantive Law of adoption* »[242]. La cour d'appel de la même ville confondant le fond et la forme du problème casse le jugement de première instance en s'appuyant sur l'article 10[243] du *Southern*

---

[240] Voir NGWAFOR op cit. P. 241 « *...There is no substantive law on adoption in the Anglophone provinces, so that should any matter arise on this issue the high court will be at a loss as to the applicable law...* »

[241] Affaire n° BCA/2/75

[242] Elle estimait que l'*adoption act* n'avait pas vocation à s'appliquer au Cameroun étant donné que c'est une *post 1900 statute*'

[243] « *The jurisdiction vested in the high court shall, so far as practice and procedure are concerned, be exercised in the manner provided by this law or any other written law, or by such rules and orders in court as may be pursuant to this law or any other written law, and in the absence thereof in substancial conformity with the practice and procedure for the time being of her majesty's high court of justice in England.* » Cet article se réfère à la procédure applicable et ne devrait normalement pas préjuger du droit applicable au fond. De toute évidence, la cour fait ici un amalgame entre la procédure et le règlement au fond d'un problème

Cameroons high court law de 1955 d'une part et sur l'ordonnance de 1972[244] sur l'organisation judiciaire d'autre part. Au fond, elle applique l'*Adoption act de 1958*. Dans cette affaire, la *high court* et la cour d'appel de Bamenda se sont retrouvées dans une situation où les deux juridictions saisies l'une après l'autre étaient compétentes pour connaître du problème mais ne disposaient pas de loi à appliquer... Comme le relève Mr NGWAFOR[245], le raisonnement de la *high court* n'est pas discutable quant à sa compétence juridictionnelle. Elle était compétente indiscutablement dans cette espèce et la loi anglaise sur l'adoption aurait été applicable si elle faisait partie des lois d'origine anglaise en vigueur sur le territoire national. Seules les *statutes* post 1900 ayant trait aux *matrimonial causes* sont applicables au Cameroun. Or, on ne saurait considérer l'adoption comme une *matrimonial cause* et Mr NGWAFOR face à cette lacune dans la loi écrite propose qu'une juridiction de droit moderne qui serait saisie d'une affaire d'adoption fasse application du droit traditionnel étant donné que c'est la seule source de droit disponible sur le fond de la question. Il considère donc que l'application de la loi anglaise dans l'arrêt FONLON était une erreur. Ce n'est pas l'avis de BANYONG FONYAM (J)[246] un autre auteur Camerounais qui arrive à la conclusion contraire concernant cette même affaire. Pour ce dernier non seulement en vertu de l'article 16 de l'ordonnance de 1972 sur l'organisation judiciaire la *high court* est compétente, mais en plus il soutient que l'*Adoption act* de 1958 est applicable dans l'ancien Cameroun occidental. C'est à cette

---

d'adoption. Dans le droit anglais la procédure est très liée au fond certes, mais cela ne justifie pas qu'il soit préjugé de la loi applicable.

[244] Article 16 (1) (b) « Le tribunal de grande instance est compétent en matière civile, commerciale et sociale pour le jugement des différends lorsque le montant de la demande excède cinq cent mille francs CFA ; également en matière civile pour connaître des actions et procédures relatives à l'état des personnes, à l'état civil, au mariage, au divorce, à la filiation, sous réserve en ce qui concerne la compétence ratione personae des dispositions légales relatives aux juridictions traditionnelles. »

[245] Voir NGWAFOR (E) p.243 de Family law in Anglophone Cameroon op cit.

[246] Voir son article: Legal adoption in former west Cameroon. Voir aussi LAFON (B. E) dans: Adoption, a comparative approach in french, english and customary law. Mémoire de licence en droit, Université de Yaoundé année 1976.

conclusion qu'a aboutit la cour d'appel de Bamenda[247]. Pour le deuxième auteur tout comme pour la cour d'appel de Bamenda, la liste des matières de l'article 15 du *Southern Cameroons high court law* dans lesquelles la législation du Cameroun anglophone évolue en même temps que celle de l'Angleterre n'est pas exhaustive. L'adoption en ferait partie même si cela n'est pas expressément mentionné dans l'article.

La première thèse qui reconnaît la compétence dans un premier temps de la *high court* mais réfute celle de la loi écrite anglaise nous paraît la plus juste, la plus conforme à l'ordonnancement juridique sur la question. Cependant, la conclusion à laquelle elle aboutit ne nous semble pas être la seule possibilité qui se présente au juge. Celui-ci pourrait très bien juger en équité en l'absence d'un texte de loi régissant le fond de la question. C'est ce qu'un juge a d'ailleurs fait dans l'affaire LUMI MARY C. MUTANGA AKE[248]. Dans cette espèce, c'est la *customary court* de Mankon qui a été saisie de la plainte d'une des parties qui réclamait la garde[249] de l'enfant de sa sœur décédée quelques temps auparavant. Elle avait dû le confier à l'orphelinat de Banso, se trouvant elle-même dans l'impossibilité de s'en occuper pour des raisons de santé. Après avoir réglé les frais divers à l'orphelinat, elle s'est rendue dans une autre ville pour y suivre un traitement. Entre temps, une des employées de l'institution qui s'était attachée à l'enfant l'a pris chez elle après un arrangement avec les autorités de l'orphelinat qui prévoyait que dans le cas où la tante de l'enfant reviendrait, l'enfant lui serait remis. A la fin de ses soins, la tante du bébé voulu le reprendre mais devant le refus de l'autre partie qui avait entre temps eu la garde de l'enfant, elle s'est trouvée dans l'obligation de porter l'affaire en justice. La Mankon *customary court* saisie renvoya l'affaire devant la *high court* de Bamenda qui trancha en faveur de la tante.

La prise en charge des enfants dans le contexte africain de façon générale et au Cameroun en particulier est une démarche

---

[247] « ... *The english adoption act of 1958 and any other previous adoption legislation of England apply here.* »

[248] Affaire n° HCB/13/73 de la *high court* de Bamenda cité par BANYONG FONYAM (J) dans : Legal adoption in former west Cameroun op cit. P. 77

[249] Bien que le terme « adoption » n'ait pas été expressément été employé dans cette affaire, c'est bien d'adoption qu'il s'agissait.

informelle. Sans aucune autre formalité, on peut décider de prendre chez soi un enfant[250] qu'on traite comme le sien et qui vous considère comme son père ou sa mère. La très grande solidarité familiale réduit la nécessité d'avoir recours à l'adoption. Les enfants qui se retrouvent sans parents ou dont les parents sont dans l'incapacité d'assumer leur rôle sont tout naturellement pris en charge par d'autres membres de la famille. Pareillement, les couples ou même les personnes seules qui n'ont pas d'enfant et souhaitent en « adopter » peuvent le faire dans leur entourage sans l'intervention de l'Etat.

L'adoption en Europe est un concept précis et qui a des conséquences juridiques déterminées. Ce n'est pas le cas en Afrique où elle a des contours très variables et ne fait l'objet dans la plupart des cas d'aucune mention dans un acte ou registre officiels. Depuis les indépendances, il n'a pas été voté de texte de loi dans cette matière qui sur le plan national est une démarche souvent informelle. Il ne fait cependant pas de doute que l'adoption devenant de plus en plus internationale, il devient urgent qu'il soit légiféré sur la question pour contrecarrer les dérapages qu'on peut observer à l'heure actuelle dans divers pays pauvres où des enfants sont volés à leur famille d'origine pour répondre à une demande croissante d'enfants à adopter à l'étranger.

Il ressort des différentes décisions de justice que nous avons pu consulter que le juge anglophone se situe dans l'optique des règles de conflit de droit qui dans cette partie du pays datent d'avant l'indépendance. Ces règles lui donnent une très grande liberté d'action pour moduler les solutions en fonction des circonstances de la cause et au cas par cas. Jusqu'à présent, il en a fait un usage plutôt raisonnable. Lorsque le conflit de droits qui se présente à lui est mixte (common law / droit traditionnel), il n'est pratiquement jamais fait mention de la règle prétorienne « l'option de juridiction entraîne l'option de législation » édictée par la Cour suprême dans les arrêts ANGOA PARFAIT et ASSO'O au début des années 80. Une grande partie des praticiens du droit anglophone (magistrats et avocats) ignorent jusqu'à l'existence de cette règle pourtant valable pour l'ensemble du territoire puisqu'issue d'un arrêt de la Cour suprême. Elle fait d'ailleurs

[250] Généralement un membre de sa propre famille.

l'objet de longs développements dans le cours de droit de la famille dispensé dans les facultés de droit aux étudiants en droit francophone alors que les étudiants en droit anglophone par contre terminent souvent leur cursus universitaire sans en avoir entendu parler.

Au Cameroun francophone, la règle selon laquelle l'option de juridiction entraîne l'option de législation est fréquemment invoquée devant les tribunaux même si elle est battue en brèche depuis quelques temps. Les termes généraux de cette règle à l'origine prise pour départager la loi écrite et une coutume lorsque les deux ont vocation à régir une situation devaient pouvoir également s'appliquer au cas où la common law et le droit civil sont en concurrence. Dans ce dernier cas, une *high court* saisie appliquerait d'office la common law aux parties, peu importe qu'elles soient d'origine francophone ou anglophone. Le tribunal de grande instance pareillement appliquerait le droit civil indépendamment de l'origine culturelle des parties.

§ 2: LA REGLE : « L'OPTION DE JURIDICTION ENTRAINE L'OPTION DE LEGISLATION » DEVANT LE JUGE FRANCOPHONE.

Cette règle a été énoncée par la Cour suprême du Cameroun pour la première fois dans l'arrêt ANGOA PARFAIT[251] et appliquée en matière de causes du divorce. Une année plus tard dans l'arrêt ASSO'O[252], elle était reprise en matière de régime matrimonial supplétif. Bien que cette règle ait une portée générale, c'est principalement dans le cadre des régimes matrimoniaux[253] et plus précisément de régime matrimonial supplétif qu'il y est le plus souvent fait allusion aussi bien en jurisprudence qu'en doctrine. Le principe de l'option de juridiction assortie de l'option de législation bien établi en jurisprudence depuis les arrêts ANGOA et ASSO'O (A) semble remis en cause avec les arrêts KOUM et KEMAJOU (B).

---

[251] C.S arrêt n°28/CC du 10 décembre 1981

[252] C.S arrêt n°120/CC du 16 septembre 1982

[253] Voir ITSOUOMB (L) dans : Les rapports patrimoniaux entre époux : étude comparative des systèmes anglophone et francophone. Mémoire de maîtrise, Université de Yaoundé 1991.

A - L'option de juridiction assortie de l'option de législation.

A l'époque coloniale, de façon générale la détermination de la loi applicable à une situation ou à une personne dépendait du statut personnel de la personne à quelques exceptions près[254]. Les indépendances n'ont pas changé grand chose au problème. Il existe toujours deux sources de droit au Cameroun[255] : le droit moderne et le droit coutumier. Sur quelle base choisir entre les deux dans les hypothèses où ils sont tous a priori susceptibles de s'appliquer ? Jusqu'aux arrêts ANGOA et ASSO'O tantôt la tendance jurisprudentielle a été résolument moderniste, tantôt traditionaliste. Avec ces deux arrêts, la règle de droit applicable devenait liée à la juridiction devant laquelle on se présente. Devant les tribunaux de droit traditionnel on applique le droit coutumier et devant les tribunaux de droit moderne on se réfère au droit écrit.

Les faits des arrêts qui ont donné lieu à cette règle sont les suivants : Dans l'affaire ANGOA PARFAIT / BEYIDI PAULINE il s'agissait d'une banale histoire de divorce. Le sieur ANGOA PARFAIT polygame, répudie sa seconde épouse dans un premier temps et ensuite demande le divorce devant une juridiction de droit moderne. L'épouse formule une demande reconventionnelle de divorce devant la même juridiction en se basant sur le caractère injurieux du comportement de son mari qui constituerait une cause de divorce dans la coutume Béti qui est celle des parties. Le divorce prononcé aux torts exclusifs du mari est confirmé en appel. Celui-ci se pourvoit en cassation et la Cour Suprême est amenée à faire le point sur l' applicabilité de la coutume devant une juridiction de droit moderne. L'arrêt de cassation qu'elle rend en substance retient ces différents points :

« Attendu que certes, les Camerounais peuvent choisir de porter leurs différends en matière civile et commerciale soit devant la juridiction de droit traditionnel, soit devant la juridiction de droit

---

[254] Ainsi il était possible pour les indigènes de renoncer à leur statut personnel ou alors d'opter expressément pour le droit civil dans certaines circonstances particulières. Au Cameroun anglophone, il était également parfois dérogé à la règle qui soumettait les natives au droit traditionnel.

[255] Même si la question de la différentiation statutaire des Camerounais après l'indépendance du pays reste discutée.

moderne en application de l'article 2 du décret n°69/DF/544 du 19 Décembre 1969 modifié par le décret n°71/DF/607 du 3 Décembre 1971 fixant l'organisation judiciaire et la procédure devant les juridictions traditionnelles de l'ex Cameroun oriental.

Attendu que l'option de juridiction ainsi instituée par le législateur camerounais de 1969 et 1971 ; implique nécessairement l'option de législation.

Attendu en effet que le juge naturel du camerounais en matière civile et commerciale est le juge coutumier ; que dés lors qu'un camerounais ne veut pas porter son différend devant sa juridiction naturelle qui connaît mieux ses habitudes et les usages et pratiques en vigueur dans sa tribu, c'est qu'il n'a pas confiance en cette juridiction ; et par suite refuse l' application des règles coutumières dans son affaire ;

Qu'ainsi il veut être jugé selon les lois écrites qu'il connaît bien et que c'est donc délibérément qu'il fait son choix ; qu'en effet une telle option serait sans intérêt si le juge de droit moderne devait lui faire application de la coutume en vigueur, devant le juge de droit traditionnel dont la compétence a été préalablement déclinée.

Attendu au surplus que le législateur autorisant le justiciable qui suspecte un juge coutumier à le récuser conformément à l'article 11 du décret n° 69/DF/ 544 du 19 Décembre 1969 modifié précité, il appartient à tout justiciable de demander l'application de ce texte en présence d'une semblable situation ;

Attendu en conséquence que lorsqu'un camerounais opte pour le tribunal civil, il faut en déduire qu'il entend nécessairement se faire appliquer les lois en vigueur devant cette juridiction ; qu'ainsi, en matière de divorce, comme c'est le cas en l'espèce, il choisit l'application du code civil qui prévoit expressément les causes de divorce dans ses articles 229 à 232...»

Dans l'affaire ASSO'O il y avait eu préalablement au mariage des époux un accord informel entre eux selon lequel l'intégralité du salaire d'institutrice de l'épouse serait versé à sa mère. Au moment de leur divorce, le tribunal de grande instance de Douala saisi du litige ordonne au titre de la liquidation de la communauté ayant existé entre les époux le partage des meubles et acquêts. Ce jugement est infirmé en appel parce que « le mari a acquis ses biens seul et qu'il n'y a pas lieu à partager » car «considérant qu'il résulte des éléments de la cause que le traitement d'institutrice adjointe d'un montant de 28 000 francs n'est pas perçu par le mari, la condition imposée pour contracter le mariage étant que le traitement de l'épouse soit totalement viré à sa mère; que l'épouse possédait son compte bancaire propre.»

«Considérant que le sieur ASSO'O BENOÎT justifie qu'il a obtenu des crédits à la BCD et la BICIC pour un montant de près de 20 millions de francs qu'il rembourse seul avec sa solde ; qu'il s'ensuit qu'il a acquis ses biens seul.»

A cela la Cour suprême dans son arrêt rétorque de la façon suivante :

« Mais attendu que l'article 1394 du code civil exige que le contrat de mariage soit fait par acte notarié ; que la prétendue stipulation concernant la mise de la solde de l'épouse à la disposition de la mère de celle-ci ne saurait dès lors consacrer l'existence d'un régime séparatiste en l'espèce...

Attendu d'autre part, qu'a défaut de présentation d'un contrat de mariage, les époux sont présumés s'être mariés sous le régime de la communauté » l'option de juridiction entraînant l'option de législation. L'arrêt n°65/C rendu le 21 Avril 1973 par la cour d'appel de Douala est par conséquent cassé et annulé. »

Concernant le régime matrimonial supplétif - c'est-à-dire le régime matrimonial de la quasi totalité des camerounais - l'application de la règle jurisprudentielle l'option de juridiction entraîne l'option de législation conduit les tribunaux de droit moderne à soumettre les époux n'ayant pas conclu de contrat de mariage aux règles de la communauté de meubles et acquêts. Les tribunaux de grande instance lorsqu'ils sont saisis d'une demande de liquidation doivent sans aucune condition attribuer à chacun des époux la moitié des biens du ménage comme les y invitent les articles 1400 et suivants le code civil. Devant les juridictions de droit traditionnel, petit à petit les femmes ont vu leur sort s'améliorer au regard de leurs droits sur les biens conjugaux. De « femmes propriété » n'ayant droit à rien elles ont été admises à prétendre aux biens le cas échéant mais à condition de prouver leur participation à leur acquisition. Pendant quelques années, ce fut un principe bien établi en jurisprudence. Du moins dans la partie francophone du pays.

Les arrêts ASSO'O aussi bien qu'ANGOA pour avoir été pris par la Cour suprême devraient normalement avoir une portée nationale mais il n'en est rien. Dans la région anglophone, les tribunaux inférieurs ignorent tout carrément cette règle. Comme nous le verrons plus tard l'influence du droit anglais rend parfois imperméable les provinces anglophones aux réformes sur le plan national qui le plus souvent sont d'inspiration française. Dans le cas de la règle édictée par la Cour suprême selon laquelle l'option de juridiction doit entraîner l'option législation, l'origine de la règle n'est bien évidemment pas française mais les tribunaux anglophones y sont tout autant imperméables. Cette règle n'est en fait qu'un moyen de faire progresser une question difficile. Il n'en demeure pas moins que l'influence du droit anglais en la matière et notamment du cas PETTIT / PETITT que nous avons déjà mentionné est telle qu'en dépit du caractère national de la jurisprudence de la Cour suprême selon laquelle l'option de juridiction entraîne l'option de législation cette règle ne fait pas encore partie du droit positif dans le Cameroun Anglophone.

Cette règle prétorienne a fait à juste titre l'objet de vives critiques en doctrine[256] et est remise en cause depuis quelques années par la jurisprudence. Il lui est principalement reproché de faire échec aux principes fondamentaux de l'option matrimoniale et aussi d'être injuste vis-à-vis d'une des parties. En effet, le régime matrimonial des deux époux qui est « le statut qui gouverne les intérêts pécuniaires des époux dans leurs rapports entre eux et dans leurs rapports avec les tiers et dont l'objet est de régler le sort des biens actifs et passifs des époux pendant le mariage et à sa dissolution»[257] est marqué par deux grands principes : la liberté des conventions matrimoniales et leur immutabilité que la règle de l'option de juridiction assortie de l'option de législation viole.

Lorsqu'il est fait mention du silence de la coutume des parties sur la question et qu'il est fait application du code civil comme législation d'emprunt, si un partage inégalitaire est néanmoins ordonné comme on l'a parfois vu devant certaines juridictions du

---

[256] Voir Tendances jurisprudentielles de l'ex-Cameroun oriental p.102 et suivantes : une nouvelle étape de l'évolution de la jurisprudence camerounaise en matière de régime matrimonial (à propos des affaires KEMAYOU et KOUM) par ANOUKAHA (F). Voir aussi NKOLO (P) Dans : L'option de régime matrimonial au Cameroun. RCD n°31-32. p. 69 et suivantes

[257] Voir lexique des termes juridiques op cit. p. 388

fond, la Cour suprême n'hésite pas à casser les arrêts des cours d'appel en question[258].

Dans le cas spécial des foyers polygamiques[259], les époux pour ce qui est de leur régime matrimonial bénéficient du même éventail de choix possibles de régimes matrimoniaux que les époux monogames. Lorsqu'ils n'ont pas passé de contrat de mariage devant notaire avant la célébration des différents mariages, il leur est fait application des mêmes règles qu'en cas de monogamie : communauté de meubles et d'acquêts ou alors communauté sous condition de participation. Bien évidemment, la polygamie s'accommodant mal d'un régime communautaire, lorsqu'il est question de liquider la communauté ayant existé entre le mari et l'une de ses épouses, des difficultés quant à la détermination de l'assiette de cette communauté ne manquent pas de surgir. Certains juges du fond décident qu'il y a autant de communautés avec le mari qu'il y a d'épouses[260]. D'autres sans autre précision affirment juste l'existence d'une communauté et laissent au notaire commis le soin d'en fixer les règles[261] ou alors déterminent eux-mêmes selon quels pourcentages le partage doit être fait[262].

Les époux qui désirent passer un contrat de mariage doivent le faire avant la célébration de leur mariage devant un notaire. Ceux qui ne font pas de contrat de mariage se voient d'office affectés un régime matrimonial supplétif qui est le régime matrimonial légal. Celui-ci si on s'en tient à la règle « l'option de juridiction entraîne l'option de législation » est déterminé non pas au début de l'union matrimoniale mais à la fin et varie selon qu'on est devant un tribunal de droit moderne (communauté de meubles et d'acquêts sous condition) ou devant un tribunal de droit traditionnel (partage rémunération)[263]. En outre, c'est la volonté d'une seule des parties - celle qui prend l'initiative d'agir en justice - qui détermine quel sera

---

258 Voir arrêt n° 66/L du 18 Juillet 1985. RCD n°30 p.412

259 Pour l'hypothèse spéciale des régimes matrimoniaux en cas de polygamie voir ANOUKAHA (F) et POUGOUE (PG) jurisclasseur de droit comparé éd de 1996. Fascicule n°3 Législation comparé : Cameroun p.4

260 Douala 30 Avril 1971 RCD n° 3 P.95 et Yaoundé arrêt n° 80/CIV du 6 Janvier 1988

261 Voir par exemple TGI du Wouri, jugement n°152 du 21 Janvier 1991

262 TGI du Wouri, jugement n° 293 du 6 Mars 1989.

263 C'est à dire au prorata de la participation de chaque époux à l'acquisition des biens du ménage.

la teneur du régime matrimonial qui va être appliqué au couple. On peut même imaginer que ces mêmes époux si plusieurs problèmes relatifs à leur régime matrimonial devaient se poser pendant la durée de leur mariage soient soumis alternativement au régime de la communauté des meubles et acquêts d'une part et aux règles du partage rémunération d'autre part.

L'autre critique faite à la règle de l'option de juridiction assortie de l'option de législation est qu'elle crée parfois des injustices aussi bien lorsque les époux sont devant un tribunal de grande instance que lorsqu'ils sont devant un tribunal du premier degré. Devant la première juridiction, le partage en deux parts égales des meubles et des acquêts est une règle qui a priori peut paraître équitable mais qui peut s'avérer injuste à l'usage. C'était le cas dans l'affaire ASSO'O où l'épouse n'a pas participé à l'acquisition des biens du ménage pas par manque de moyens mais parce qu'elle avait décidé que l'intégralité de son salaire serait versée à sa mère. Le jeu des articles 1400 et suivants du code civil ne prenant pas en considération ce genre de détail, Mme ASSO'O pouvait revendiquer la moitié de la fortune que son époux avait amassé en réalité tout seul. Le salaire de l'épouse certes était bien modeste au regard des moyens financier de son époux et 28 000 francs CFA de plus n'aurait pas changé grand chose au niveau de vie du ménage. En réalité, cette dernière n'aurait pas donné systématiquement l'intégralité de son salaire à sa mère que son mari aurait eu peut être à mettre à la disposition de sa belle-mère nécessiteuse ou pas une somme d'argent qui pourrait être supérieure au montant du salaire de son épouse. Si sur le principe l'attitude de dame ASSO'O qui exige que la totalité de son salaire soit versé à sa mère - mais revendique quand même la moitié des biens de son époux - est condamnable, il n'en demeure pas moins que c'est une pratique courante que les parents, les beaux parents, les frères, les sœurs et parfois même la famille plus éloignée soient pris en charges par des membres du groupe familial qui en ont les moyens. Que les sommes affectées à cet usage proviennent de l'un ou l'autre membre du couple est sans importance si l'ensemble des revenus du ménage sont mis en commun. Le résultat est le même dans tous les cas.

Devant les juridictions traditionnelles également, la pratique du partage rémunération peut s'avérer injuste notamment à l'égard de la personne à laquelle incombe la charge de la preuve de sa participation à la constitution du patrimoine du couple. Lorsque les deux époux travaillent, il existe au moins une présomption de participation des deux mais dans le cas contraire, ce sont les économies que l'épouse - car très souvent c'est d'elle qu'il s'agit - permet de faire par sa présence permanente à la maison qui constituent sa participation. Et dans ce cas de figure la preuve de sa participation est moins aisée. Lorsque l'on sait la réticence maintes fois observée des juges des juridictions inférieures à reconnaître un quelconque droit aux biens du ménage aux épouses, on peut penser que celles-ci auront bien du mal à rapporter la preuve de leur participation. Pour obtenir un partage équitable, il faudra souvent aller jusqu'à la Cour suprême. Encore faudrait-il qu'elles puissent y accéder facilement. Le manque d'information sur leurs droits[264] et aussi de moyens matériels constituent des obstacles dont il faut tenir compte. On imagine mal une épouse appartenant à un milieu social défavorisé et vivant dans l'extrême nord du pays quittant son petit village pour venir agir devant la Cour suprême du pays à Yaoundé. Avec quoi va-t-elle payer son transport jusque dans le sud du pays et comment va-t-elle faire face aux honoraires d'un avocat? Tout au plus on peut imaginer qu'elle ira jusqu'en appel et encore...

Théoriquement, les justiciables ont la possibilité de choisir entre les juridictions de droit traditionnel et les juridictions de droit écrit mais l'option en faveur des juridictions de droit écrit incontestablement présente un caractère plus irréversible. Il est en effet possible de décliner la compétence *in limine litis* d'une juridiction de droit traditionnel antérieurement saisie. Lorsque c'est un tribunal de droit écrit qui a été saisi en premier, le refus de l'une des parties d'être jugé par celui-ci ne suffit pas pour que l'affaire soit transférée devant une juridiction de droit traditionnel. La saisine d'une juridiction de droit moderne par l'une des parties s'impose donc à l'autre.

En matière de régime matrimonial supplétif, on pourrait penser que la règle selon laquelle l'option de juridiction entraîne l'option

---

[264] Souvent après la dissolution du lien matrimonial par divorce ou décès de l'époux, les femmes ne cherchent même pas à conserver les biens matériels du couple, conditionnées et convaincues par la coutume qu'elles n'ont droit a rien si ce n'est à leurs ustensiles de cuisine et à leurs effets personnels.

de législation aurait drainé devant les tribunaux de grande instance une partie importante du contentieux en la matière à cause des avantages certains que les femmes auraient tiré de la liquidation de leur régime matrimonial d'après les règles du code civil. Dans la pratique il n'en a rien été et 95% environ des demandes de divorce - antichambre de la liquidation des régimes matrimoniaux - sont portés devant les tribunaux de droit coutumier[265]. Cet engouement pour la justice de droit traditionnel est certes la conséquence du profond attachement des populations au droit coutumier mais de l'opportunisme des justiciables n'y est pas étranger. La simplicité de la procédure, la rapidité et le moindre coût de la justice coutumière les poussent tout naturellement devant les *customary courts* ou les tribunaux du premier degré[266]. L'ignorance de la faculté de l'option peut également être un facteur qui explique le choix par les justiciables des juridictions de droit traditionnel. Il est fort possible que beaucoup d'entre eux ne fassent pas de différence entre les différents ordres juridictionnels ; ce qui compte c'est d'obtenir justice d'un tribunal quel qu'il soit aux conditions les plus avantageuses possibles.

Consciente des risques de dysfonctionnement inhérents à la règle de l'option et surtout des injustices qu'elle peut entraîner, prenant acte aussi peut-être de la résistance sourde des juridictions inférieures qui ont du mal à s'aligner sur sa jurisprudence en matière de régimes matrimoniaux, la Cour suprême dans les arrêts KOUM et KEMAJOU se démarque de sa jurisprudence antérieure

---

[265] Voir Mme MEKE-ME-ZE née BAYIHA (C.I) dans : La problématique des biens de la femme mariée en droit positif camerounais. Thèse de doctorat 3e cycle, Université de Yaoundé Mai 1981 P.248

[266] Voir NDO - DIKI (R.M) épouse NDJOCKE dans L'option de juridiction en droit privé camerounais, Thèse 3e cycle de l'Université de Yaoundé (année 1992). Devant les juridictions de droit traditionnel la procédure est presque gratuite il n'y a pas de consignation ni d'assistance judiciaire. Du moins le ministère d'Avocat n'est pas obligatoire. Il n'est pas non plus nécessaire de s'adresser au greffe pour l'introduction de l'instance. Le demandeur adresse directement une requête écrite ou orale au président du tribunal de droit coutumier. Si la requête est orale le Président assisté d'un secrétaire établit un procès verbal qui est consigné dans un registre. Les parties et leurs témoins s'ils en ont sont ensuite convoqués au jour et heure fixés par le Président. L'instruction commence ce jour là à l'audience.

Voir aussi : L'organisation juridictionnelle au Cameroun. Thèse de doctorat de 3e cycle, Université Yaoundé (année1985) par GOUDEM (J) P. 74

sur la question; opérant un revirement certes maladroit mais qui lui permet de réajuster sa position.

B - LA REMISE EN CAUSE DE LA REGLE « L'OPTION DE JURIDICTION ENTRAINE L'OPTION DE LEGISLATION ».

Les faits de l'affaire KEMAJOU MAKUGAM (J) / KEMAJOU (F)[267] qui a amorcé le revirement de la jurisprudence de la Cour suprême en matière de régimes matrimoniaux sont simples et assez proches de ceux de l'affaire ASSO'O. Il s'agissait d'une affaire de divorce qui devait aboutir comme c'est habituellement le cas à une demande de liquidation de la communauté ayant existé entre des époux. Dans le cas d'espèce, ceux-ci avaient chacun une activité professionnelle salariée et comme cela arrive souvent, ils avaient un compte bancaire commun et des comptes personnels séparés pour chacun d'entre eux. L'épouse bénéficiait sur le compte de son mari d'une délégation de signature et à plusieurs reprises a prélevé sur ce compte des sommes d'argent qu'elle a transférées sur son propre compte. Tout comme dans l'affaire ASSO'O, Mme KEMAJOU reconnaissait n'avoir pas participé à l'acquisition des biens du ménage. Le litige ayant été porté devant le tribunal de grande instance, la règle « l'option de juridiction entraîne l'option de législation » aurait dû conduire le juge saisi à appliquer aux époux KEMAJOU qui n'avaient pas fait de contrat de mariage le régime légal du code civil mais il n'en a rien été. En première instance, en appel et devant la Cour suprême il n'en a pas été question. Pour rejeter le pourvoi, la Haute cour concluait en ces termes :

« Attendu que ceci étant, il s'en induit que les époux n'ont ni expressément ni tacitement donc jamais opté même présomptivement pour une communauté quelconque de biens à l'occasion de leur mariage...

« Attendu qu'en adoptant comme il l'a fait les motifs du premier juge, l'arrêt attaqué qui n'est tenu de répondre qu'au dispositif des conclusions des parties et non aux arguments que celles-ci

---

[267] C.S arrêt n° 86/CC du 18 Juillet 1985

développent a suffisamment répondu aux écritures du 3 Novembre de la demanderesse au pourvoi.»

Pour la première fois, la Cour suprême par cet arrêt prend le contre-pied de sa propre jurisprudence en matière de régime matrimonial supplétif. Ce commencement de revirement sera confirmé avec l'arrêt KOUM[268]. Dans ce deuxième cas, le partage de la communauté avait été demandé devant le tribunal de grande instance de Douala (le même qui a jugé l'affaire ASSO'O) qui en conformité avec la règle selon laquelle l'option de juridiction entraîne l'option de législation a ordonné le partage comme l' y invitent les articles 1400 et suivants du code civil ; les époux n'ayant pas souscrit de contrat de mariage préalablement à la célébration de leur union. Ce jugement est reformé en appel au motif « qu'il n'y a pas lieu à liquidation de la communauté, celle-ci n'ayant pas existé entre les époux. » La Cour suprême confirme l'arrêt de la cour d'appel. Au second moyen du pourvoi pris de la violation des articles 1399, 1400, 1401 et suivants du code civil elle répond laconiquement «qu'il résulte de la combinaison des articles 1399 et 1400 du code civil qu'à défaut de contrat de mariage, le régime légal est celui de la communauté laquelle commence le jour du mariage contracté devant l'officier de l'état civil.

Mais attendu que ce moyen mélangé de fait et de droit tend en réalité à un nouvel examen des faits de la cause et des éléments de preuve produits au débat, dont l'appréciation réservée aux juges du fond échappe au contrôle de la Cour suprême, laquelle ne constitue pas un troisième degré de juridiction.

Attendu qu'usant de son pouvoir souverain d'appréciation des circonstances de la cause, le juge d'appel a pu, à bon droit décider n'y avoir lieu à liquidation de la communauté, celle-ci n'ayant pas existé entre les deux conjoints... Par ces motifs rejette le pourvoi.»

En réalité, contrairement à ce qu'affirme la Cour suprême le moyen était incontestablement un moyen de pur droit. Il s'agissait de tirer les conséquences légales de l'inexistence d'un contrat de mariage entre les époux KOUM. L'allusion au caractère mélangé de fait et de droit du moyen n'était qu'un subterfuge pour rejeter le pourvoi. La nouvelle ligne jurisprudentielle de la cour suprême

---

[268] C.S arrêt n°64/CC du 16 Juillet 1987

était désormais claire. Le choix du tribunal de grande instance n'entraînait plus automatiquement l'application du code civil aux parties. En matière de régime matrimonial supplétif, il était demandé à chacun des époux de prouver sa participation effective à la constitution de la masse des biens du ménage.

Ces deux derniers arrêts par lesquels la Cour suprême revient sur sa position antérieure suscitent des commentaires différents chez ses commentateurs. Pour ANOUKAHA (F), «cette solution est a priori bonne...»[269] même si elle n'est pas conforme à la jurisprudence jusque-là en vigueur de la Haute cour. ELOMO NTONGA (L) de son côté fustige « les trous de mémoire qui commencent à relever de la manie» des juges de la Cour suprême qui n'hésitent pas à « oublier » lorsque cela les arrange la règle de l'option de juridiction entraînant l'option de législation qu'ils ont pourtant eux-mêmes édicté. Pour cette dernière, cette règle prétorienne «constituait une solution d'appoint destinée à venir à bout, en matière de régimes matrimoniaux de l'hésitation des juges quant au droit à appliquer. Mais comme elle a eu pour effet de soumettre tous les couples qui n'avaient pas fait de contrat de mariage et qui se présentaient devant une juridiction de droit moderne au régime de la communauté de meubles et acquêts, les juges de la cour suprême qui sont des hommes et sont par conséquent plus sensibles aux protestations des maris qui s'appliquent à démontrer à chaque fois qu'ils ont contribué « seuls » à l'édification de la fortune litigieuse, ont préféré faire marche arrière. »[270]

Bien que les réflexions de Mme ELOMO NTONGA ne manquent pas de pertinence, nous pensons que ce serait une erreur de soupçonner en permanence les magistrats de la Cour suprême tout simplement parce qu'ils sont des hommes d'être toujours plus enclins à comprendre les maris ou d'être de connivence avec eux. Il est arrivé qu'ils sanctionnent des arrêts qui avaient procédé à des partages inégalitaires entre les époux. De nombreuses décisions allant dans le sens de l'égalité des droits entre hommes et femmes notamment en matière de succession ont été prises par eux sans

---

[269] P.78 de son article Op.cit.: Une nouvelle étape de l'évolution de la jurisprudence camerounaise en matière de régime matrimonial (à propos des affaires KEMAJOU et KOUM)

[270] Voir sa note au Juridis info de juillet-août-septembre 1990 p.102

que leur appartenance au sexe masculin les freine dans leur élan. Il est fort possible que dans ces deux affaires ils aient voulu sanctionner une attitude particulière : celle de l'épouse qui ne regarde que les intérêts de sa famille d'origine. Il s'agit pour elle non de construire son nouveau foyer mais de transférer tout ce qui peut l'être de son ménage vers sa famille d'origine. Les revenus qui auraient pu servir à l'acquisition de biens qui seraient tombés dans la masse communautaire sont ainsi détournés. Nous avons là un exemple d'interférence des mœurs africaines dans l'application d'un droit moderne d'origine européenne. Malheureusement, ces arrêts qui dans le contexte particulier de l'arrêt KEMAJOU par exemple à priori paraissent justes - l'épouse ayant les moyens de participer financièrement à la constitution d'une masse de biens communautaires mais refusant de le faire - tracent une ligne jurisprudentielle qui n'est pas équitable pour les épouses qui n'exercent pas d'activité professionnelle rémunérée. La preuve de leur participation à la constitution du patrimoine conjugal risque de s'avérer plus difficile et pourtant dans la plupart des cas elle est incontestable même si elle n'est pas forcement financière. En cela la nouvelle jurisprudence de la Cour suprême en matière de régime matrimonial supplétif devant les juridictions de droit moderne aboutit à une solution qui est moins bonne que celle du code civil qui organise un régime matrimonial légal qui dans la pratique correspond le plus souvent au régime sous lequel les époux qui n'ont pas fait de contrat de mariage ont concrètement vécu même sans l'avoir expressément choisi au départ. Les faits particuliers des deux arrêts qui ont provoqué le revirement de jurisprudence ne peuvent être généralisés. Partir du particulier pour établir une règle générale cela va de soit, n'est pas la meilleure façon de procéder.

En passant on pourrait faire remarquer que la grande liberté que la juridiction de droit qu'est la Cour suprême prend avec les textes juridiques[271] est consternante. Elle vise dans le corps de son arrêt les articles 1400 et suivants mais nous avons vu l'interprétation qu'elle leur donne. Elle rajoute au texte des conditions d'application - la preuve de la participation effective de chacun des époux - auxquelles le code civil ne fait pas allusion. Cette tendance à malmener les textes de loi est regrettable. On

[271] Ici les articles 1400 et suivants du code civil

pourrait peut-être répondre à cette critique qu'il faut acclimater ces articles qui n'ont pas été à l'origine prévus pour les Camerounais et qui ne leur conviennent pas forcément. Mais il faudra aussi convenir que c'est une bien maigre explication d'autant plus qu'ils auraient pu arriver aux mêmes résultats sans avoir recours aux articles du code civil.

Le législateur ne peut être qu'invité à intervenir face à ces appels indirects mais incessants des juges qui ne savent plus quoi inventer pour obtenir un résultat qui satisfasse leur sens de la justice. Il faut cependant noter que ce revirement de jurisprudence de la Cour suprême concernant le régime matrimonial légal appliqué devant les tribunaux de grande instance opère une unification des solutions appliquées en la matière sur le plan national. Le régime matrimonial désormais en vigueur aussi bien devant les juridictions traditionnelles que devant les tribunaux de droit moderne devient la communauté sous réserve de participation[272]. La communauté de meubles et d'acquêts qui est le régime matrimonial légal devant les tribunaux de grande instance en réalité est un régime séparatiste ; l'automatisme des articles 1400 et suivants du code civil étant neutralisé par la cour suprême qui subordonne leur application à l'établissement de la preuve par chacun des conjoints de sa participation à la constitution de la masse des biens communautaires.

Devant les *high courts*, le principe est que « *english law knows no community of property* »[273]. A la base les biens des époux sont soumis à un régime séparatiste qui néanmoins donne lieu à récompense lorsqu'il est établit que l'un des conjoints a participé[274] à l'acquisition d'un bien par l'autre.

Devant les tribunaux de droit traditionnel, en l'état actuel de la jurisprudence, c'est le partage rémunération qui est pratiqué ; la charge de la preuve de la participation reposant dans les faits sur la femme[275]. La preuve de la participation à l'acquisition des biens du ménage est donc désormais devant toutes les juridictions du pays le passage obligé pour chacun des époux pour prétendre à ces biens. C'est une solution qui se trouve à mi - chemin entre le droit

[272] On peut le classer parmi les régimes matrimoniaux séparatistes.
[273] Voir PETITT C. PETTIT 2 All E.R .385 op cit.
[274] Ce terme doit être entendu au sens large
[275] La participation de l'époux allant de soit...

traditionnel qui octroie la quasi totalité des biens du couple au mari et le droit écrit qui prévoit le partage par deux des biens de façon automatique.

Concernant les autres matières qui entrent dans notre champ d'étude, la règle « l'option de juridiction entraîne l'option de législation » reste valable. Le droit traditionnel sauf exception est appliqué devant les juridictions coutumières[276] et le droit écrit est appliqué devant les juridictions de droit moderne. Cependant, l'influence que les deux systèmes de droit ne manquent pas d'exercer l'un sur l'autre fait que cette règle peut se trouver neutralisée. Devant les juridictions de droit traditionnel, la coutume ne peut plus recevoir application à chaque fois qu'il a été légiféré sur une question et il arrive également que les juges aient recours à la loi écrite comme législation d'emprunt devant l'obscurité, le silence ou la non conformité à l'ordre public de la coutume.

Devant les juridictions de droit moderne, l'influence des coutumes qu'on peut déceler dans certaines décisions est la preuve que le droit écrit n'est pas forcément toujours appliqué à l'état pur du simple fait qu'on se trouve devant une juridiction de droit écrit. Tout comme le droit traditionnel subit l'influence du droit écrit, la coutume subrepticement pénètre le droit écrit. Toute ces décisions de justice rendues par les tribunaux de droit écrit et dont on peut difficilement trouver la justification dans le code civil très souvent comportent des traces du droit coutumier[277].

Devant les *customary courts* comme nous le soulignions dans les développements antérieurs, la coutume des parties doit en principe être appliquée mais une règle coutumière peut être écartée si son application serait de nature à créer une grave injustice à l'égard de l'une des parties. La coutume ne reçoit pas non plus application devant les juridictions coutumières de l'ex Cameroun occidental lorsqu'elle viole l'ordre public ou est contraire aux bonnes mœurs.

---

[276] Lorsqu'une coutume s'avère être contraire à l'ordre public et aux bonnes mœurs, elle est bien entendu écartée et le droit écrit est appliqué à la place.

[277] Pour les limites à l'applicabilité de la règle « l'option de juridiction entraîne l'option de législation » voir thèse op. cit. sur l'option de juridiction dans le système juridique camerounais par NDO - DIKI p. 223 et suivantes.

Sur le plan du droit international privé, bien que les règles de conflit soient différentes, les tendances jurisprudentielles sont les mêmes sur l'ensemble du territoire national.

SECTION2 : LES TENDANCES JURISPRUDENTIELLES EN DROIT INTERNATIONAL PRIVE

Sur le plan du droit international privé, la tendance générale des juges Camerounais est d'occulter complètement les éléments d'extranéité[278] des litiges qui leur sont soumis. Non seulement ils se reconnaissent presque toujours compétents[279] pour connaître des affaires à caractère international qui sont portés devant eux, mais en plus ils appliquent quasi systématiquement la loi camerounaise. En réalité, ce n'est pas tant le fait de se reconnaître compétent pour connaître des litiges à caractère international qui pose problème - la détermination de la compétence internationale se faisant par simple extension des règles de compétence interne - mais, ce qui suscite des interrogations c'est le fait une fois la compétence des juridictions camerounaises retenue d'appliquer dans tous les cas la loi camerounaise ; vidant ainsi les règles de conflit de tout intérêt[280]. C'est une attitude qu'on a pu observer à plusieurs reprises aussi bien chez le juge anglophone que chez le juge francophone[281]. Pour ce qui est du droit de la famille, l'essentiel des interventions en droit international privé du juge camerounais se fait en matière de divorce. Il s'agit souvent d'époux étrangers résidents au Cameroun ou d'étrangers mariés à des autochtones qui demandent la dissolution de leur union devant les juridictions camerounaises. Sur le principe, la compétence juridictionnelle des

---

[278] Nationalité ou domicile des parties, lieu de signature du contrat etc.

[279] Voir C.S.C.O, 26 Janvier 1971 RCD 1971 n°1 P. 54 et Douala, 16 Octobre 1987 arrêt n° 14/CC cité au Juridis info n°26 (Avril - Mai - Juin 1996) P. 41

[280] L'admission de la compétence des juridictions camerounaises pour connaître d'une affaire ne doit pas préjuger de la loi qui doit être appliquée au fond du litige. Une juridiction camerounaise peut être compétente dans un différend international et la loi applicable à l'espèce être une loi étrangère.

[281] Cette attitude qui a pour conséquence de supprimer les conflits de lois, le conflit de juridiction tendant à absorber le conflit de loi peut également être observé dans certains systèmes juridiques étrangers comme celui de l'Angleterre. Voir GRAVESON dans: Choice of law and choice of jurisdiction in the English laws. Yearbook of international law. 1951 P.273

tribunaux camerounais dans les affaires impliquant des étrangers est acquise depuis l'arrêt PATINO[282] mais dans tous les cas seuls les tribunaux de droit écrit ont vocation à connaître de telles affaires. Lorsqu'il s'agit d'époux étrangers qui résident au Cameroun, d'après le code de procédure civile applicable dans la région francophone, le tribunal de grande instance dans le ressort duquel sont domiciliés les parties ou le défendeur est compétent sans préjuger de la loi applicable. Dans l'affaire KRITIKOS née MIHAIL KARIOTI (C) / KRITIKOS STAVOS (G)[283] le tribunal de grande instance de Yaoundé saisi d'une demande de divorce d'époux de nationalité grecque s'était déclaré sans hésitation compétent. Les deux époux vivaient au Cameroun depuis de nombreuses années lorsqu'au courant de l'année 1991 le sieur KRITIKOS découvrit que sa femme le trompait. Pour essayer de sauver leur couple, ils décidèrent de prendre des vacances en Grèce avec leurs enfants. Ce voyage qui avait pour objectif de donner un nouveau souffle à leur mariage n'a malheureusement pas atteint son but puisque pendant leur séjour dans leur pays natal, Mme KRITIKOS a demandé devant une juridiction grecque une séparation de résidence, la garde de leur enfant mineur et l'octroi d'une pension alimentaire. Le tribunal grec lui donna entièrement satisfaction. De retour au Cameroun, Mr KRITIKOS saisissait le tribunal de grande instance de Yaoundé d'une requête datée du 30 Novembre 1993 par laquelle il demandait le divorce. Régulièrement citée à comparaître en vue d'une tentative de conciliation préalable, son épouse - qui entre temps s'était établie à Aix - en - Provence auprès de son amant - adressa au président du tribunal une requête par laquelle elle soulevait l'incompétence du tribunal de grande instance de Yaoundé ; le juge des affaires matrimoniales de son lieu de résidence étant d'après elle seul compétent pour connaître de cette demande de divorce. Le tribunal

[282] Cass. Civ 21 juin 1948. Revue critique de DIP 1949 - 557 note FRANCESKAKIS. En France, cette jurisprudence a été suivie de celle de l'arrêt SCHEFFEL de la chambre civile de la Cour de cassation du 30 Octobre 1962 qui affirmait que « l'extranéité des parties n'est pas une cause d'incompétence des juridictions françaises dont... la compétence internationale se détermine par extension des règles de compétence interne. » Dalloz 1963 - 109 - note HOLLEAUX et Revue critique de DIP 1963 - 387 - note FRANCESKAKIS.)
[283] C.S arrêt n° 56/CC du 25 Janvier 1995. Juridis info n° 26 p. 40 -42

de grande instance donna défaut contre elle et rendit une ordonnance de non conciliation. Par la suite, le divorce entre les deux époux était prononcé aux torts exclusifs de l'épouse. Le jugement est confirmé par la cour d'appel de Yaoundé en toutes ses dispositions. Quant au pourvoi en cassation fait par dame KRITIKOS devant la Cour suprême, il est rejeté.

A aucun moment tout au long de la procédure de divorce, l'application au fond de la loi camerounaise n'a été remise en cause. Les époux étant de la même nationalité étrangère, la loi grecque prise comme leur loi nationale aurait dû être appliquée au litige. La règle de conflit du juge francophone[284] donne indiscutablement compétence à cette loi. Les époux auraient été de deux nationalités étrangères différentes, la compétence de la loi camerounaise prise comme loi du domicile conjugal aurait pu être retenue[285] mais dans le cas d'espèce, il n'y avait pas lieu de faire une entorse à la règle générale de conflit, les époux ayant la même nationalité[286]. Quoi qu'il en soit, les différentes juridictions saisies (le tribunal de grande instance de Yaoundé, la cour d'appel de Yaoundé et la Cour suprême) ne se sont pas prononcées sur l'inapplicabilité de la loi grecque. La règle « l'option de juridiction entraîne l'option de législation » serait-elle applicable même dans les cas qui de toute évidence ressortent du droit international privé ?

Nous ne croyons pas que l'application de la loi camerounaise dans les matières du droit de la famille qui présente un élément d'extranéité soit une conséquence de l'option pour une juridiction camerounaise. La règle de l'option de juridiction assortie de l'option de législation édictée par la Cour suprême ne peut avoir qu'une portée nationale. Elle n'est qu'un moyen de régler les conflits de droits dus à la coexistence dans le même pays de plusieurs sources de droit.

---

[284] Le tribunal de grande instance de Yaoundé étant situé dans le Cameroun francophone.

[285] Voir BOUREL et LOUSSOUARN dans le précis Dalloz de Droit international privé p. 482. L'attribution de la compétence à la loi du domicile matrimonial se ferait en pareil cas par extension de la jurisprudence RIVIERE.

[286] Voir aussi l'affaire DESCARS arrêt n° 14/C - Douala, 16 Octobre 1987 où dans une affaire de divorce concernant des époux étrangers de même nationalité, il a été fait application de la loi camerounaise.

L'explication du règne sans partage de la *lex fori* en réalité est très simple : Un juge a naturellement tendance à appliquer la loi qu'il connaît le mieux ; c'est-à-dire la sienne. Lorsque l'on sait les difficultés qu'il aurait pour ne pas dire la quasi impossibilité dans laquelle il se trouve, de connaître avec exactitude le contenu de la loi étrangère[287], on comprend qu'il applique la loi camerounaise n'ayant pas d'autre alternative. A supposer même que la loi étrangère lui soit plus accessible, on peut à juste titre redouter l'interprétation qu'il en ferait quand on sait celle qu'il fait de certaines dispositions du code civil auquel il devrait pourtant être accoutumé maintenant. On ne peut donc pas trop regretter que les juges camerounais appliquent systématiquement la loi camerounaise aux conflits internationaux de lois. C'est la seule qu'à l'heure actuelle ils ont les moyens d'appliquer à peu près correctement. L'application de la *lex fori* constitue donc un pis allé dans le contexte camerounais. Il serait hasardeux et même dangereux d'essayer de mettre en oeuvre une loi étrangère que l'on connaît mal ; le risque d'arbitraire deviendrait beaucoup trop grand[288].

Devant les juridictions de common law du pays, la position du juge n'est pas différente. Bien que les juges anglophones semblent

---

[287] Surtout s'il s'agit d'une loi qui appartient à un système de droit qui n'a aucune parenté avec les lois camerounaises (lois japonaise, chinoise, indienne...) Avec le développement du réseau internet il sera sans doute possible dans un proche futur d'avoir facilement accès aux informations concernant le droit de tous les pays mais pour le moment on n'en est pas encore là et les services judiciaires camerounais ne sont toujours pas branchés sur le réseau. Voir cependant, AMBE JUDE dans : The application of foreign law - mémoire de maîtrise, Université de Yaoundé (1991) et ASAFOR MANGEH (J) : The meaning of « foreign law » as considered under cameroonian private international law - mémoire de maîtrise, Université de Yaoundé (1991)

[288] Devant la Cour de cassation française, l'interprétation de la loi étrangère est une question de fait mais, elle peut exercer son contrôle en cas de dénaturation. La crainte d'interpréter la loi étrangère différemment de la façon dont elle est entendue dans les pays concernés est telle que « comme les juges du fond, les magistrats de la Cour de cassation ont le sentiment en ce domaine de s'avancer sur des sables mouvants... » Voir BOUREL et LOUSSOUARN dans le Précis Dalloz de droit international privé, n°243 p. 378 et suivantes.

mieux maîtriser les concepts du droit international privé[289] ils finissent toujours eux aussi par appliquer la loi du for qu'il s'agisse d'une espèce concernant des étrangers ou alors a fortiori un Camerounais et un étranger. On a pu le vérifier dans les affaires MIROSLAWA YUFANI (M) C. YUFANI GEMO (M)[290] et NDUMU C. NDUMU[291].

Dans le premier cas, les deux parties s'étaient mariées à Wroclow en Pologne en 1973. Deux années plus tard ils se sont installés au Cameroun et en 1977 l'épouse a introduit devant la *high court* de Buea une demande en divorce. Il leur a été fait application de la *Matrimonial causes act* de 1973 comme l'autorise l'article 9 de la *Southern Cameroons high court law* de 1955.

Dans la deuxième affaire, l'une des parties était de nationalité américaine et l'autre camerounaise. Comme on pouvait le prévoir, c'est la compétence de la loi camerounaise qui a été retenue. Mais contre toute attente, la liquidation du régime matrimonial des parties à été soumise au droit traditionnel[292]. Il n'a été fait référence à la *Matrimonial causes act* de 1973 que pour l'écarter. Les termes exacts du tribunal sont les suivants « *Having regards to the obvious fact that the socio economic character of this country is not the same as in England, it would be injust to the parties to conform strictly with part 2 of the matrimonial causes act 1973 which deals with financial provision and property adjustment. In the light of this we can fall behind section 27*[293] ». Dans ce jugement, la règle d'après laquelle les étrangers ne doivent pas être soumis au droit traditionnel a été violée.

---

[289] Voir les arrêts TUFFON et ENONGENEKANG op. cit. qui sont particulièrement admirables dans la définition de la notion de *domicile* qui revêt une très grande importance en droit international privé.

[290] HCSW/25 MC/84 du 20 Juin 1984 juridis info d'avril - mai - juin 1990 p. 46 Mr NGWAFOR qui commente cet arrêt déplore justement le fait que le juge saisi ne se soit pas expliqué sur l'exclusion de la loi polonaise qui est celle de l'une des parties.

[291] HCB/97 MC/86 op. cit.

[292] Et pourtant le litige avait été porté devant une juridiction de droit moderne...

[293] Article 27 du *Southern Cameroon high court law*: « *The high court shall observe, and enforce the observance of every native law and custom which is not repugnant to natural justice, equity and good conscience, nor incompatible with any law for the time being in force, and nothing in this law shall deprive any person of the benefit of any such native law or custom.* »

Les juges francophones eux aussi dans les affaires concernant un national et un étranger appliquent systématiquement la loi camerounaise sans jamais se justifier sur la non application de la loi étrangère[294]. Pour illustrer ce propos on peut citer les cas EVA NTYAME (M) / BUSSARD (G)[295] et SAME LOTTIN / SAME née LEMBERDINA[296]. Dans le dernier jugement, le droit camerounais a si bien été appliqué que pour ce qui est de la liquidation du régime matrimonial des époux qui n'avaient pas fait de contrat de mariage, le partage des biens a été ordonné dans les proportions de 2/3 pour l'époux et de 1/3 pour l'épouse...

Pour conclure ce chapitre consacré aux modes de solution des conflits de droit, on ne peut que souligner le fait que l'éclosion et le développement du droit international privé au Cameroun nécessitera une formation appropriée des magistrats[297] dans cette matière et la mise à leur disposition de moyens conséquents leur permettant d'avoir accès aux informations sur la loi étrangère. Tant qu'ils ne bénéficieront pas d'un réseau de collaboration judiciaire qui assure leur ouverture sur les autres systèmes de droits, l'application de la loi étrangère devant les tribunaux camerounais restera un vœu pieux.

---

[294] Comme c'est le cas dans beaucoup d'autres pays les nationaux jouissent au Cameroun d'un véritable privilège de juridiction.

[295] C.S arrêt n°6/CC du 14 Octobre 1993

[296] Voir jugement n° 195 du 1er Février 1989 du tribunal de grande instance du Nfoundi (Yaoundé)

[297] Ou du moins d'une partie d'entre eux qui se chargerait des affaires internationales

DEUXIEME PARTIE :
ETUDE CRITIQUE DE L'ENTREPRISE D'UNIFICATION DU DROIT DE LA FAMILLE AU CAMEROUN.

Dans la première partie, nous avons analysé les données du phénomène juridique dans le droit camerounais de la famille suivant deux axes : La structure pluraliste du droit aussi bien au niveau des sources que de l'organisation judiciaire d'une part et les conflits de droits nés de la coexistence des différentes règles de droit applicables sur le territoire national d'autre part.

Le pluralisme juridique au Cameroun a été dès les premières années des indépendances et reste la réponse choisie à un problème de fond : Comment gérer au mieux le triple héritage juridique ?

L'objectif des dirigeants du pays est clair : A long terme aboutir à un droit unifié sur l'ensemble du territoire. Le moyen d'y parvenir est également tout tracé. L'unification se fera par élimination progressive de la coutume. Même si devant les tribunaux, la coutume triomphe de temps en temps sur le droit écrit, ce n'est que pour apporter des solutions ponctuelles à des problèmes précis. Le but poursuivi reste inchangé en dépit des "petits incidents de parcours" : doter ce pays qui plus que jamais aspire à l'unité nationale[298] d'un droit de la famille plus moderne que coutumier.

Le pluralisme juridique au Cameroun subsiste encore certes, mais dans un contexte unificateur (titre1). Quel bilan peut-on faire après seize années d'application de l'ordonnance n°81/02 du 29 Juin 1981 qui est le seul texte unificateur du droit de la famille ayant une portée nationale qui ait été pris par le gouvernement ? (titre2)

---

[298] La libéralisation de la vie politique à partir des années 90 a révélé au grand jour une forte mouvance au sein des populations anglophones qui réclament l'autonomie des provinces anglophones. Plus que jamais, la construction de l'unité nationale est donc à l'ordre du jour.

LE PLURALISME DANS UN CONTEXTE UNIFICATEUR

CHAPITRE 1 L'UNIFICATION DU DROIT DE LA FAMILLE AVEC L'ORDONNANCE N° 81/02 DU 29 JUIN 1981

Cette ordonnance portant organisation de l'état civil et diverses dispositions relatives à l'état des personnes physiques est le second texte de loi portant sur l'état civil qui ait été pris par l'Etat camerounais et qui s'applique à l'ensemble du pays. Elle abroge les lois n°66/2/cor du 7 Juillet 1966[299] et 68/LF/2 du 11Juin 1968[300]

Elle comprend 8 titres respectivement intitulés :

1) Dispositions générales

2) Rédaction et conservation des actes d'état civil

4) Des actes de naissance

5) De la filiation naturelle

6) Du mariage

7) Des actes de décès

8) Dispositions diverses et transitoires.

Les quatre premiers titres n'opèrent pas de grand changement par rapport à la loi de 1968. On peut juste noter qu'avec l'ordonnance de 81, le rôle préalablement assigné aux ministres du culte dans la déclaration des naissances a été supprimé[301].

Les délais pour déclarer les naissances d'autre part sont allongés. De quinze jours dont disposaient les parents pour déclarer les naissances, on passe à trente jours. Lorsque la naissance a eu lieu dans un établissement hospitalier[302], de huit jours dont disposaient les autorités de l'établissement pour déclarer la naissance, on passe à quinze jours[303].

---

[299] Cette loi en vigueur dans l'ex Cameroun oriental uniquement portait également sur l'état civil.

[300] Cette loi était une loi fédérale applicable sur toute l'étendue du territoire national. Elle portait sur l'organisation de l'état civil et son article 38 rendait obligatoire la célébration des mariages par un officier d'état civil. Les mariages qui avaient été célébrés selon les rites du droit coutumier préalablement à l'entrée en vigueur de la loi fédérale restaient valables mais devaient être transcrits.

[301] Article 33 de la loi de 1968

[302] Article 28 alinéa 3

[303] Article 31

L'ordonnance de 81 précise aussi en son article 35 que les noms et prénoms de l'enfant sont librement choisis par les parents[304]. Ceux des enfants trouvés l'est par l'officier d'état - civil ou par la personne qui les a trouvés[305]. L'article 34 qui porte sur les mentions devant figurer sur l'acte de naissance par contre est moins complet que l'article 30 (al 1) de la loi de 1968 : Le sexe de l'enfant, les noms, prénoms et lieu de résidence du déclarant disparaissent des mentions obligatoires[306]. Par ailleurs, l'alinéa 2 de l'article 34 précise que seul peut figurer sur les actes de naissance le nom du père des enfants légitimes ou reconnus. "Lorsque les informations relatives au père ou à la mère ne sont pas connues, aucune mention n'est portée à la rubrique correspondante de l'acte de naissance; la mention de père inconnu est interdite». Avant l'entrée en vigueur de l'ordonnance de 1981, l'acte de naissance de beaucoup d'enfants naturels portait la mention « père inconnu » soit parce que la mère ne pouvait avec certitude donner l'identité du géniteur, soit parce que et c'était le plus souvent le cas la famille maternelle craignait que le fait de faire figurer le nom du père donne des droits à ce dernier alors que d'après le droit traditionnel un enfant né hors mariage appartient à son grand père maternel.

Concernant les titres 7 (traitant des actes de décès) et 8 (sur les dispositions diverses et transitoires), ils ne diffèrent des dispositions de la loi de 1968 sur les mêmes sujets que sur des points de détail. Les innovations majeures du texte de loi de 1981 concernent la filiation naturelle et le mariage qui sont les principales matières unifiées.

---

[304] Les enfants même légitimes ne portent pas forcément le nom patronymique de leur père. C'est une pratique courante que dans la même famille les enfants aient des patronymes tous différents les uns des autres. L'article 39 exige cependant que « si dans une même famille les parents décident d'attribuer les mêmes noms et prénoms à plusieurs enfants, ils sont tenus de leur adjoindre un nom ou un prénom de manière à permettre leur identification de façon non équivoque. » En réalité, les dates de naissance devraient permettre une identification non équivoque des enfants de la même famille auxquels les parents auraient donné les mêmes noms et prénoms sauf s'il s'agit d'enfants nés le même jour des mêmes parents...

[305] Article 35

[306] Lorsque l'on sait que certains prénoms sont portés indifféremment dans beaucoup de tribus par les filles ou les garçons ce n'est pas sans incidence pour les statistiques de ne pas préciser le sexe de l'enfant sur l'acte de naissance.

SECTION 1 : LES MATIERES UNIFIEES

Certes les dispositions générales, celles concernant la rédaction, la conservation, la rectification et la reconstitution des actes d'état civil du fait qu'elles s'appliquent à l'ensemble du pays opèrent unification des points de droit traités mais, ce sont celles qui ont trait à la filiation naturelle et au mariage qui sont les plus notables, qui constituent un élément nouveau dans le droit positif; le reste n'étant plus ou moins qu'une reconduction du droit antérieur.

§ 1 : LA FILIATION NATURELLE.

Elle fait l'objet du titre 5 qui est composé de trois chapitres. Le premier porte sur la reconnaissance des enfants, le second sur la recherche de paternité[307] et le troisième sur la puissance paternelle et la garde des enfants naturels[308].

Le chapitre premier institue dans l'article 41 le principe de la reconnaissance judiciaire des enfants naturels. Cependant exceptionnellement, la reconnaissance peut se faire devant un officier d'état - civil et l'accouchement vaut reconnaissance à l'égard de la mère. Cet article marque une rupture par rapport au droit antérieur.

Si les articles 334, 340 et 341 du code civil de 1804 dans sa version applicable au Cameroun permettaient d'établir judiciairement ou extra - judiciairement la filiation des enfants naturels simples, en common law, un enfant né en dehors des liens du mariage était considéré comme un *filius nullius*[309]. L'enfant

---

[307] Ce chapitre ne comprend qu'un seul article (l'article 46)

[308] Le troisième chapitre également est composé d'un seul article (l'article 47) qui dispose : « La puissance paternelle sur les enfants nés hors mariage est conjointement exercée par la mère de l'enfant et par le père à l'égard duquel la filiation a été légalement établie. En cas de désaccord, elle est exercée par le parent qui a la garde effective de l'enfant sauf décision contraire du juge. »

[309] En Angleterre, comme dans beaucoup d'autres pays au fil du temps, la situation des enfants naturels va évoluer dans le sens de l'assouplissement des conditions d'établissement des filiations : voir le *Legitimacy act* de 1976 et le *Law Reforn act* de 1987. Le premier, contrairement au second, n'est pas applicable au Cameroun car postérieur à 1900 et ne faisant pas partie des *matrimonial causes* ; les lois

naturel dans le droit moderne anglophone était donc dans une position des plus défavorables. Certes, certaines dispositions du *Matrimonial causes act* de 1973 atténuaient quelque peu la rigueur victorienne vis-à-vis de celui-ci mais de façon générale, il faudra attendre l'ordonnance de 1981 pour que le changement du droit à leur égard soit notable.

Concernant les filiations adultérines, l'article 41 n'est que l'aboutissement d'une longue évolution jurisprudentielle. Avant que l'ordonnance de 1981 ne soit prise, la Cour suprême dans un premier temps avait affirmé de façon constante l'interdiction contenue dans l'article 335 du code civil. C'était le cas dans l'arrêt MOUKOKO BELL[310] où la Cour Suprême statuait que « loin d'avoir violé les textes visés au moyen l'arrêt attaqué en a fait une exacte application, qu'en effet l'article 335 du code civil interdisant toute reconnaissance d'enfant adultérin, c'est à bon droit que les juges du fond ont déclaré nulle une reconnaissance d'enfant naturel faite par un père qui était marié à une autre femme que la mère de l'enfant. »

Le malaise par la suite de la Cour suprême devant ce texte de loi qu'elle s'était pourtant efforcée d'appliquer n'est sans doute pas étranger au fait que le droit traditionnel dont on est tous plus ou moins imprégnés ne fait absolument pas de différence entre les enfants légitimes et les enfants illégitimes d'un père. Pour contourner l'article 335, ils ont commencé par faire une distinction entre les enfants adultérins de polygames et les enfants adultérins de monogames. Les premiers pouvaient être reconnus alors que les seconds continuaient à être frappés par l'interdiction de l'article 335. L'explication de cette curieuse discrimination serait que les polygames contrairement aux monogames ne peuvent commettre l'adultère n'étant pas liés par une obligation de fidélité à une épouse[311].

---

post-1900 relevant de cette matière étant les seules qui changent en même temps que les lois anglaises.

[310] Voir Tendances jurisprudentielles op. cit. p. 196. CSCO arrêt n°19 du 12 Novembre 1960

[311] On pourrait rétorquer à cela qu'une telle façon de voir les choses est absolument contraire aussi bien à l'esprit qu'à la lettre de l'article 361du code pénal qui réprime ce délit aussi bien chez les monogames que chez les polygames.

L'arrêt NDENGUE[312] constitue l'une des premières illustrations jurisprudentielles de la possibilité toute nouvelle de reconnaître les enfants adultérins. Il y a été jugé que « ni les textes, ni l'ordre public ne s'opposent à la reconnaissance par un homme marié sans engagement de monogamie des enfants nés hors mariage dont il est le père. » La sollicitude de la cour suprême pour ces enfants adultérins *a patre polygame* ira jusqu'à la pousser à se placer au moment de l'action en justice - plutôt qu'au moment de la conception - pour juger de l'adultérinité d'une filiation. Les termes de l'arrêt n° 86/L du 21 Mars 1972[313] de la Cour suprême qu'on peut citer en exemple sont les suivants :

« Attendu qu'il est de jurisprudence constante que la reconnaissance d'enfants nés hors mariage d'un homme marié n'est interdite que si celui-ci a contracté un engagement monogamique;

Attendu que, discutant les arguments du jugement entrepris qui avait rejeté la demande de B... tendant à reconnaître sa paternité sur l'enfant O.C au motif qu'il était lié par un engagement de monogamie au moment de la conception de l'enfant litigieux, l'arrêt relève que la Cour suprême du Cameroun, connaissant le caractère essentiellement polygame du mariage camerounais en dehors des options particulières et confessionnelles ou religieuses, ne refuse à un père naturel la reconnaissance d'un enfant né hors mariage que si le prétendu père est dans une union monogamique; que cette juridiction qui parle au présent dans ses arrêts n°64/L du 14 Juin 1966 et 18/L du 24 Novembre 1966 se place au moment de l'action en reconnaissance de l'enfant et non au moment de la conception de ce dernier; qu'il faut, en exerçant son action en reconnaissance de l'enfant né hors mariage que le prétendu père ne soit pas retenu par un engagement monogamique ;

Oui un régime monogamique antérieur à l'action et auquel surtout on a renoncé par un divorce et substitué un régime polygamique ne saurait à lui seul faire échec à cette action. »

L'ordonnance de 1981 n'a donc fait que consacrer une solution acquise en jurisprudence. Elle se démarque du code civil d'après lequel la reconnaissance d'enfants adultérins et incestueux n'était

---

Chez ces derniers, l'adultère est tout simplement le fait d'avoir des relations sexuelles avec une femme autre que l'une des épouses.

312 Tendances jurisprudentielles op. cit. p.197

313 RCD n°5 p.62 observations NKOUENDJIN YOTNDA

pas possible et lorsque la filiation naturelle - celle des enfants naturels simples - pouvait être établie, elle se faisait par acte authentique ou dans l'acte de naissance de l'enfant[314]. Avec l'ordonnance de 1981 le principe est désormais la reconnaissance judiciaire[315] et l'exception la reconnaissance par déclaration devant l'officier d'état civil. Ces deux modes de reconnaissance ne concernent en réalité que les pères. Pour les mères, l'accouchement vaut reconnaissance[316]. Plus encore, alors que rien ne l'y autorisait et violant les règles habituelles du droit transitoire, la jurisprudence a donné à cette disposition un caractère rétroactif. Même pour les femmes qui ont accouché avant l'entrée en vigueur l'ordonnance de 1981, il a été considéré que le seul fait d'avoir donné naissance à un enfant vaut reconnaissance de celui-ci à leur égard[317].

Du côté des pères, c'est la reconnaissance judiciaire qui est la plus effective et plus utilisée. Ce mode de reconnaissance est utilisé lorsque la reconnaissance n'a pas été faite devant l'officier d'état civil au moment de la déclaration de la naissance de l'enfant, lorsque la paternité de l'enfant est revendiquée par plusieurs personnes[318] ou enfin lorsque postérieurement par une reconnaissance d'enfant devant un officier d'état civil, quelqu'un d'autre a revendiqué la paternité du même enfant[319]. L'action peut être intentée au choix du père devant un tribunal du premier degré ou devant un tribunal de grande instance.

La reconnaissance devant l'officier d'état civil quant à elle doit se faire au moment de la déclaration de la naissance c'est-à-dire dans un délai d'un mois suivant l'accouchement. En plus de la déclaration du père, le consentement verbal ou écrit[320] de la mère et

---

[314] Article 334

[315] Article 41

[316] Article 41 alinéa : L'accouchement ne vaut reconnaissance à l'endroit de la mère de l'enfant naturel qu'à condition qu'elle n'y ait pas renoncé. On considère que c'est le cas si elle abandonne son enfant par exemple

[317] Voir tribunal du premier degré de Dschang - jugement n°342/C du 8 mars 1984.

[318] Article 44 alinéa 5

[319] Article 45

[320] L'écrit doit être légalisé c'est-à-dire signé par un commissaire de police ou alors être un acte notarié.

la présence de deux témoins sont également nécessaires pour que la reconnaissance soit possible[321].

Dans le cas où l'accouchement a eu lieu dans un centre hospitalier, la déclaration de naissance est faite par les autorités de l'établissement dans un délai de quinze jours. Mais en cas d'oubli de leur part, les parents disposent d'un délai supplémentaire de quinze jours pour le faire. Lorsque la déclaration est faite par un centre hospitalier, le texte ne précise pas si la possibilité pour le père de reconnaître l'enfant devant l'officier d'état civil subsiste ne serait-ce que pendant le délai d'un mois légalement prévu pour déclarer les naissances. Etant donné que la reconnaissance doit être concomitante à la déclaration de naissance, à priori il faudrait qu'elle soit faite par les parents même si l'enfant est né dans un établissement hospitalier. Les parents doivent prendre les devants s'ils veulent bénéficier de ce mode de reconnaissance qui présente l'avantage d'être très discret. Malheureusement dans la pratique il y a encore des officiers d'état civil qui par mauvaise foi ou ignorance refusent d'accueillir des déclarations d'enfants naturels basés sur l'article 44 alinéa 1 de l'ordonnance de 1981 prétendant attendre le décret d'application du texte de loi qui par ailleurs n'est nullement prévu.[322]

Concernant de façon générale les catégories d'enfants susceptibles d'être reconnus, l'ordonnance n'exclut expressément que les enfants adultérins *a matre* ou issus d'un viol[323]. Les premiers ne peuvent être reconnus par le père naturel qu'après désaveu du mari en justice[324]. Quant aux seconds, il va de soit qu'admettre l'action en reconnaissance serait contre l'ordre public et les bonnes mœurs d'une part et violerait le principe général de droit qui veut que nul ne peut se prévaloir de sa propre turpitude d'autre part. Elle ne se prononce pas pour ce qui est des enfants incestueux. Comment doit-on interpréter cet oubli ? Est-ce une abrogation implicite ou une reconduction du droit antérieur sur la question ? Nous serions plutôt d'avis que la filiation incestueuse n'ayant pas été abordée par l'ordonnance de 1981, elle reste

---

[321] Article 30

[322] Voir ELOMO NTONGA (L) dans Tendances jurisprudentielles de l'ex Cameroun oriental op cit. P. 220

[323] Article 43 alinéa 3

[324] Article 43 alinéa 2

soumise au régime d'avant 1981. Ce n'est pas l'avis de Mme ELOMO NTONGA qui pense que l'esprit de l'ordonnance qui tend à permettre l'établissement de la filiation du plus grand nombre possible d'enfants nés hors mariage commande que le silence du législateur sur la situation des enfants incestueux soit interprété comme une abrogation implicite du droit antérieur. Au fait que l'établissement d'une telle filiation constituerait une atteinte incontestable aux bonnes mœurs et à l'ordre public, elle répond que « cet argument est spécieux car laisser un enfant malheureux, démuni et sans filiation est un fait de nature plus grave que la reconnaissance de ce lien et, partant, susceptible de beaucoup plus troubler l'ordre public. Quant aux bonnes mœurs, c'est une notion essentiellement variable et dynamique. Si les bonnes mœurs d'antan admettaient cette prohibition, celle-ci ne semble plus justifiée de nos jours ». A cet argument, on pourrait répondre que l'intérêt de l'enfant dont la filiation doit être établie devrait toujours être pris en compte. Or on ne peut qu'émettre des réserves devant l'affirmation qu'il y va de l'intérêt de l'enfant que sa filiation à l'égard de ses deux parents qui par ailleurs sont liés par des liens de sang soit établie. Le choix entre le silence et une vérité lourde à porter n'est pas facile à faire et on pourrait trouver des arguments en faveur de l'établissement des filiations incestueuses tout comme des arguments contre. Il y a là un choix de société et il appartient au législateur de le faire.

Dans le premier chapitre du titre intitulé « de la reconnaissance des enfants », il est brièvement fait allusion à la légitimation et à l'adoption. Il en ressort que :

1) « La reconnaissance et la légitimation, à l'exception de la légitimation adoptive sont fondées sur le lien de sang. Quand celui-ci est établi, nul ne peut faire obstacle à la reconnaissance. »[325]

2) Comme la reconnaissance des enfants naturels, la légitimation et l'adoption se font par jugement[326], exception faite du cas de la mère à l'égard de laquelle l'accouchement vaut reconnaissance et des enfants reconnus dont le mariage des parents entraîne automatiquement la légitimation.

---

[325] Article 41 alinéa 2

[326] Article 41 alinéa 1

3) « Les jugements de reconnaissance, légitimation ou adoption sont transcrits en marge des actes de naissance.»[327]

4) Les conditions de fond de l'adoption sont celles prévues en droit écrit[328].

On peut donc constater que si la démarche d'unification est claire concernant la reconnaissance et la légitimation d'enfants nés hors mariage, pour ce qui est de l'adoption, l'ordonnance se contente juste de la soustraire à la compétence du droit coutumier ; les conditions de fond de la matière ressortant du droit civil ou de la common law.

Quant aux deux derniers chapitres du titre sur la filiation naturelle, le premier commentaire qui vient à l'esprit les concernant est leur brièveté. Ils sont composés chacun d'un seul article.

Le chapitre deux sur la paternité naturelle dispose à l'article 46 :

1) « La mère pour l'enfant mineur ou l'enfant majeur peut par une requête à la juridiction compétente intenter une action en recherche de paternité.

2) Toutefois, est irrecevable toute action en recherche de paternité lorsque pendant la période légale de conception, la mère a été d'une inconduite notoire ou si elle a eu un commerce avec un autre homme ou si le père prétendu était dans l'impossibilité physique d'être le père.

3) A peine de forclusion, l'action en recherche de paternité doit être intentée

a) par la mère dans le délai de deux ans à compter de l'accouchement ou du jour où le père a cessé de pourvoir à l'entretien de l'enfant.

b) par l'enfant majeur dans le délai d'un an à compter de sa majorité.

4) Les jugements en recherche de paternité sont transcrits en marge des actes de naissance. »

Cet article qui s'inspire de l'article 340 du Code Civil jusque là applicable dans l'ex - Cameroun oriental ne reprend pas les cas d'ouverture de l'action en recherche de paternité prévus à l'alinéa 1. Les termes généraux de l'article 46 marquent la volonté du

---

[327] Article 41 alinéa 3

[328] Article 42

législateur d'accueillir cette action de manière large. A la liste limitative des cas dans lesquels on peut agir en recherche de paternité de l'article 340 alinéa 1 est substituée la possibilité très large d'agir du moment qu'on peut rapporter la preuve formelle du lien biologique unissant le père et l'enfant. Néanmoins, l'article 46 reprend deux des trois fins de non recevoir de l'article 340 à savoir l'inconduite notoire de la mère ou son commerce avec un autre homme pendant la période légale de conception et l'impossibilité physique dans laquelle le prétendu père aurait été d'être le père de l'enfant. Quant aux délais préfixes, ils ont également été maintenus.

Relativement à la puissance paternelle et à la garde des enfants naturels[329], l'article 47 stipule que « la puissance paternelle sur les enfants nés hors mariage est conjointement exercée par la mère et par le père à l'égard duquel la filiation a été légalement établie. En cas de désaccord, elle est exercée par le parent qui a la garde effective de l'enfant sauf décision contraire du juge. » Cet article n'est que la suite logique de la possibilité offerte aux pères de reconnaître leurs enfants naturels. Une fois la filiation d'un enfant établie à l'égard de son père il est tout à fait naturel que ce dernier puisse exercer ses prérogatives de père ; d'où l'invitation qui lui est faite par le législateur à partager la puissance parentale avec la mère. En cas de désaccord entre les parents, ceux-ci pourront en référer au juge qui tranchera en dernier ressort.

§ 2: LE MARIAGE

L'ordonnance de 1981 contrairement à la loi n°68/LF/2 du 11 juin 1968 organisant l'état civil qui ne traitait que des conditions de forme du mariage envisage également les conditions de fond ainsi que diverses autres dispositions relatives au mariage (dot, profession de la femme, etc.).

1- Les conditions de forme du mariage

L'ordonnance de 1981 reprend les conditions de forme qui avaient été retenues par la loi de 1968 à savoir:

[329] Chapitre 3

- L'obligation de faire célébrer le mariage par un officier d'état civil[330].

- La publication des bans un mois avant la date prévue du mariage avec la possibilité d'en être dispensé par le procureur de la République pour des motifs graves.

- La présence obligatoire de chacun des époux et de leurs témoins lors de la célébration du mariage[331]

- Quant à l'acte de mariage lui même, il doit porter en plus des mentions habituelles relatives à l'état civil de chacun des époux celle le cas échéant de leur régime matrimonial et du système matrimonial pour lequel ils auraient opté.

En plus des conditions de forme contenues dans la loi de 1968, l'ordonnance de 1981 apporte les précisions suivantes :

- Exigence de la présence des parents, tuteurs légaux ou responsables coutumiers lorsque leur consentement est requis[332].

- La publication des bans est faite non seulement dans les centres d'état civil du lieu de naissance des époux et du lieu où doit avoir lieu la célébration du mariage mais aussi au centre d'état civil du dernier domicile de chacun des époux[333].

Concernant les oppositions au mariage, des précisions complémentaires sont également apportées par le texte de 1981: toute personne justifiant d'un intérêt légitime peut faire opposition à un mariage notamment le père, la mère, le tuteur des futurs époux s'ils sont mineurs, le responsable coutumier en cas d'inceste, l'époux d'une femme mariée, l'épouse d'un homme engagé dans les liens d'un mariage monogamique non dissout[334].

---

[330] Avec cependant la nuance que l'article 81 implicitement reconnaît par ailleurs la possibilité de procéder autrement puisqu'au titre des dispositions transitoires elle parle de la simple transcription des mariages coutumiers qui en eux mêmes redeviennent valables (la transcription dans un registre officiel impliquant un acte au préalable valide)

[331] En droit coutumier, la présence des époux n'est pas absolument nécessaire. Le mariage peut parfaitement être célébré en l'absence de l'un ou des deux époux. La présence de membres des deux familles suffit. Lorsque les futurs époux se trouvent à l'étranger par exemple, des membres de leurs familles respectives peuvent valablement les représenter pendant toute la procédure du mariage coutumier.

[332] Article 69 alinéa 2

[333] Article 54 alinéa 4.

[334] Article 58

L'opposition peut être formulée oralement ou par écrit [335]et le président du tribunal saisi statue dans un délai de 10 jours par une ordonnance rendue sans frais[336]. Sa décision peut faire l'objet d'un appel[337].

2) Les conditions de fond du mariage

Les conditions de fond du mariage prévues par l'ordonnance sont relatives à:

a) l'âge des futurs époux :

Dans la plupart des coutumes camerounaises, il n'existe pas d'âge pour se marier. Il peut même arriver qu'une très jeune fille soit « donnée » en mariage bien avant d'avoir atteint l'âge de la puberté. Avec l'ordonnance de 1981, l'âge nuptial est fixé à quinze ans minimum pour les filles et dix - huit ans pour les garçons[338]. Toute disposition légale ou coutumière antérieure contraire est abrogée.

Dans le cas où le mariage est célébré par un officier d'état civil, il est possible que l'article 52 ait une certaine efficacité et fasse échec à un projet de mariage entre personnes qui n'auraient pas l'âge requis par la loi. Mais il se trouve que nombre de mariages sont célébrés en dehors des structures étatiques ; les familles se contentant d'un mariage coutumier. Une dot est versée à la famille de la fille et celle-ci à compter de ce moment là acquiert le statut de femme mariée en dépit parfois de son très jeune âge[339]. Pour les garçons l'âge nuptial ne pose pas vraiment de façon générale de problème. Il est tout à fait exceptionnel qu'un jeune homme envisage de se marier avant ses dix-huit ans car avant cet âge, rares sont ceux qui ont une situation et les moyens de « doter » une épouse.

---

[335] Article 59 alinéa 1

[336] Article 61

[337] Article 62

[338] Article 52 alinéa 1.

[339] On a ainsi vu des hommes d'une soixantaine d'années prendre pour épouse de très jeunes filles dont les parents soit parce que très pauvres soit par cupidité étaient plus préoccupés par le montant de la dot que leur futur gendre était susceptible de leur verser que par le jeune âge de leur enfant...

b) Les futurs époux doivent être de sexes différents[340] :

Les futurs époux ne doivent pas être de même sexe. C'est une condition qui semble dans le contexte camerounais actuel aller de soit. Dans quelques années, on verra peut-être apparaître des lobbies similaires à ceux que l'on peut observer en occident qui revendiquent le droit pour les personnes de même sexe de se marier. Mais pour le moment on n'en est pas là et à notre connaissance le problème du mariage de deux personnes de même sexe ne s'est jamais encore posé devant les tribunaux du pays.

C - L'exigence du consentement des futurs époux à l'union[341] :

En érigeant le consentement des époux en condition de fond du mariage, le législateur entend se démarquer de la conception coutumière de l'institution qui est considérée principalement comme l'alliance de deux familles et accessoirement comme celle de deux individus. Dans le droit traditionnel certes à un moment donné on s'enquiert auprès des futurs mariés de savoir s'ils désirent s'unir par les liens du mariage mais, cette question revêt une importance moindre que l'accord des familles. Avec l'ordonnance de 1981, seul le consentement des futurs époux majeurs est nécessaire et il est suffisant. Pour les mineurs, le consentement des futurs époux reste nécessaire mais il doit être appuyé par celui au moins d'un parent, tuteur ou responsable coutumier.

Dans l'hypothèse visée à l'article 66 alinéa 1[342], le consentement d'une des parties peut être donné en ses lieux et place par son père, sa mère, son frère, sa sœur, son tuteur légal ou le responsable coutumier.

Dans le cas exceptionnel où le président de la République autorise un mariage de deux personnes dont l'une est décédée après accomplissement de la publication des bans, l'époux décédé et représenté à la transcription du mariage par un ascendant, un descendant, un collatéral ou le responsable coutumier. Le consentement de la personne décédée est présumé et il n'est pas demandé à son représentant d'acquiescer à sa place.

[340] Article 52 alinéa 3

[341] Article 52 alinéa 4

[342] Article 66 alinéa 1 : « Après accomplissement des formalités prévues aux articles 53 et suivants, l'officier d'état - civil peut célébrer le mariage de deux personnes dont l'un, en péril imminent de mort, ne peut plus exprimer personnellement son consentement ni se présenter devant lui. »

3) Les dispositions diverses relatives au mariage dans l'ordonnance de 1981.

Sans que cela fasse nécessairement l'objet d'un chapitre, il existe diverses dispositions éparses dans le texte de loi de 81 sur la famille qui traitent de la dot coutumière et du statut de la femme mariée.

a) La dot coutumière

L'ordonnance de 81 n'attache aucune valeur juridique au versement ou non de la dot coutumière par le futur époux à la famille de sa future femme. Le législateur a voulu mettre fin à une pratique qui au fil des années a été détournée de son but d'origine. De symbolique qu'elle devrait être, dans certaines familles, on s'est servi du mariage des filles pour mettre sur pied de véritables opérations économiques tendant à se faire offrir par la belle famille ce qu'on n'aurait jamais pu s'offrir par ses propres moyens.

Le paiement de la dot est précédé d'une longue procédure de préliminaires qui conduit à la conclusion du mariage dont certains servent à véhiculer un message. D'autres par contre ne sont que des prétextes pour extorquer de l'argent aux futurs gendres. Les pourparlers qui précèdent le mariage peuvent différer dans les détails d'une tribu à l'autre et d'une famille à l'autre mais de façon générale, ils commencent souvent par la visite de la famille de l'homme à celle de la femme. D'entrée de jeu, tout le monde sait de quoi il retourne parce que la jeune fille a informé sa famille de l'intérêt que lui porte son futur mari mais tout le monde fait semblant de ne se douter de rien[343]. A l'occasion de cette première visite la famille du garçon peut apporter quelque chose à boire. C'est l'occasion de faire preuve de générosité question d'impressionner la belle famille. La famille de la femme prépare un repas, mais ce n'est pas systématique à la première visite. On peut se contenter juste de rafraîchissements. Après les salutations d'usage et l'échange des nouvelles, le représentant ou l'aîné de la famille visiteuse demande à prendre la parole[344] et annonce leurs intentions à mots couverts. La première visite en général est brève,

---

[343] Certes, il y a des cas où une jeune femme apprend en même temps ou même après ses parents que quelqu'un désire l'épouser mais c'est rare que personne ne se doute de rien avant la première visite de la future belle famille

[344] Le futur marié ne dit presque rien, il se contente d'écouter et de laisser faire ses aînés

rendez-vous est ensuite donné pour un autre jour pour la suite. D'autres rencontres peuvent avoir lieu avant qu'on n'envisage la question de la dot. Même si le mariage projeté lui convient, la famille de la femme ne doit pas trop le laisser paraître ; question de ne pas donner l'impression de vouloir se « débarrasser » de leur fille[345]. Au jour fixé pour le paiement de la dot coutumière ou un peu avant on procède aux différents rites qui varient d'une tribu à l'autre. Dans certaines tribus, un mélange de différents aliments absolument infect est présenté au futur époux qui doit le manger devant tout le monde. Cette épreuve a pour but de lui faire comprendre qu'une fois marié il ne devra pas se plaindre si jamais son épouse s'avérait être une mauvaise épouse parce qu'il a mangé pire... Il arrive également que la famille de la femme invente des histoires pour tester la capacité de la future belle famille à leur venir en aide. Un des scénarios classiques est que pendant les pourparlers, un membre de la famille de la femme fait brusquement irruption dans la salle où les deux familles sont réunies et prétend qu'un frère ou un cousin est détenu par les services judiciaires par exemple et qu'il faut payer une caution pour qu'il soit libéré. Ou alors qu'une tante est malade et n'a pas les moyens de s'acheter les médicaments qui lui ont été prescrits. Celui qui apporte les nouvelles donne l'impression de s'adresser à sa famille mais en réalité c'est la réaction de la belle famille qui est attendue. Celle-ci en principe connaît les règles du jeu et doit proposer de venir en aide à la famille avec laquelle elle veut faire alliance. Ne rien dire et surtout ne rien faire serait mal perçu et donnerait l'impression que la future belle famille ne sait pas se montrer solidaire ou alors qu'elle n'est pas généreuse. Si on peut trouver dans ces deux mises en scènes un message envoyé à la famille à laquelle on veut s'unir, il en existe aussi qui n'ont pas d'autre but que d'amener la belle famille à donner de l'argent. C'est le cas par exemple lorsque pendant les cérémonies du mariage coutumier, la future épouse est mise sous une couverture avec plusieurs autres jeunes filles[346] et on demande au futur mari de s'approcher et de saisir au travers de la couverture le bras de sa fiancée. En cas d'erreur, il donne une

---

[345] La future belle famille de la fille doit percevoir qu'elle a du prix aux yeux des siens. Il ne s'agit surtout pas de leur donner l'impression qu'ils peuvent l'avoir facilement et sans condition.

[346] Sœurs, cousines, amies etc.

petite somme d'argent pour se faire pardonner de s'être trompé. On peut prendre ça comme un jeu mais certains futurs maris s'en passeraient volontiers car la fiancée étant complètement recouverte par les autres, la petite somme d'argent donnée à chaque méprise atteint rapidement un montant non négligeable puisque le prétendant ne réussira à avoir le bon bras qu'après avoir éliminé tous les autres...

La famille de la femme peut aussi pour justifier une demande élevée de dot mettre à l'avant le fait qu'elle est instruite, physiquement belle, issue d'une famille ayant une bonne réputation etc... Certaines familles sont prêtes à se vendre au plus offrant. Les sentiments de la fille n'intervenant pas ou peu dans ce qui n'est qu'un moyen comme un autre de s'enrichir.

Dans un tel système, il n'est pas surprenant que les jeunes doivent parfois attendre longtemps avant de pouvoir rassembler suffisamment d'argent pour « doter » une femme. Les hommes d'âge mûr par contre lorsqu'ils en ont les moyens peuvent s'offrir de jeunes épouses qui souvent se retrouvent prisonnières à vie d'un mariage qu'elles n'ont pas choisi faute de pouvoir rembourser la dot qui a été versée à leur famille pour les épouser.

C'est pour mettre fin à ces situations choquantes que le législateur rompt avec la pratique coutumière de la dot en lui enlevant toute force légale. La validité d'un mariage n'est plus subordonnée ou paiement de la dot[347]. Outre cela, « l'acquittement total ou partielle d'une dot ne peut en aucun cas fonder la paternité naturelle qui résulte exclusivement de l'existence de liens de sang entre l'enfant et son père »[348]. S'il y a remise de dot avant la célébration du mariage en cas de rupture, celui qui l'a reçue est tenu à restitution[349] et en cas de divorce le tribunal peut exiger le remboursement total ou partiel de la dot s'il s'avère que le dépositaire est totalement ou partiellement à l'origine des problèmes du couple[350].

Dans la pratique, en dépit de la volonté du législateur de couper le lien qu'il y a entre le mariage et la dot, l'institution reste très vivace. Y reste attaché aussi bien les personnes qui se marient

---

347 Article 70
348 Article 72
349 Article 71 alinéa 2
350 Article 73

devant l'officier d'état - civil qu'a fortiori celles qui se marient coutumièrement et ne se présentent devant l'officier d'état - civil que pour une transcription. A l'occasion du mariage de la plupart des Camerounais, symbolique ou pas la dot est versée à la famille de l'épouse. C'est que le versement de la dot est un rite beaucoup plus significatif pour les populations que la célébration solennelle du mariage par l'officier d'état - civil. Pour ceux qui ne se marient que coutumièrement, elle est même incontournable puisque c'est elle qui permet de passer de l'état de célibataire à celui de marié. Le législateur en reconnaissant la validité du mariage coutumier et en enlevant toute valeur à la dot coutumière en réalité se contredit. On peut difficilement imaginer, un mariage coutumier sans le versement d'une dot aussi minime soit-elle. La dot est de l'essence même du mariage traditionnel et tant que les mariages coutumiers resteront autorisés et valables, on pourra difficilement s'en passer[351].

En plus des articles traitant de la dot coutumière, l'ordonnance de 81 contient diverses dispositions relatives au statut de la femme mariée.

b) Le statut de la femme mariée

Aux termes de l'article 74 alinéa 1, la femme mariée peut exercer une profession séparée de celle de son mari. Elle a la libre disposition de fonds provenant de son activité professionnelle et peut se faire ouvrir un compte en son nom propre[352]. Les créanciers du mari ne pourront avoir accès à ses fonds ou aux biens acquis à partir de ceux-ci que si l'obligation a été contractée dans l'intérêt du ménage[353]. Cependant le mari peut s'opposer à l'exercice d'une telle profession dans l'intérêt du mariage et des enfants. Le Président du tribunal compétent statue dans ce cas par ordonnance dans les dix jours de la saisine après avoir entendu les parties.

Bien évidemment le droit de s'opposer à l'exercice par son conjoint de sa profession peut être exercée par le mari mais nous

---

[351] A titre de droit comparé, on peut préciser que même dans les pays comme la Côte d'Ivoire où les mariages coutumiers n'ont aucune valeur légale, les mariages coutumiers restent très vivaces. Les populations continuent en marge du droit étatique de se marier selon les rites traditionnels et la dot en fait partie tout comme au Cameroun.

[352] Article 75 alinéa 1

[353] Article 75 alinéa 2

doutons que la réciproque soit possible... Il ne viendrait à l'idée de personne qu'une épouse puisse saisir un juge aux fins de faire retirer à son mari le droit d'exercer une profession qui serait contraire aux intérêts du couple et des enfants. Le poids de la tradition une fois de plus est tel que ces articles hormis quelques militantes féministes ne gênent en réalité personne. Dans les coutumes locales, les rapports dans un couple ne sont pas des rapports d'égalité. Le mari est le chef et à ce titre il peut restreindre la liberté de sa femme ou de ses enfants. Ce qui ne veut pas dire qu'une femme mariée soit absolument sans défense face à son mari. Abandonnée, elle peut demander une pension alimentaire pour elle-même et les enfants laissés à sa charge[354]. Le tribunal peut même l'autoriser à saisir - arrêter une partie du salaire, du produit du travail ou des revenus de son mari[355].

Enfin, l'article 77 dispose que « le mariage est dissous par le décès d'un conjoint ou le divorce judiciairement prononcé...». A priori l'on pourrait penser que cela relève de l'évidence mais dans le contexte africain c'est loin d'être le cas. Le législateur entend là encore rompre avec les pratiques coutumières. En effet de façon générale dans l'Afrique noire traditionnelle il n'était pas mis fin au mariage du seul fait que le mari soit décédé. Sa veuve ou ses veuves revenaient selon les cas à l'un de ses frères ou à l'un de ses fils qui après lui les prennent pour femmes. De même, du vivant des époux, le mariage n'était véritablement considéré comme dissous que lorsque la dot versée à la famille de la femme était restituée. Avec l'ordonnance de 1981 il ne saurait plus en être ainsi ; du moins en théorie... Une veuve peut se remarier une fois le délai de viduité expiré. Les héritiers du mari ne peuvent plus revendiquer un droit quelconque sur sa personne ou sur la part des biens communs lui appartenant. De la même façon, le droit au remariage d'une veuve ou d'une femme divorcée ne saurait être subordonné au remboursement de la dot perçue à l'occasion de son précédent mariage. Cependant en cas de dissolution du mariage par divorce, le bénéficiaire de la dot peut être condamné à son remboursement total ou partiel si le tribunal estime qu'il porte en partie ou totalement la responsabilité de la désunion.

---

[354] Article 76 alinéa 1
[355] Article 76 alinéa 4

Dans la pratique malheureusement, il arrive encore que des femmes mariées soient obligées de rembourser une partie ou la totalité de la dot qui a été perçue par leurs familles au moment du mariage pour pouvoir reprendre leur liberté. Dans les villages en particulier, il n'est pas rare non plus qu'elles soient considérées comme de simples biens de la succession de leur mari et comme telles dévolues aux héritiers. Lorsqu'elles n'ont pas les moyens de se prendre en charge, elles se résignent souvent à accepter cette situation ; c'est la seule façon pour elles de garder la jouissance ne serait-ce que d'une partie des biens que le couple possédait.

Tant que les femmes n'auront pas les moyens de leur indépendance notamment financière, elles continueront à subir la coutume et celle-ci ne sera pas abrogée d'un trait de plume du législateur mais par un travail de fond pour amener les mentalités à évoluer. La neutralisation de la coutume dans ce domaine passera nécessairement par une nouvelle orientation de l'éducation des filles. Elles doivent apprendre à compter d'abord sur elles-mêmes plutôt que de tout attendre de leur mari et se donner les moyens s'il venait à disparaître de pouvoir vraiment choisir entre reprendre leur liberté ou rester dans la famille de leurs maris.

Pour revenir à l'ordonnance de 81 en elle-même, comme on a pu le constater elle n'est certainement pas dénuée de tout intérêt mais dans la doctrine lorsqu'on on en parle c'est plus pour la critiquer que pour en approuver les dispositions.

SECTION 2 : CRITIQUE DE L'ORDONNANCE DE 1981

Les principales critiques faites à l'encontre de l'ordonnance de 81 peuvent se résumer en deux points : Manque de maîtrise ou de définition des concepts clés (Para1) et silence du texte sur des questions importantes (Para 2).

§ 1 : LE MANQUE DE MAITRISE DES CONCEPTS CLES.

Les termes juridiques auxquels l'ordonnance de 1981 ne donne pas une définition exacte ou claire sont : Domicile, responsable coutumier, régime matrimonial, système matrimonial et inceste coutumier. La première notion ayant fait déjà l'objet de développements dans les chapitres précédents, nous ne la reprendrons pas sous ce paragraphe.

A- LE RESPONSABLE COUTUMIER.

L'ordonnance y fait allusion aux articles 64 al 4, 65 al 1,66 al 2, 67 al 2, 69 al 1 et 83 al 5.

- L'article 64 al 4 est situé au chapitre 3 sur le consentement des époux. En cas de minorité, le consentement de l'époux mineur doit être appuyé par celui des parents. Cependant l'ordonnance dispose à l'article 64 al 4 que, « le consentement du tuteur ou du responsable coutumier remplace valablement :

a) Celui des père et mère de l'enfant né de parents demeurés inconnus;

b) Celui des père et mère de l'enfant orphelin;

c) Celui des père et mère de l'enfant dont les parents sont dans l'impossibilité ou l'incapacité d'exprimer leur consentement.»

- L'article 65 al2, quant à lui traite de la violence comme vice du consentement. La violence exercée sur le responsable coutumier pour obtenir le consentement de l'un des futurs époux suffit à lui enlever toute valeur. Il en est de même de la violence exercée sur l'un des futurs époux lui-même, sur son père, sur sa mère, sur son tuteur légal ou sur ses enfants.

- L'article 66 al 2 est également situé au chapitre 3 du titre 6. Il y est question du consentement d'un des futurs époux qui peut être donné en ces lieux et place par son père, sa mère, son frère, sa sœur, son tuteur légal ou son responsable coutumier lorsqu'après publication des bans l'un des futurs époux se trouve en péril imminent de mort et ne peut plus exprimer personnellement son consentement, ni se présenter devant l'officier d'état - civil.

- L'article 67 al 2 est le dernier article du chapitre 3 du titre 6 qui fait référence au responsable coutumier. Il y est question du responsable coutumier qui peut représenter à la transcription du mariage l'un des époux décédé dont le mariage aurait été autorisé par le Président de la République pour des motifs graves.

- L'article 69 al 1 est situé dans le chapitre suivant du même titre (chapitre 4 intitulé : De la célébration du mariage). Il exige la présence à la célébration du mariage du responsable coutumier ou de toute autre personne dont le consentement est requis.

- L'article 83 al 5 enfin est situé au titre des dispositions diverses et transitoires. Il édicte une sanction pénale[356] à l'encontre de l'officier d'état - civil qui transcrirait une union coutumière non attestée par les responsables coutumiers des deux époux.

Comme nous venons de le mettre en évidence, la notion de responsable coutumier est utilisée à plusieurs reprises dans le texte de loi de 81 sur l'état - civil sans que le législateur prenne le soin de définir ce que le terme recouvre. Peut-on assimiler à cette expression un tuteur informel ? Il est courant que des enfants soient confiés à une tierce personne pour diverses raisons[357]. L'enfant confié peut être un parent ou un parfait étranger à la famille d'accueil[358]. Juridiquement parlant, ce tuteur informel n'a rien à voir avec le tuteur légal qui est une personne qui représente un majeur placé sous le régime de la tutelle. Ce qu'on appelle tuteur dans le langage courant au Cameroun est une personne qui héberge, nourrit, fait office de parent pour un enfant placé de façon ponctuelle sous sa responsabilité en dehors de toute intervention judiciaire tendant à ouvrir une tutelle stricto sensu. Est-ce ce tuteur informel que le législateur de 81 vise sous le vocable de « responsable coutumier » dans les articles précédemment cités? On peut difficilement l'affirmer avec certitude.

On ne peut pas non plus soutenir avec certitude qu'il s'agisse du chef de village. Nous voyons mal pourquoi ce personnage parfois très éloigné géographiquement de ses administrés serait amené à intervenir dans leurs mariages. On imagine difficilement un chef de village se déplaçant de centre d'état - civil en centre d'état civil pour appuyer les consentements insuffisants d'époux.

Les responsables coutumiers étant appelés à attester que les mariages coutumiers ont bien eu lieu avant que ceux-ci ne soient transcrits par l'officier d'état civil, on peut supposer que le

---

356 Article 151 du code pénal

357 Etablissement scolaire situé loin du lieu d'habitation des parents, indigence des parents, ou tout simplement parce que les parents ont de l'estime pour cette personne.

358 Voir .NDOKO (C) dans: Les manquements au droit de la famille en Afrique noire. RIDC1991 - p.87: «... La conception populaire du foyer ne concorde pas avec celle de l'Europe. Il est pratiquement impossible tant en ville qu'en campagne de trouver une maison dans laquelle ne vivent que les époux et leurs enfants. Il y a toujours d'autres parents en ligne directe ou collatérale qui (...) habitent chez un couple. »

responsable coutumier est une personne qui est présente au moment de la célébration coutumière. Généralement, celle-ci n'a lieu qu'en présence des membres des deux familles et d'amis. La présence du chef y est exceptionnelle[359]. De toutes les personnes habituellement présentes lors des mariages coutumiers, laquelle est donc le responsable coutumier ? Lors de la transcription d'un mariage coutumier, n'importe qui pourrait se prévaloir en réalité du titre de responsable coutumier ; le législateur n'ayant pas pris la peine de le désigner avec précision. Vu le rôle important que le responsable coutumier pourrait être appelé à jouer, on ne peut que souhaiter qu'une intervention du législateur apporte des éclaircissements sur sa personne.

B - LE REGIME MATRIMONIAL

Concernant le régime matrimonial, il est clair que le législateur lui-même confond régime matrimonial et système matrimonial ou option matrimoniale. A l'article 49 de l'ordonnance de 81, parmi les mentions devant figurer sur l'acte de mariage, il retient entre autre celle du régime matrimonial choisi mais alors fait étrangement porter le choix sur la polygamie ou la monogamie.

Le régime matrimonial d'un couple peut être défini comme « le statut qui gouverne les intérêts pécuniaires des époux, dans leurs rapports entre eux, et dans leurs rapports avec les tiers et dont l'objet est de régler le sort des biens actifs et passifs des époux pendant le mariage et à sa dissolution »[360]. Il est clairement distinct du système matrimonial de deux époux qui correspond à l'option de monogamie ou de polygamie.

Concernant le contrat de mariage proprement dit, le législateur de 81 y fait référence dans le cadre des mentions qui doivent être portées dans l'acte de mariage en ces termes « éventuellement, la mention de l'existence d'un contrat de mariage : Communauté ou séparation des biens. » Est-ce à dire que le choix des époux en matière de régime matrimonial se résume à un régime communautaire ou à un régime séparatiste ? Les époux ne

---

[359] Lorsqu'un chef de village est présent pendant une cérémonie coutumière de mariage, c'est plus en tant qu'ami qu'en tant que chef. Le mariage est l'union de deux familles, le chef en principe n'a rien à y voir.

[360] Lexique des termes juridiques, 7ème édition - Dalloz 1988

pourraient-ils pas si tel est leur désir opter pour le régime dotal par exemple ? En dépit de la rédaction maladroite de l'article 49, le principe de la liberté des Conventions matrimoniales inciterait plutôt à penser que malgré le fait que le législateur ne fasse référence qu'à deux types de régimes matrimoniaux, les époux peuvent non seulement moduler ceux mentionnés à leur convenance, mais en plus ils peuvent mettre sur pieds des régimes matrimoniaux complètement nouveaux, à condition de respecter les règles impératives du régime primaire.

Dans la pratique, nous nous sommes rendu compte qu'il y avait une méconnaissance totale des dispositions du texte de loi aussi bien de la part des simples citoyens que des officiers d'état - civil. La pratique notariale en matière de régimes matrimoniaux est quasiment inexistante au Cameroun. Les rares contrats de mariage qui sont conclus concernent très souvent des étrangers. Même les époux qui ont une profession qui les obligent à prendre des risques qui mettent en danger les biens conjugaux ne pensent généralement pas à faire intervenir un notaire[361].

Lors de la célébration des mariages, les officiers d'état - civil devraient poser aux époux la question de savoir s'ils ont fait un contrat de mariage ou pas et le mentionner dans l'affirmative dans l'acte de mariage. Dans le cas où les époux n'ont pas fait de contrat de mariage, ils sont automatiquement soumis au régime matrimonial légal. Or ce qui se passe devant les officiers d'état civil ne correspond nullement à ce que prévoient les textes. L'officier d'état civil pose la question aux époux de savoir pour quel régime matrimonial ils désirent opter. Les époux choisissent alors séance tenante entre la communauté des biens et la séparation des biens. Les époux croient faire un choix valable et l'officier d'état - civil croit avoir le pouvoir de cristalliser leur choix[362]. Or il

[361] On observe aussi la même attitude en matière successorale. Il est assez exceptionnel qu'on s'adresse à un notaire pour rédiger un testament. Il est très souvent oral ou alors est un acte sous seing privé. Par contre, les services des notaires sont souvent requis en matière foncière pendant la procédure d'établissement des titres fonciers.

[362] La célébration des mariages même à l'état civil peut être très folklorique. Tout dépend de la personnalité et des capacités d'animation de l'officier d'état - civil. Aux différents articles du code civil dont il doit donner lecture aux époux, il arrive qu'il mêle des conseils personnels et rappelle les proverbes populaires ayant trait à la vie de couple. Au moment où les époux sont interrogés sur le choix du régime

n'en est rien. Un contrat de mariage est un acte authentique qui doit être passé avant la célébration du mariage devant un notaire. L'officier d'état civil n'est absolument pas compétent pour établir un contrat de mariage. A supposer que les époux optent au moment où l'officier d'état - civil leur demande de faire un choix pour le régime de la séparation des biens, en cas de crise dans leur foyer et que la liquidation de leur régime matrimonial est demandée, il leur sera fait application des règles du régime légal à leur grande surprise en l'absence d'un contrat de mariage en bonne et due forme passé devant un notaire. Ce régime légal sera en principe la communauté de meubles et acquêts si la liquidation du régime matrimonial est faite par un tribunal de droit écrit et la communauté sous condition de participation devant un tribunal de droit traditionnel. Cependant, comme nous le faisions remarquer plus haut, l'évolution jurisprudentielle sur la question du régime matrimonial supplétif tend aujourd'hui à rapprocher les solutions en vigueur devant les tribunaux de droit moderne et devant les tribunaux de droit coutumier. Donc aussi bien devant les juridictions modernes que devant les juridictions de droit traditionnel, le régime matrimonial qui sera retenu pour les époux qui n'ont pas fait de contrat de mariage donnera lieu à un partage rémunération.

---

matrimonial, il y a des officiers d'état - civil qui croient bon d'attirer leur attention sur l'importance du choix qu'ils vont faire. C'est alors qu'ils leur demandent de bien réfléchir avant de donner une réponse à la question posée. Devant l'air sérieux de ces officiers d'état - civil qui sont convaincus d'avoir un pouvoir que la loi ne leur donne absolument pas, le juriste ne peut être qu'amusé. Les familles qui ne savent pas non plus que peu importe le choix fait par les époux au moment de la célébration du mariage puisqu'il est complètement inopérant sont parfois déconcertées devant l'option faite. Le choix de la « communauté de biens » ne présage rien de bon pour les familles qui se méfient de leur gendre ou de leur belle-fille. « La séparation de biens » quant à elle ne ferait que traduire l'insuffisance de l'amour que les mariés ont l'un pour l'autre...

C - LE SYSTEME MATRIMONIAL

Pour ce qui est du système matrimonial[363], les époux doivent être tous les deux d'accord soit pour la monogamie, soit pour la polygamie pour que le mariage puisse être célébré par un officier d'état - civil. En cas de dissension, il doit surseoir à la célébration jusqu'à ce que les époux se mettent éventuellement d'accord.

Lorsque la mention du système matrimonial manque sur un acte de mariage, il n'y a nullement recherche de l'intention des époux. Il est de jurisprudence constante dans ce cas que l'union est polygamique ; la règle étant la polygamie et l'exception la monogamie. Les juges anglophones décident également que le mariage est polygamique si l'acte contient la mention « *married according to the native laws and customs of...* » ; ceci nonobstant le fait que les époux aient déclaré par la suite devant l'officier d'état - civil vouloir opter pour la monogamie. Devant les tribunaux anglophones, un mariage coutumier est forcément polygamique et le fait de choisir la monogamie lors de la transcription d'un mariage célébré selon les rites coutumiers est absolument sans conséquence, l'union à l'origine est considérée polygamique et le restera en dépit de la mention *monogamy* porté sur l'acte de mariage. C'est la conclusion à laquelle est arrivée la cour d'appel de Buea dans l'arrêt KUBONGSI C. KUBONGSI[364] et la *high court* de Bamenda dans l'affaire TUFON C. TUFON[365]. Dans ces deux affaires, les époux s'étaient mariés selon les règles de leurs droits coutumiers respectifs et par la suite avaient demandé une transcription des unions. Les actes de mariages délivrés comportaient la mention *monogamy* mais en justice il en a été décidé autrement. On peut en conclure que tous les mariages coutumiers concernant des Camerounais anglophones et transcrits dans cette partie du pays sont forcément polygamiques. La seule

[363] Que l'ordonnance de 1981 confond avec le régime matrimonial puisque à l'article 49 il est question de « ... la mention du régime matrimonial choisi : Polygamie ou monogamie... »

[364] Arrêt n°CASWP/4/84

[365] Arrêt n° HCB/59MC/83. Voir aussi NTOKO (S.N) dans: *Next time, when you sign monogamy, watch out... A case law on the Cameroon matrimonial system.* Cameroun tribune du 17 Octobre 1984 p.9 et NKOLO (P) dans l'option matrimoniale au Cameroun. Penant 1986 - 1987 p.69 à 101

façon de se marier sous la forme monogamique est donc d'opter pour un mariage à l'état - civil et d'éviter soigneusement la transcription d'un mariage qui aura été célébré coutumièrement. Une autre possibilité pour les époux qui désirent se marier sous le système matrimonial de monogamie mais souhaitent également avoir un mariage coutumier est de bien séparer les deux. Devant l'officier d'état civil, opter tout simplement pour la monogamie sans faire référence à un mariage coutumier qui aurait été célébré auparavant. Devant les juridictions du Cameroun francophone, le problème ne se pose nullement. Les juges s'en tiennent aux mentions portées sur l'acte de mariage. Même lorsqu'un mariage coutumier est transcrit, les époux ont la possibilité d'opter pour la monogamie. L'union ne sera considérée polygamique que si la mention du choix de système matrimonial des époux ne figure pas sur leur acte de mariage. Il arrive que lors de la célébration d'un mariage les époux ne soient pas d'accord sur le système matrimonial[366]. L'officier d'état - civil dans ce cas doit normalement surseoir à solenniser l'union en attendant qu'ils trouvent un terrain d'entente. Cependant, s'il célèbre malgré tout le mariage et laisse vide la rubrique relative au système matrimonial, l'époux sera considéré comme polygame. Il en serait de même si l'officier d'état - civil oubliait d'interroger les époux sur la question...

D - L'INCESTE COUTUMIER

L'inceste coutumier est un terme que le législateur de 1981 emploie au titre des oppositions au mariage[367]. Le responsable coutumier comme toutes les autres personnes justifiant d'un intérêt légitime - père, mère, tuteur, époux d'une femme mariée, épouse d'un homme marié sous l'option monogamique - peut faire opposition au mariage en cas d'inceste coutumier. Qu'est-ce que le législateur entend exactement par inceste coutumier ? L'inceste coutumier est-il différent de ce que l'on appelle habituellement inceste tout court ? A priori, on peut penser que oui étant donné que la notion telle qu'elle est entendue dans le code civil et la

---

[366] Le mari voulant opter pour la polygamie et l'épouse la monogamie.

[367] Article 58

common law faisait déjà partie du droit positif au moment où l'ordonnance de 1981 a été prise. Le mariage était déjà interdit dans certaines limites entre personnes ayant des liens de sang. Si l'inceste coutumier est différent de l'inceste tel que l'entend le droit écrit, il aurait été opportun que le législateur le définisse de façon plus précise pour faciliter l'application du texte de loi. On peut de façon générale rappeler que la parenté en Afrique est entendue de façon bien plus vaste qu'en Europe. La conséquence est qu'une situation pourra être considérée comme incestueuse en Afrique et ne pas être le cas en Europe. De même un mariage pourra être prohibé par le droit traditionnel à cause de l'existence de liens de parenté prohibitifs alors que le droit moderne autoriserait le mariage des mêmes personnes.

En plus des critiques relatives au manque de clarté ou de maîtrise des termes juridiques ou non employés dans l'ordonnance de 1981, on peut en plus reprocher législateur son silence dans le texte sur des questions pourtant importantes.

§ 2 LE SILENCE DU TEXTE SUR DES QUESTIONS IMPORTANTES.

L'ordonnance de 1981 a été prise près de vingt ans après les indépendances et presque dix ans après la réunification. Dans la branche du droit de la famille, c'est un texte plus complet qui était attendu. L'ordonnance n'aborde que « l'état - civil et diverses dispositions relatives à l'état des personnes physiques ». Les successions, les régimes matrimoniaux, le divorce, l'adoption, tout autant que l'état - civil auraient pu faire l'objet par la même occasion d'une réglementation nationale mais ça n'a pas été le cas. Il ne fait pas de doute qu'en 1981, il aurait été prématuré de légiférer sur toutes ces matières mais il n'empêche que c'est un texte les regroupant toutes qui était attendu.

Dans l'ensemble, la lecture du texte donne l'impression qu'il n'a pas été suffisamment réfléchi, qu'il est inachevé. Ainsi, il y est question de la transcription obligatoire des mariages coutumiers mais rien n'est dit sur la procédure à suivre (A). De même, il n'est nullement fait mention des conditions de formation du mariage coutumier qui est pourtant de loin la forme de mariage la plus usitée dans le pays (B). Enfin parmi les conditions de forme du mariage à l'état civil, rien n'est dit concernant les examens prénuptiaux (C).

A- LA TRANSCRIPTION DES MARIAGES COUTUMIERS

L'article 81 alinéa 1 stipule que « les mariages coutumiers doivent être transcrits dans les registres d'état - civil du lieu naissance ou de résidence de l'un des époux. » Aucune précision n'est donnée concernant la procédure à suivre. Dans la pratique, une partie de la population n'y a pas recours, ne voyant pas la nécessité de faire transcrire un mariage qui à leurs yeux n'a nullement besoin de cette formalité supplémentaire. La transcription il est vrai n'est qu'un moyen de se constituer une preuve et la validité du mariage coutumier n'est pas subordonnée à sa transcription[368].

Après le mariage coutumier certaines personnes n'éprouvent même pas le besoin de se constituer cette preuve de l'union pour l'avenir. Après tout, toutes les personnes présentes lors des festivités coutumières ne sont-elles pas autant de témoins que le mariage a bien eu lieu ?

L'article 81 qui fait de la transcription des mariages coutumiers une obligation[369] aurait permis s'il était suivi dans la pratique d'harmoniser le fonctionnement de l'état - civil en soumettant le mariage coutumier aux règles modernes d'organisation de l'état - civil. Le contrôle de l'Etat sur l'état des personnes ainsi que le système probatoire mis sur pieds à partir de l'état des personnes gagneraient ainsi en efficacité[370]. Malheureusement, bon nombre de personnes mariées ne sont mentionnées sur aucun registre d'état - civil en dépit de l'obligation faite par la loi de porter à la

---

[368] La transcription est une formalité de publicité qui consiste à recopier partiellement ou totalement certains actes juridiques dans un registre officiel. Elle est différente de l'enregistrement qui est une formalité fiscale qui confère aux actes sous seing privé qui en sont dépourvus, date certaine.

[369] Une sanction pénale de 4000 à 25000 francs CFA et ou de 5 à 10 jours d'emprisonnement (article 370 du code pénal) est encourue en cas de défaut de déclaration d'un mariage coutumier.

[370] Voir OMBIONO (S) dans : Le mariage coutumier dans le droit positif camerounais. Penant 1989 p.32

connaissance des services officiels tous les événements modifiant l'état - civil d'une personne.

Pour ce qui est de la transcription en elle même, face au silence du texte de loi, deux pratiques procedurales différentes se sont développées sur le plan national. Dans les provinces anglophones, les époux coutumièrement mariés s'adressent d'abord à un tribunal de première instance qui ensuite autorise l'officier d'état - civil à transcrire le mariage. Dans les régions francophones, les officiers d'état - civil ne font aucun cas de l'article 81 : ils procèdent à une nouvelle célébration du mariage[371].

La pratique judiciaire de son côté porte à croire que le mariage coutumier non transcrit est un mariage inexistant. De même que les officiers d'état - civil exigent qu'il leur soit présenté l'acte de mariage des parents pour marquer le nom d'un enfant sur son acte de naissance au titre de la filiation légitime, les juges - même devant les tribunaux du premier degré - ne peuvent mettre en branle une procédure de divorce qu'entre deux époux qui peuvent exciper la preuve de leur mariage. Ceux qui ne peuvent pas présenter un acte de mariage ne sont tout simplement pas considérés comme mariés et par conséquent leur union ne peut être dissoute puisque n'existant pas au regard de la loi.

Bien évidemment ces pratiques judiciaires et des services d'état - civil n'ont rien à voir avec les termes de l'article 81 et n'ont pu se développer qu'à cause de l'imprécision de la loi ; l'ordonnance de 1981 n'ayant pas prévu la procédure à suivre pour la transcription des mariages coutumiers. Les conditions de fond du mariage coutumier n'ont pas été non plus envisagées.

B - LES CONDITIONS DE FORMATION DU MARIAGE COUTUMIER

Sur la forme, les conditions de célébration du mariage coutumier sont celles qui sont prévues par la coutume des futurs époux. Le mariage coutumier est affranchi des formalités de publicité auxquelles on procède pour les mariages à l'état - civil. Certes, il est possible d'y faire opposition mais cela suppose que

[371] Voir FOKO (R) dans : La problématique du mariage coutumier en droit camerounais. Mémoire de maîtrise - Université de Yaoundé, année 1991

celui qui veut s'opposer à la célébration du mariage en ait été informé par un moyen autre que la publication des bans.

Sur le fond, l'ordonnance de 81 cela ne fait aucun doute admet implicitement à nouveau la possibilité de se marier traditionnellement au Cameroun alors qu'avec la loi de 1968 ce n'était plus possible. Cependant, rien n'est spécifié dans l'ordonnance concernant les conditions de fond du mariage coutumier. Face à ce vide dans le texte doit-on considérer que les conditions de fond du mariage coutumier sont les mêmes que celles des mariages célébrés à l'état civil ? Si c'était le cas, la validité de beaucoup de mariages coutumiers serait remise en cause pour violation de la loi. L'âge des futurs époux ainsi que leur consentement qui en droit écrit sont des éléments qui doivent impérativement être pris en considérations ne sont pas nécessairement respectés en droit traditionnel. On peut valablement se marier avant d'avoir l'âge minimum fixé par le législateur en droit écrit et le consentement des époux même s'il est souhaitable, n'est pas indispensable à la conclusion d'un mariage. On peut imaginer que la nullité d'un mariage coutumier puisse être demandée sur la base de la violation de dispositions impératives du droit écrit mais en réalité le problème ne se poserait que si le mariage coutumier en question a fait l'objet d'une transcription. Lors de la transcription il est en effet possible de se rendre compte que l'un des époux n'a pas l'âge requis par exemple pour pouvoir se marier. Dans les provinces anglophones où l'autorisation de transcrire le mariage vient d'un tribunal, il sera possible de refuser la transcription[372]. Mais cela ne changera rien par rapport à la validité du mariage; la transcription n'étant qu'un moyen de preuve. Parce que le contrôle est fait à posteriori il est possible de se marier même si l'on ne remplit pas les conditions du droit écrit. Une telle union encourt l'annulation bien évidemment car elle viole des dispositions impératives du droit écrit mais encore faudrait-il que quelqu'un la demande...

Dans les centres d'état - civil du Cameroun francophone, le problème est un peu différent puisque les transcriptions sont

---

[372] Il n'est pas non plus exclu que la transcription d'un mariage qui en droit écrit serait irrégulier soit accepté ; le rôle du juge se résumant à la simple constatation d'un état de fait.

transformées en nouvelle célébration du mariage. Le contrôle des conditions de formation du mariage se fait en amont et si les conditions de fond ne sont pas conformes aux exigences de la loi, l'officier d'état - civil peut refuser de procéder à la célébration du mariage.

Une personne qui n'a pas donné son consentement au mariage ou qui n'a pas l'âge minimum requis par la loi mais qui se serait néanmoins marié coutumièrement peut en réalité reprendre sa liberté, quitter son foyer sans aucune autre formalité, le mariage n'existant pas d'après la pratique judiciaire ayant cours devant les tribunaux. Il n'est même pas nécessaire de demander une annulation. Pour résumer l'état de la question des conditions de fond du mariage coutumier au Cameroun, on peut dire que nombre de Camerounais qui ne remplissent pas les conditions de la loi écrite se marient quand même. Parce que la coutume autorise le mariage de personnes en deçà de l'âge minimum fixé par la loi, la validité de ces mariages dans le contexte coutumier n'est pas remise en cause et parce que beaucoup de ces unions ne donnent pas lieu à transcription, aucun contrôle n'est fait quant à la capacité des époux de se marier. Enfin, concernant les mariages coutumiers dont la transcription est demandée, le contrôle fait par le juge francophone qui en fait procède à une nouvelle célébration du mariage s'avère être plus efficace que celui de son collègue anglophone qui procède à une transcription en bonne et due forme.

§ 3 LES EXAMENS PRENUPTIAUX

Les examens prénuptiaux ne sont pas prévus par l'ordonnance de 1981. Ces examens médicaux d'un très grand intérêt pour les futurs époux, n'ont malheureusement pas été rendus obligatoires par le législateur comme c'est le cas en France. Ils auraient pourtant été les bienvenus en Afrique noire où la drépanocytose fait des ravages dans certaines familles car ils permettraient aux futurs époux d'être fixés quant à leur compatibilité sur le plan génétique et de s'exposer à des risques d'avoir des enfants drépanocytaires[373] qu'en connaissance de cause.

---

[373] La drépanocytose est une maladie héréditaire causée par la présence d'une hémoglobine anormale dans les hématies qu'on rencontre surtout dans les

Avec en plus le sida qui décime les populations de certaines régions d'Afrique en ce moment, la question des examens prénuptiaux est plus que jamais d'actualité sur le continent. Non pas que le mariage doive être interdit lorsque l'un des futurs conjoints est susceptible de contaminer l'autre, mais il serait souhaitable qu'il leur soit tout simplement comme c'est le cas actuellement en France proposé de passer dans le cadre des examens prénuptiaux un test de dépistage qui s'il s'avérait positif permettrait de prendre les dispositions nécessaires pour protéger l'autre conjoint. Les choses peuvent paraître relativement simples dans un foyer monogamique mais dans une famille polygame, elles apparaissent plus complexes. Ce n'est pas seulement l'époux qui est concerné ; toutes les autres épouses le sont aussi et pour peu qu'elles aient d'autres partenaires, le cercle des personnes concernées se trouve automatiquement élargi...

populations noires. Une électrophorèse permet de savoir si on est porteur de cette anomalie sous la forme homozygote ou hétérozygote. Lorsque deux personnes qui sont porteurs de cette hémoglobine anormale souhaitent avoir des enfants, le risque que ceux ci naissent avec la maladie sous la forme homozygote n'est pas négligeable. C'est la forme la plus sévère et beaucoup d'enfants drépanocytaires décèdent avant d'avoir atteint l'âge adulte. On a vu des cas où la quasi totalité des enfants d'une famille mourraient dans l'enfance à cause de cette maladie.

CHAPITRE 2 L'UNIFICATION DU DROIT PAR ELIMINATION PROGRESSIVE DE LA COUTUME.

Comme nous l'avons à plusieurs reprises mentionné dans les chapitres précédents, le pluralisme législatif au Cameroun revêt un caractère provisoire. L'objectif du législateur sur le long terme est clair : Parvenir à l'unification du droit. Dans cette optique, la coutume doit progressivement être éliminée pour laisser toute la place au droit écrit. Dans cette entreprise de suppression de la coutume comme source du droit, le législateur rencontre souvent une forte résistance aussi bien des populations que de la jurisprudence qui ont du mal à suivre les innovations que véhicule le droit écrit. Face à la force d'inertie que constitue la coutume il est parfois amené à reculer[374] mais le cap reste maintenu : éliminer la coutume à long terme.

Au niveau des tribunaux, on observe une attitude ambivalente chez les juges. Il arrive qu'ils aient de la peine à suivre le législateur tout imprégnés qu'ils sont - comme tous les autres citoyens - de la coutume mais le plus souvent, la tendance est à la modernisation du droit. Il arrive même qu'ils aillent plus vite que la musique et fassent des « *bold steps on a wrong direction* » comme c'était le cas du juge ARREY dans l'affaire Alice FODJE c. NDANSI KETTE[375].

---

[374] C'est le cas par exemple avec l'ordonnance de 1981 qui réhabilite les mariages coutumiers alors que la loi de 1968 leur avait enlevé toute valeur.

[375] BCA/45/1986. Madame ARREY à l'époque juge à la cour d'appel de Bamenda dans cette affaire où le partage des biens des deux époux était demandé à la suite de leur divorce a rendu un arrêt qu'on peut à juste titre qualifier de révolutionnaire. Comme le fait remarquer NGWAFOR (E) sa décision peut difficilement être justifié aussi bien en droit coutumier qu'au regard de la common law. Dans cette espèce, les époux s'étaient mariés en 1952 « *according to the native laws and customs of the Bali people* ». En 1983, le mari demande et obtient le divorce d'avec son épouse devant le tribunal coutumier de Bali qui laisse en suspend la question de la répartition des biens du ménage entre les époux et notamment de trois maisons acquises pendant la durée du mariage. L'épouse interjette appel devant la cour d'appel de Bamenda, demandant à la juridiction de se prononcer sur le sort des biens. Dans un arrêt qualifié de *famous first* - voir NGWAFOR (E) dans Family law in Anglophone Cameroon op cit. p.206 - la cour ordonne que l'épouse (qui au surplus était femme au foyer...) occupe

Dans cette entreprise d'unification, divers moyens sont mis en œuvre pour neutraliser la coutume (section 2). Si le législateur choisi d'imposer aux populations un droit dans lequel elles ont de la peine à se reconnaître, c'est qu'il est convaincu d'avoir des raisons qui lui commande de ne pas trop s'attarder sur le coût culturel de son choix qui est loin d'être négligeable (section 1)

SECTION 1 LES RAISONS DE L'UNIFICATION DU DROIT

Cette entreprise ardue dans laquelle les dirigeants du pays s'engagent dès les premières années de l'indépendance, trouve sa justification dans les impératifs du développement économique dont ils rêvent et dans la nécessité de consolider l'unité nationale sans laquelle la plupart des pays africains se disloqueraient ; les frontières héritées de la colonisation ne tenant pas forcément comptes des antagonismes de ces populations qui ont été enfermées dans le même ensemble étatique et qui se trouvent aujourd'hui contraintes de vivre les unes avec les autres[376].

§ 1 LA RECHERCHE DE L'UNITE NATIONALE.

La construction nationale et l'unité nationale font partie des préoccupations majeures de l'Etat camerounais depuis la proclamation des indépendances et la réunification du Cameroun anglophone et du Cameroun francophone. Ils sont également au centre de tous les discours politiques. Le premier président de la république AHMADOU AHIDJO disait considérer d'ailleurs la construction nationale comme sa mission suprême[377]. Au moment

---

personnellement l'une des maisons et recueille les loyers des deux autres ; son mari se retrouvant sans rien...

[376] Le drame rwandais avec l'opposition entre Hutu et Tutsi et les massacres auxquels ils ont donné lieu est une illustration de la difficulté qu'il y a à faire coexister des peuples que rien ne prédisposait à vivre ensemble.

[377] Voir son discours, « Contribution à la construction nationale » paru en 1964 à Présence africaine, collection Leaders politiques. On peut lire à la page 29 : « Nous voulons et nous devons convaincre tous les Camerounais de l'impérieuse nécessité de l'unité nationale... En ce qui nous concerne dans, dans nos décisions nous excluons toute considération, tout facteur susceptible de confirmer ou d'entretenir directement ou indirectement les particularismes tribaux. »

où il quitte le pouvoir au début des années 1980[378] il estime que « s'il est un terrain où l'œuvre de construction nationale a pu, sur des ronces et des épines, cueillir ses plus beaux fleurons et procurer ses plus réconfortantes satisfactions, c'est celui de l'unité nationale. »[379] Et le journal gouvernemental « Cameroun tribune » de renchérir dans son n° spécial du 20 Mai 1980 : « Depuis l'indépendance de notre pays, l'unité nationale est certainement la plus grande victoire remportée par le peuple camerounais et son illustre chef AHMADOU AHIDJO ». Il y est qualifié de « Père de la nation », « Apôtre de l'unité nationale ».

Au moment où l'actuel président PAUL BIYA accède au pouvoir, il prend acte du fait que son prédécesseur est le père de la nation et l'auteur de son unité[380] et décide de passer à l'étape suivante qui est l'intégration nationale « seule susceptible de rendre l'unité nationale à jamais irréversible. »[381]

La réalité sur le terrain n'a rien à voir avec les discours. Si on n'est pas tout à fait dans le schéma caricatural - auquel fait allusion avec ironie ELENGA MBUYINGA[382]- qui représente les tribus nègres toujours rangées en ordre de bataille et prêtes à se « bouffer », on est loin de voguer sur « les eaux tranquilles de la paix, de la concorde et de l'unité grâce à AHMADOU AHIDJO... » L'unité nationale n'est pas encore une réalité vécue au jour le jour au Cameroun en dépit de tout ce que les dirigeants du pays peuvent affirmer. Aux dires même de certains, l'ancien président aurait surtout « réalisé une juxtaposition explosive de ces différences (ethniques) plutôt qu'une intégration harmonieuse. »[383] et « le régime d'AHIDJO a engagé l'Etat dans un processus de tribalisation à outrance. »[384]La même critique est d'ailleurs faite à

---

[378] Le 6 novembre 1982

[379] Voir le n° spécial de Cameroun tribune intitulé « vingt ans après » paru à l'occasion de la fête nationale le 20 Mai 1980.

[380] Voir Cameroun tribune du 18 Janvier 1983 p.2

[381] Voir Cameroun tribune du 6 juillet 1984.

[382] Dans Tribalisme et problème national en Afrique noire : Le cas du Cameroun. Paru chez L'harmattan en 1989. p.43

[383] Voir MONO NZANA (H) dans L'idée sociale chez PAUL BIYA. Université de Yaoundé 1985 p. 60

[384] Voir KAMGA (V) dans : Duel camerounais : démocratie ou barbarie. L'harmattan 1985 p.33

PAUL BIYA à qui ELENGA MBUYINGA reproche la « bétisation » du pouvoir.[385]

Sous la présidence du premier chef de l'Etat et de l'actuel homme fort du pays, la politique des dosages et équilibres régionaux est souhaitée par les populations et pratiquée dans une certaine mesure. Les nominations politiques obéissent à ce qu'un auteur appelle « les macro-équilibres géopolitiques et les micro-dosages régionaux. »[386] Le fait est que la conscience ethnique est tellement forte dans le pays que lorsqu'un gouvernement est constitué par exemple, l'un des premiers réflexes du commun des Camerounais est de s'assurer qu'un ressortissant de sa tribu fait partie des heureux élus[387]. C'est à croire que la compétence ou la couleur politique passent après l'origine ethnique[388]. Aucun milieu

---

[385] C'est-à-dire le fait de mettre aux postes les plus importants dans le secteur public et parapublic des membres de la même ethnie (Béti) que lui.

[386] Voir NGAYAP (P.F) dans : Cameroun, qui gouverne sorti chez L'harmattan en 1983 p. 63 et suivantes « ...Lorsque AHIDJO composait son gouvernement, il ne se préoccupait pas uniquement de veiller à ce que les représentations provinciales soient assurées, à ce que les grands équilibres géopolitiques soient respectés. A l'intérieur de chaque province, il apparaît qu'il réalisait simultanément un micro-dosage qui se superposait aux macro-équilibres géopolitiques et permettait de mieux chevaucher les réalités sociopolitiques que sont les ethnies. »

[387] On attend plus ou moins implicitement de chaque membre du gouvernement qu'il défende les intérêts de sa région d'origine. « Quelqu'un de chez moi... » au gouvernement représente l'espoir que la route qui va au village sera goudronnée, qu'un hôpital sera construit, que l'électricité sera installé etc.

[388] Pendant plus de trente ans, il n'y avait pas lieu de parler de couleur politique. Il n'existait qu'un seul parti politique officiel dans le pays et tout le monde en avait forcément la couleur... Avec l'instauration du multipartisme, les choses devraient légèrement être différentes et pourtant ce n'est pas le cas. Il n'est pas rare lorsque la question de l'avenir politique du pays est posée d'entendre les uns et les autres dire que telle ou telle personne appartenant à telle ethnie a déjà été au pouvoir et qu'il faut « laisser les autres manger aussi ». C'est qu'en plus des problèmes soulevés par le fait tribal, le pays est entré dans une phase de véritable criminalisation de l'Etat. Certains considèrent le fait d'être nommé à un poste de responsabilité comme une autorisation implicite de détourner les fonds publics. Voir EYENGA MBUYINGA qui écrit à ce propos dans Tribalisme et problème national op cit. p.91 : « Dans le secteur public et para public notamment, presque totalement aux mains de l'Etat, la politique menée reposait sur quelques principes dont la traduction populaire se ramenait à ceci : quand un Camerounais de la région ou de l'ethnie A est nommé à une direction d'entreprise, c'est que le président a donné cette entreprise à cette région ou cette ethnie, pour « qu'elle bouffe aussi sa part »... A chaque promotion ou nomination dans l'appareil d'Etat,

ne semble épargné par le tribalisme ; même pas le clergé. A ce propos, ELENGA MBUYINGA relate dans son ouvrage sur le tribalisme et le problème national en Afrique divers incidents qui mettent en évidence des pratiques tribalistes. Il fait référence par exemple à une lettre intitulée : « Un éclairage nouveau : Mémorandum à l'attention de leurs éminences le cardinal préfet de la sacrée congrégation pour l'évangélisation des peuples ; le cardinal préfet de la sacrée congrégation des évêques. » Signée par une cinquantaine de prêtres, elle tendait à démontrer que la nomination par le Vatican le 21 Février 1987 de deux évêques auxiliaires à Douala (un Bamiléké : GABRIEL SIMO et un Bassa 'a : SIMON VICTOR TONYE) fait partie « d'un vaste plan de bamilékisation de la hiérarchie de l'Eglise catholique au Cameroun »[389]. Il fait aussi référence à une autre lettre cette fois signée par 23 prêtres de Bafoussam pratiquement tous Bamiléké adressée aux évêques de la province ecclésiastique de Douala datée du 27 Octobre 1985. Elle avait pour objet paraît-il de protester « contre l'autocratie de l'archidiocèse de Douala dans la province ecclésiastique de Douala ». Ils stigmatisent également des pratiques tribalistes notamment dans la direction du grand séminaire interdiocésain de Bonépoupa affirmant que « c'est dans ce tribalisme et cette fermeture au dialogue que nos jeunes sont formés au ministère pastoral, dans un pays préoccupé d'intégration nationale... »[390]C'est au point où dans le mémorandum des prêtres de Douala, nommer un évêque Bamiléké dans l'archidiocèse de Douala où les tribus dominantes sont les Bassa 'a et les Lôg Mpôô pourrait être assimilé à « vouloir imposer un Allemand comme empereur au Japon ; c'est chercher à détruire la nature... »[391]

---

l'ethnie du promu s'attend à une manne, soit sous la forme de recrutements préférentiels dans le service (ou l'entreprise) concerné par la nomination ou la promotion, soit sous celle de fonds versés aux frères d'ethnie. »

[389] Voir p.37 de Tribalisme et problème national op cit. Il faut cependant préciser qu'une mise au point sera ultérieurement publiée le 15 Juin 1987. Elle est intitulée « Au peuple de Dieu de l'archidiocèse de Douala ». Les auteurs de Mémorandum tiennent à faire savoir que leur propos auraient été rapportés de façon tendancieuse. Mais tout de même indiquent que depuis cinq ans on ne voit que « la nomination d'évêques d'une seule ethnie... »

[390] Idem p.38

[391] Voir la lettre citée par EYENGA MBUYINGA P. 70 de Tribalisme et problème national en Afrique op cit.

Le développement autocentré vivement encouragé par le gouvernement - surtout à l'époque de l'ancien président de la république - devait avoir pour moteur les associations tribales. L'élite de chaque village devait réfléchir au développement de sa région. Si ces associations qui freinent en réalité l'avènement de cette unité nationale tant attendue en développant la conscience de l'appartenance tribale au détriment de la conscience nationale sont autorisée et même encouragées, c'est parce qu'elles rendent bien des services au pouvoir. Celui ci se décharge sur elles et ses carences leur sont imputées. On peut également toujours compter sur elles pour envoyer des « motions de soutien » soit disant spontanées qui permettent à leur destinataires de s'accrocher au pouvoir en prétendant que le peuple les réclame...

Pour l'ancien chef de l'état l'unité nationale voulait dire « qu'il n'y a sur le chantier de la construction nationale ni Ewondo, ni Douala, ni Bamiléké, ni Boulou, ni Foulbé, ni Bassa 'a etc... Mais partout et toujours des Camerounais. »[392]Le moins qu'on puisse dire, c'est que son vœu de voir une société camerounaise dépouillée de ses particularités tribales est loin d'être réalisé. Le tribalisme demeure latent dans l'ensemble du pays. C'est ce qui fait dire à MONO NDZANA que le Cameroun est une « nation objective à bâtir mais remplie de micro - nationalités subjectives... » Il s'agit de développer chez chaque citoyen la conscience nationale qui doit passer avant tout sentiment d'appartenance tribale.

L'unification du droit de façon générale et du droit de la famille en particulier s'inscrit dans cette logique de construction nationale. Il s'agit pour le législateur de soumettre tous les Camerounais à la même loi pour bien marquer le fait qu'on est dans un pays unifié, dans un Etat qui marche vers le stade de la nation. En Europe, aux 18ème et 19ème siècles la nation a souvent précédé l'Etat national. Dans les jeunes pays d'Afrique noire le processus de formation des nations intervient après la constitution des Etats. Des peuples à qui on n'a pas demandé leur avis et qui ne le désiraient pas forcément se trouvent aujourd'hui obligés pour pouvoir coexister harmonieusement de créer cette « unité historique, linguistique, culturelle, économique plus ou moins

---

[392] Voir P. 29 de « Contribution à la construction nationale » op cit.

forte » qui fera d'eux une nation au vrai sens du terme. Dans le cas du Cameroun, c'est d'autant plus difficile que l'administration séparée des deux parties du territoire pendant la période coloniale a laissé des traces profondes. Culturellement, les Camerounais anglophones sont différents des Camerounais francophone. A l'intérieur de ces deux grands ensembles, il y a encore des différences non négligeables. Un nordiste Foulbé et musulman se sent plus proche d'un peul du Nigeria que d'un Fang Camerounais. Ce dernier a plus d'affinité avec un Gabonais du même groupe ethnique que d'un autre Camerounais de la Province du littoral par exemple...

Avant d'être des ressortissants de telle ou telle ethnie, les Camerounais devraient avant tout se sentir Camerounais. Or les autorités estiment que si toutes les coutumes devaient continuer à être respectées, cela risquerait à la longue de cristalliser les clivages ethniques. C'est la raison pour laquelle le législateur est entré dans un processus de suppression progressive du droit coutumier. La différence droit civil /common law devra elle aussi disparaître graduellement pour laisser la place à un droit unique pour tous les citoyens sans distinction d'origine culturelle. On peut penser que se sera un droit plus proche du droit civil que de la common law parce que jusqu'à présent l'unification du droit au Cameroun a souvent consisté en une simple extension du droit francophone aux provinces anglophones. La doctrine est quasiment unanime pour dire que le nouveau droit de la famille ne devra pas être une simple copie du droit Français mais devra intégrer les spécificités camerounaises. Tout devrait alors être une question de dosage et de sélection dans le droit traditionnel de ce qui mérite d'être préservé.

Il nous apparaît souhaitable que tout ce qui dans le droit traditionnel véhicule cet esprit de conciliation et de solidarité qui tend à disparaître dans le monde moderne où l'individualisme se fait envahissant soit sauvegardé précieusement. Concernant la procédure civile par exemple, à côté de la classique procédure contentieuse, doit subsister une procédure de conciliation qui en matière de crise conjugale a fait les preuves de son efficacité. L'esprit de solidarité dans le grand ensemble familial doit également être préservé parallèlement à la possibilité pour la famille élémentaire de s'épanouir librement[393]. Dans la jeune génération, le schéma de la grande famille africaine absorbant complètement la famille de base s'estompe petit à petit. De plus en plus, les couples souhaitent former une famille élémentaire forte, bien circonscrite et ayant une plus grande autonomie tout en restant complètement intégrée à la grande famille.

Le législateur justifie la neutralisation actuelle et la suppression future du droit coutumier non seulement par la recherche de l'unité nationale, mais également par les impératifs du développement économique.

§ 2 LES IMPERATIFS DU DEVELOPPEMENT ECONOMIQUE.

Le développement économique tout comme la construction de l'unité nationale est au centre des discours officiels dès les premières années de l'indépendance. Deux théories se partagent les faveurs des théoriciens du développement en Afrique noire. Certains pensent que la meilleure façon d'y parvenir c'est de développer le droit (théorie du développement du droit) et d'autres parlent plutôt du droit du développement (théorie du droit du développement). Dans le premier cas de figure, cela devrait conduire à adopter le droit de l'ancien colonisateur plus propice au développement économique que les règles coutumières. Dans le deuxième, il s'agit de « sortir les populations de leur sous développement en collant au maximum à la réalité humaine, en essayant de valoriser l'homme tel qu'il est, sans tenter de lui faire subir une mutation profonde de son être.[394] » Théoriquement le « droit du développement » serait plus respectueux des valeurs traditionnelles que le « développement du droit ». Dans la pratique, c'est souvent du « développement du droit » qui est fait même dans les cas où on prétend faire du droit du développement »

---

[393]Cette solidarité familiale pourrait se traduire en matière successorale par le maintien en indivision des biens de famille. Sur le plan foncier, cela éviterait le morcellement des terres et leur perte de valeur subséquemment. De même le cercle de personnes ayant droit à l'aide alimentaire pourrait être élargi au nom de la solidarité familiale.

[394] Voir SCHAEFFER (E) dans : Aliénation - Réception - Authenticité. Penant 1974 p.314

L'idée sous-jacente au droit du développement qui nourrit des rêves d'originalité intégrale en matière de développement rencontre un franc succès auprès d'une certaine Afrique chez qui le « droit à la différence hérité des plaies coloniales »[395] est cultivé avec un soin particulier. A quelques exceptions près[396], les auteurs africains qui se sont penchés sur la question du développement sont d'avis que les valeurs traditionnelles africaines ne doivent pas être immolées sur l'autel du développement économique. Mais alors lesquelles de ces valeurs sont susceptibles d'influer de façon positive sur l'économie et méritent par conséquent d'être préservées ? Malheureusement, « en trente années d'indépendance, l'Afrique n'a toujours pas effectué l'inventaire de ses valeurs traditionnelles objectivement dynamiques qui pourraient non seulement constituer le fondement solide de politiques cohérentes de développement, mais aussi servir à minimiser les effets pervers de la domination extérieure[397] ». Comment doit-on interpréter cette difficulté à mettre en œuvre toutes ces idées généreuses ?

La question du développement de l'Afrique est une question de survie. Et comme le dit AXELLE KABOU, « l'Afrique aujourd'hui ne peut viser que des stratégies de développement suffisamment musclées pour régler rapidement ses problèmes alimentaires et sanitaires.[398] » Devant cette urgence, peut-elle encore se permettre de rester « recroquevillée contre elle même pour cause de « décolonisation culturelle », de « reconquête d'espaces mentaux » qui n'ont nullement besoin d'être reconquis mais bien de s'ouvrir au monde extérieur »? Le danger d'occidentalisation, la peur de l'aliénation culturelle sont elles encore de mise ? Pour le législateur Camerounais, cela ne fait pas de doute que si ces questions revêtent une certaine importance, elles ne sont pas prioritaires. Le développement économique après lequel il continue de courir justifie tout, y compris le sacrifice des

---

[395] Voir KABOU (A) dans : Et si l'Afrique refusait le développement, paru chez l'Harmattan en 1991 p. 121

[396] Voir NKOUENDJIN YOTNDA dans sa thèse op. cit. Pour cet auteur, il y' a lieu de préserver la tradition africaine dans les domaines du folklore ou de la littérature mais en aucun cas pour ce qui est du droit. Si l'Afrique veut relever le défi du développement, elle doit se battre avec les armes appropriées.

[397] Voir KABOU (A) op cit. P.97

[398] Idem P.39

« valeurs de civilisation nègre ». Petit à petit les coutumes et la philosophie qu'elles véhiculent sont appelés à disparaître pour laisser toute la place à un droit moderne, ressemblant à celui des pays développés sans en être une copie conforme. Emprunter les moyens utilisés par ces derniers pour arriver aux mêmes résultats s'imposant comme une évidence pour les dirigeants du pays qui occultent complètement les autres facteurs. Conscients du fait que sur la scène internationale, leur poids est proportionnel à leur force économique, ils sont prêts à tout lui sacrifier puisqu'il y va de leur dignité.

Il serait peut-être intéressant d'analyser en quoi les coutumes constituent une entrave au développement. La polygamie, la conception très élastique de la famille, la dévolution successorale particulière dans le contexte traditionnel camerounais, la dot etc. sont-elles un frein au décollage et à la croissance économique? On pourrait également à l'inverse se poser la question de savoir si la famille de type occidental qu'on veut troquer contre la famille à l'africaine est pour quelque chose dans le développement économique de l'Europe.

Concernant la polygamie, a priori elle ne serait pas une cause de retard économique puisque dans les pays islamisés, elle est couramment pratiquée sans qu'il s'en suive des conséquences sur le plan économique et sur le plan national, les familles où le père est polygame sont parfois très prospères matériellement[399]. Tout au plus, ces pays sont mis à l'index ou considéré comme « attardés » parce que bafouant la dignité de la femme[400]. De même la

---

[399] POUGOUE relève à ce propos « qu'un cabinet de groupe diminue les frais généraux, constitue une économie pour l'ensemble... le groupe polygamique dans l'économie africaine de subsistance signifie une main d'œuvre nombreuse et intéressée. » Voir p. 290 de : La famille et la terre - Essai de systématisation du droit privé au Cameroun op cit.

[400] Le problème de la dignité de la femme dans les foyers polygamiques est une question relative. Il faut préciser que si certaines femmes subissent plus ou moins la polygamie parce que dans la société traditionnelle il est préférable qu'une femme se marie plutôt que d'être célibataire et qu'elle acceptera parfois d'épouser un homme déjà marié à défaut de mieux, d'autres optent délibérément pour la polygamie parce que c'est une façon de vivre la vie de couple qui leur convient parfaitement. Les femmes dans les foyers polygamiques ne sont pas toujours malheureuses et les enfants issus de ces ménages ne sont pas forcément en conflit entre eux. Bien que ce ne soit pas le cas pour la plupart des ces femmes et enfants, il en existe qui sont tout à fait épanouis.

conception large de la famille et la dot n'ont pas non plus de répercussion sur l'économie nationale. Le parasitisme qu'entraînerait la solidarité familiale poussée à outrance dans la famille africaine et le découragement travailler que le fait de porter financièrement les membres de la grande famille occasionnerait chez ceux qui supportent le poids des autres[401] est plus imaginaire que réel pour la simple raison que la solidarité familiale est dans la plupart des cas beaucoup plus psychologique que financière. En plus généralement, ceux qui ont en charge leur famille étendue, y trouve une raison de travailler plus puisque les besoins sont accrus... Quant à la dot, tant qu'elle reste symbolique, elle ne mobilise pas d'importantes sommes d'argent et est absolument sans conséquence sur l'économie nationale[402]. Tout comme la polygamie donc, le problème de la dot met plus en cause l'émancipation de la femme que l'économie.

Tout au plus on pourrait penser que les successions et les répercussions qu'elles ont sur le plan foncier sont susceptibles d'influer sur l'économie. Parce que la terre appartient aussi bien aux personnes vivantes qu'aux ancêtres et aux enfants à naître, on ne peut pas en disposer à sa guise. Jugé antiéconomique[403], le législateur camerounais avec l'ordonnance n°74/L du 6 juillet 1974 a reformé le régime foncier en instituant le titre foncier comme le seul mode d'accession à la propriété immobilière. Toutes les terres à l'avenir devront être immatriculées et celles qui sont vacantes et sans maître appartiennent à l'Etat. Dans la pratique vu le caractère onéreux et relativement complexe de la procédure d'immatriculation, bon nombre de terre ne le sont toujours pas.

---

[401] Voir TUNC (A) dans les aspects juridiques du développement économique, études préparées à la demande de l'UNESCO, sous la direction de TUNC (A) 1966 p.11 « Une conception trop large de la famille impose à celui qui a un travail rémunérateur d'entretenir un très grand nombre de parents démunis de travail ou peu désireux de travailler. Une telle situation peut décourager à travailler. »

[402] Certes, la dot atteint parfois des montants très importants mais le plus souvent elle est plutôt « raisonnable ».

[403] Voir MELONE (S) dans « La parenté et la terre dans la stratégie de développement » op cit. p.111

Pour de plus amples informations sur le régime foncier Camerounais, voir thèse de TJOUEN (A) consacrée à la question : Droits domaniaux et techniques foncières en droit Camerounais. Ed Economica, Paris 1982.

Elles sont néanmoins cessibles malgré tout[404] et il n'est pas rare que lorsque s'ouvre une succession les tribunaux même de droit moderne avalisent des procès verbaux de conseil de famille faisant mention de l'existence de terrains non immatriculés[405]. Lorsque depuis des générations une terre a été occupée par une famille, celle ci se sent pleinement propriétaire et se comporte comme tel même si aux yeux de l'Etat elle n'est qu'un possesseur ou un détenteur.

L'ordonnance de 1974 sur le régime foncier s'inscrit donc dans la démarche du législateur d'élimination de la coutume pour cause de développement économique. Convaincu que le développement viendra avec le passage à un droit proche de celui des pays développés, il marche résolument vers cet objectif. Cette vision de la voie du développement n'est pas partagée par tous. Certains pensent que c'est aller trop vite en besogne que d'éliminer les coutumes alors que d'autres trouvent qu'il faudrait aller plus vite vers un droit dépouillé de tout se qui est susceptible de ralentir la marche vers le but poursuivi.

A ceux qui estiment qu'on ne va pas suffisamment vite dans l'entreprise d'élimination de la coutume qui serait un frein au développement, les partisans d'une lecture « africanisée » du développement répondent invariablement en citant l'exemple du Japon qui a connu une croissance économique spectaculaire sans que ses valeurs traditionnelles ancestrales soient sacrifiées. Ce à quoi on peut rétorquer que certes, le droit d'inspiration moderne qui a été introduit dans ce pays à l'ère Meiji[406] n'est toujours pas entré dans les mœurs et n'est pas apparemment pour grand chose dans l'ascension fulgurante de cet Etat qui s'est rapidement hissé au rang de puissance mondiale mais, il ne faut pas oublier de préciser qu'il n'a jamais eu l'attitude passive de l'Afrique qui sur la scène internationale se comporte comme si son rôle était de se

---

[404] En principe, étant donné qu'est considéré comme propriétaire que celui qui peut présenter un titre foncier en son nom sur l'immeuble, une personne qui n'en à pas ne peut transmettre entre vifs ou à cause de mort une terre non immatriculée. Il y a là de toute évidence un décalage entre la loi et la pratique.

[405] Voir thèse d'ELA (T) : Le règlement des successions ab intestat au Cameroun. Université Paris 2 (1997)

[406] Voir DAVID (R) et JAUFFRET SPINOSI (C) dans : Les grands systèmes de droit contemporains, Précis Dalloz 10ème éd (1992) P.438

tenir à l'écart de l'évolution des choses. Au contraire, il a su faire preuve d'un opportunisme scientifique exemplaire, s'est industrialisé et à emprunté sans complexe les éléments extérieurs susceptibles de servir ses intérêts. Et contrairement à ce que semble insinuer POUGOUE, ce n'est pas « parce qu'il est resté lui même, parce qu'il a conservé la pleine conscience de ses propres valeurs séculaires, que le Japon a gagné la bataille du développement[407]. » Du moins, la préservation des valeurs traditionnelles en elle même n'a pas eu pour conséquence comme par enchantement de déclencher l'essor économique. La capacité de ce pays à trier et absorber les éléments extérieurs dont il a besoin a été bien plus déterminante que tout le reste.

Mais alors pourquoi l'exemple du Japon et maintenant des pays de l'Asie du sud - est ne fait-il pas école en Afrique noire de façon générale et au Cameroun en particulier ? Pour le moment, on en est encore à se poser la question de savoir si accéder au développement passe nécessairement par l'ingurgitation de la culture occidentale. En attendant de trouver une réponse à cette question, on pourrait toujours s'atteler à la non moins importante question de la circonscription des causes du sous développement. On entend souvent dans les milieux économiques africains incriminer, la détérioration des termes de l'échange, la chute des prix des matières premières etc... Ce sont là des choses contre lesquelles on peut difficilement agir, les négociations dans ces domaines ne se faisant pas à force égales. Elles sont plus ou moins imposées aux pays producteurs. Par contre, plus près de nous il est possible d'enrayer la fuite massive des capitaux vers l'étranger, de lutter contre la corruption et les détournements de fonds publics qui au Cameroun comme dans beaucoup d'autres pays africains prennent des proportions effrayantes[408]. L'assainissement des

---

407 Voir sa thèse op cit. p. 293

408 Voir le rapport intitulé : Étude macro-économique sur le Cameroun après la dévaluation, d'une mission française datant de la fin de l'année 1994 composée de représentants du ministère de la coopération, de la Caisse française de développement, de l'ORMSTOM, du CERED-Forum de l'université Paris X qui brosse un tableau alarmant de la situation économique du pays.

Voir aussi Les dossiers noirs de la politique africaine de la France n° 7 : France - Cameroun croisement dangereux ! Collection Agir ici - Survie chez L'Harmattan 1996 P.31 « Sur la situation économique du Cameroun, et ses incidences pour la population, l'ensemble des indicateurs et des analyses

circuits économiques est également indispensable au décollage du pays. Différents rapports d'organismes internationaux tirent fréquemment la sonnette d'alarme mais ne sont pas relayés par une volonté politique forte d'en découdre avec cette situation.

Pour conclure sur la question du développement de l'Afrique en général et du Cameroun en particulier, ces mots de KAMTO MAURICE[409] viennent tout à fait à propos : « L'Afrique traîne mais le monde ne l'attend pas, il avance. Le complexe de colonisé doit mourir en nous pour que naisse la conscience de nos déficiences ainsi que l'élan d'orgueil et de fierté qui met les peuples debout. »[410] Et « après avoir réglé le problème de son identité, l'Afrique doit s'imposer au respect des autres continents. Seul le travail y conduit. Nourrir ses populations et gommer l'image d'Epinal d'enfants squelettiques ou bedonnants de Kwashiorkor, abandonnés ou errants dans un camp de réfugiés. Produire des richesses nouvelles à partir de celles qu'elle tient de la nature afin que la dignité culturelle de ses peuples s'accompagne de la décence matérielle... Que l'on ne se trompe point ! Il n'y a pas de dignité pour les Nations pauvres ; par suite il ne peut y avoir de respect pour elles. Qui ne connaît le spectacle révoltant de chefs d'Etat Africains se rendant en écoliers anxieux attendant l'appréciation du maître, dans les capitales occidentales ? Qui ignore comment ils y sont perçus ? Hier c'était des roitelets bouffons et sanguinaires de quelques monarchies tropicales ; aujourd'hui ce sont des chefs incompétents et voraces des républiquettes faméliques qui peuplent les « provinces » exotiques

---

présentent un tableau accablant. Aucun régime ne saurait y résister - sauf par la contrainte. Certes, PAUL BIYA n'a qu'une faible responsabilité dans les trois chocs qu'a subi l'économie camerounaise depuis le milieu des années quatre-vingt : détérioration de 50 % des termes de l'échange de 1958 à 1989 ; déclin de plus d'un tiers de la production de pétrole ; sur appréciation du franc CFA (jusqu'en 1994). Mais la fuite en avant dans le pillage, et un comportement de « roi fainéant », ont transformé ces accidents en catastrophe. Le PIB par habitant a chuté de moitié de 1985 à 1993. En 10 ans (1984 - 1993), le revenu réel par tête des ménages à Yaoundé a baissé de plus de 60%. Les principaux indicateurs sociaux régressent. On constate une forte déscolarisation. » La situation était déjà critique avant la dévaluation du franc CFA, elle n'est guère meilleure aujourd'hui.

[409] Voir son Ouvrage intitulé : L'urgence de la pensée. Réflexions sur une pré condition du développement en Afrique. Ed Mandara Yaoundé 1993

[410] KAMTO (M) op cit. p.8

de la Métropole. Seuls ont droit aux égards ceux qui paient leur addition. Quelle que soit leur arrogance. Qui ne sait avec quel mépris l'Europe traitait les Asiatiques il y a moins d'un siècle ? Qui ne voit comment elle les courtise aujourd'hui ? Le Japon, puis la Corée du sud, Hongkong, Taiwan, Singapour...l'Inde même ont conquis pour eux tous le droit au respect et à la considération. »

SECTION 2 LA NEUTRALISATION DE LA COUTUME PAR DIFFERENTS MOYENS

Depuis l'époque coloniale, il était déjà question de neutraliser la coutume. La mission de civilisation dont les européens se considéraient investis devait inéluctablement les amener dès leur débarquement sur le continent africain à pousser les indigènes à tourner le dos à leurs coutumes ancestrales pour épouser des modes de comportement plus en conformité avec la vision occidentale de la société. Conscients de la difficulté à imposer d'entrée de jeu le droit européen aux populations locales, ils vont tolérer qu'elles continuent d'être gouvernées par le droit traditionnel mais à chaque fois que cela sera possible ou absolument nécessaire, c'est le droit du colonisateur qui sera appliqué.

Après les indépendances, l'objectif du législateur national et de la jurisprudence ne sera pas différent. Divers mécanismes seront mis en œuvre pour faire échec à la coutume : Il s'agit du recours à la notion d'ordre public (para 1), de l'application supplétive de la loi écrite (para 2) et de la compétence purement résiduelle des tribunaux coutumiers (para 3).

§ 1 : LE RECOURS A LA NOTION D'ORDRE PUBLIC

Le recours à la notion d'ordre public s'est fait dès l'époque coloniale. Au Cameroun francophone, il y a été fait référence pour la première fois dans un décret du 31 juillet 1927 dont l'article 42 interdisait l'application des coutumes contraires à l'ordre public. Dans le Cameroun anglophone, c'est dans la loi n°79/4 du 29 Juin 1979 sur les *customary* et *alkali courts* dont l'article 2 al 1 pose comme condition à l'application des coutumes devant les juridictions de droit traditionnel leur conformité aux exigences de l'ordre public et des bonnes mœurs que la notion apparaît pour la première fois de façon expresse. Mais avant 1979, *la customary court ordinance* [411] et la *Southern Cameroons high court law* contenaient déjà des dispositions qui permettaient aux tribunaux de droit coutumier d'écarter l'application de coutumes « *repugnant to natural justice, equity and good conscience* ». En réalité le terme « *public policy* » qui sera par la suite employé dans la loi de 1979 englobe aussi bien les exigences de ce que les textes de 1948 et 1955 visaient sous les vocables de *natural justice, equity, good conscience et morality*. Donc aussi bien au Cameroun francophone qu'au Cameroun anglophone, la notion d'ordre public était susceptible d'être invoquée dès lors que le droit d'origine européenne - et les valeurs qu'il véhicule - a été mis en contact avec les coutumes africaines dont certaines peuvent à juste titre être qualifiées de barbares.

Le rapport à l'ordre public est cependant très différent selon que le juge est anglophone ou francophone. Le premier aura difficilement recours au *public policy* pour faire échec à une coutume alors que chez le second face à la même règle coutumière on observera comme une disposition à priori favorable à l'utilisation de la notion d'ordre public pour l'écarter. Cette divergence d'approche de toute évidence est la conséquence du mode d'administration des deux territoires - le Cameroun anglophone et le Cameroun francophone - pendant la période coloniale[412]. L'*indirect rule* pratiqué par les Anglais a facilité chez les anglophones un attachement plus prononcé aux règles coutumières qui se traduit par une plus grande difficulté à écarter au bénéfice de l'*equity* ou d'une règle de droit de la common law, une de leurs coutumes qui depuis l'époque coloniale était appliquées très largement avec la bénédiction du législateur. Par contre, « l'assimilation » pratiquée par les colons Français conduira les francophones à avoir un regard différent sur leurs coutumes, les poussera à la limite du complexe d'infériorité vis-à-vis de leurs traditions. Parce que l'objectif du mode d'administration français

[411] *CAP 142 of the 1948 laws of Nigeria* amendé par la *southern Cameroons customary court law* de 1958. Voir les articles 10 et 18 (1-a) ainsi que la *Southern Cameroons high court law* de 1955 (article 27)

[412] Voir ENONCHONG (N) dans Public policy and ordre public: The exclusion of customary law in Cameroon. Revue africaine de droit international et comparé 1993 p. 503 à 524

des colonies était d'amener autant que faire se peut les indigènes à épouser les valeurs de la civilisation européenne, l'ordre public sera manié avec plus de facilité par les juges francophones qui plus que leurs collègues anglophones seront prompts à combattre les coutumes locales.

La réticence des juges anglophones à recourir à la notion d'ordre public pour écarter certaines coutumes camerounaises qui violent les grands principes constitutionnels met également en évidence la difficulté qu'ils ont à s'aligner de façon générale sur l'évolution de la jurisprudence de la Cour suprême qui s'efforce de neutraliser celles des coutumes locales qui aussi bien en matière de successions, filiation, régimes matrimoniaux que de dot coutumière sont en porte à faux avec la nouvelle vision de la société camerounaise qu'ont les dirigeants du pays.

En matière successorale, concernant les héritiers la plupart des coutumes font une différence entre les filles et les garçons d'une part et entre les cadets et l'aîné d'autre part. En droit coutumier, lorsque l'on parle de succession, il ne s'agit pas seulement d'hériter des biens du de cujus, le problème de la succession aux fonctions doit également être résolu et revêt une très grande importance[413]. L'héritier principal (héritier aux fonctions) qui souvent gère également les biens de la succession pour le compte de tous les autres héritiers est sauf exception un homme. Cette règle coutumière qui établie une discrimination entre les filles et les garçons est bien évidemment contraire au principe de l'égalité des sexes prôné par la constitution. Les tribunaux du Cameroun francophone à quelques exceptions près[414] l'écartent lorsqu'elle

---

[413] Voir ELA (T) dans Le règlement des successions ab intestat au Cameroun. Thèse de doctorat, Université Paris 2 Février 1997. Voir aussi thèse de doctorat de YOUEGO (C) op cit.

[414] Voir l'arrêt n° 56 COUT du 23 juillet 1981. Juridis info de Janvier - Février - Mars 1990 p.39. Dans cette affaire, la cour pour écarter le neveu du défunt de la succession de celui-ci juge que « le de cujus n'ayant eu aucun enfant mâle connu, sa succession est de droit acquise à son petit fils... » Est-ce à dire que si la fille unique du défunt - qui n'a pas été appelé à la succession de son père - n'avait elle même eu que des filles, la succession serait allée vers un mâle de la famille en ligne collatérale ?

est invoquée, pour cause de non conformité à l'ordre public[415]. Les juges anglophones par contre ont du mal à s'y résoudre. Régulièrement ils s'illustrent dans des arrêts qui à n'en pas douter devraient être reformés en appel ou cassés en Cour suprême[416]. Malheureusement ces décisions de justice prises en violation des principes constitutionnels très souvent reçoivent exécution ; les parties ne prenant pas la peine d'interjeter appel ou de se pourvoir en cassation.

La Cour suprême comme on a pu le constater dans l'affaire Zancho (F) / CHIBIKOM (P) et autres[417] n'hésite pas à casser les arrêts pris en violation du préambule de la constitution. Dans cette espèce, le sieur CHIBIKOM (M) polygame (six épouses) et père de trente-six enfants décède sans laisser de testament. Madame ZANCHO, l'une de ses filles saisi la customary court de Mankon aux fins de se voir déclarer *next- of- kin* (héritière principale) de son père et administrateur temporaire des nombreux biens immobiliers que celui-ci possédait. La customary court - contre toute attente... - lui donne satisfaction et c'est contre ce jugement que le frère, deux veuves et deux des fils du défunt font appel. La cour d'appel de Bamenda[418] après de vives discussions arrive à la conclusion suivante :

« *It is common ground that the respondent at all times material to these proceedings was and still is, a married woman. She belongs to a family different from the one in which she was born. She cannot inherit from her father in accordance with customary law, and a fortiori she cannot be her father's next-of-kin.*

---

[415] C.S.C.O arrêt n° 31/L du 15 Janvier 1964, Bull n°10 ; Procureur Général C. BANINGA (P) reporté au juridis info n° 0 P.29 ; C.S arrêt n° 45/L du 22 Février 1973 RCD n° 9 p.82

[416] Dans l'affaire EFOSI KOMBE C. NGALE (L) : CASWP CC/5/79, la cour d'appel de Buea rappelait pour l'appliquer que c'est la primogéniture mâle qui devrait être pris en compte pour désigner l'héritier. Cette même cour d'appel en 1983 dans l'affaire NANJE C. BOKWE faisait remarquer qu'une femme ne saurait hériter des biens - a fortiori être instituée héritière principale - de son père ; à moins qu'il existe un testament en bonne et due forme qui l'établit héritière

[417] C.S arrêt n° 14/L du 4 Février 1993. Juridis info d'avril, mai et juin 1995 n°22 p. 62

[418] BCA/9/90 du 24 Septembre 1990

The respondent was doubtless aware of her disability when she applied to the Mankon customary court for a declaration of temporary next-of-kin. It is the law that a grant of letters of administration may be revoked where it has been obtained from a false suggestion, whether made fraudulently or in ignorance where the false suggestion obscures a defect in title to the grant. Here in this case both elements are present. There is a defect in title to the grant. Under customary law the respondent in the first place cannot be next-of-kin. She is a married woman... »[419]

Comme on peut le constater, la cour d'appel de Bamenda pour répondre favorablement à la demande de révision du jugement de la customary court de Mankon met l'accent sur le fait que le mariage de Mme ZANCHO l'a fait passer de sa famille d'origine à celle de son époux. Elle ne peut hériter de son père et à fortiori être l'héritière aux fonctions parce qu'elle n'appartient plus à la famille du défunt. En réalité, il est clair pour quiconque connaît les us et coutumes locales que le statut de femme mariée de Mme ZANCHO n'est qu'un prétexte. Elle aurait été célibataire que cela n'aurait probablement rien changé à la substance de l'arrêt. Le problème de fond est qu'il est difficile pour beaucoup de personnes - les juges compris - de se faire à l'idée qu'une femme en présence d'hommes puisse être mise à l'avant ; en l'occurrence ici hériter dans une société où la supériorité de l'homme sur la femme est une donnée omniprésente et semble aller de soit.

En dépit du fait que certains refusent à l'admettre, les choses sont appelées à changer et les récalcitrants au changement prendront bon gré, mal gré le train en marche. La Cour suprême entend bien mettre un terme à ces pratiques coutumières souvent injustes pour les femmes. Son arrêt dans l'affaire ZANCHO (F) ne fait que confirmer cette volonté de dénoncer les mœurs d'une époque qui a fait son temps et avec laquelle il faudra bien rompre.

---

[419] Voir aussi C.S dans un arrêt du 3 Mars 1974 RCD n°17-18 p.366 et suiv. Elle rejette le pourvoi d'un frère tendant à faire écarter sa sœur - mariée - de la succession de leur père au motif que la coutume Douala qui est celle des parties exclut les filles mariées de la succession de leur père. Voir également PEUTE (J) C. NGOUOKO (J) CS arrêt n°15/L du 12 Avril 1990. Juridis info n° 22 d'avril - mai - juin 1995 p. 62 et 63 où la Cour suprême entérine l'aptitude de la femme mariée à hériter de son père.

L'attendu principal de son arrêt concernant cette affaire est plus que clair :

« *Upon the ground of appeal raised ex-officio and based on the violation of the preamble of the constitution of the Republic of Cameroon as well as misinterpretation of section 27 of the southern Cameroons high court law, 1955. In that, the learned appeal judges in their decision, revoked the letters of administration of the respondent/appelant, by applying the so called native law principle that a female cannot inherit her father nor be declared his next-of-kin, a principle which is not only repugnant to natural justice, equity and good conscience, but is equally directly incompatible with certain enactments of the preamble of the constitution of the Republic of Cameroon ; whereas the preamble of the constitution of the Republic of Cameroon ordains the equality of people of both sexes before the law when it enacts amongst others, the principle that « the human being, without distinction of race, religion, sex or belief possesses inalienable rights » and that « all men have equal rights and obligations...* »[420]

La réticence des juges anglophones à faire appel à la notion d'ordre public pour écarter certaines règles coutumières s'est également manifestée pour ce qui est des droits du conjoint survivant, du partage des biens conjugaux entre époux, de la dot et de la filiation.

Concernant les droits du conjoint survivant, on observe de façon générale le même contraste entre les décisions des juges francophones et celles de leurs collègues anglophones. Certes, beaucoup[421] de juges francophones et anglophones confondus

---

[420] La décision de la cour d'appel est cassée motif pris de la violation du préambule de la constitution d'une part et non conformité de la coutume à la « *natural justice, l'equity and good conscience* ». La notion d'ordre public n'est pas directement invoquée mais il ne fait pas de doute que dans cette affaire il y' avait matière à le faire. L'arrêt de la cour d'appel de Bamenda aurait très bien pu être cassé pour non conformité à l'ordre public. En fait, sous les vocables de « *natural justice, equity and good conscience* » c'est l'ordre public qui est visé et on peut inscrire cet arrêt dans la liste des décisions de justice qui ont recours à la notion d'ordre public pour neutraliser la coutume.

[421] Il y a cependant des exceptions. C'est le cas de l'arrêt n° 186 du 24 Mai 1986 où la cour d'appel de Yaoundé estimait que « si la coutume Béti reconnaît au conjoint survivant le droit de venir à la succession de son époux, elle n'exclut pas

estiment à la baisse ou alors ne reconnaissent aucun droit au conjoint survivant[422] mais les termes employés par les juges anglophones pour exclure toute prétention éventuelle du conjoint survivant aux biens du ménage lorsqu'il s'agit de l'épouse sont particulièrement crus et choquants. Ainsi dans l'affaire Umaru C. ASOPO MAKEMBE, la Cour d'appel de Buea rappelle sans détour que la veuve fait partie du patrimoine de son mari[423]. La cour d'appel de Bamenda quant à elle déclarait dans l'arrêt SIDIBO (D) C. NGAMINYEM (E) que « *The law is that a customary law wife can neither inherit nor administer the property of her deceased husband because she is part of the chattels of her deceased husband to be inherited or administered*[424]. » Quelques années plus tard dans une autre affaire[425] elle statuait à nouveau dans le même sens ; rappelant que l'épouse est la propriété de son mari.

Pour ce qui est du partage des biens entre époux du vivant de ceux - ci, on observe la même difficulté chez les juges du fond à intégrer l'idée d'égalité entre époux, d'égalité dans le partage des biens. La plupart des coutumes il est vrai ne reconnaît aucun droit à l'épouse en cas de rupture du lien conjugal. Après un divorce ou une répudiation, la femme quitte le domicile conjugal avec seulement ses effets personnels et à la rigueur ses ustensiles de

---

le droit des descendants directs de s'entendre déclarer eux aussi héritiers du *de cujus.* »

Voir aussi C.A de Yaoundé, arrêt n° 258 du 23 Juin 1994 où une veuve est déclarée usufruitière du tiers des biens de la succession de son mari et administratrice des biens dont les enfants sont les héritiers.

[422] Voir l'arrêt n° 153/COUT du 14 Décembre 1986 juridis info n°1 P.39 rendu par la cour d'appel de Yaoundé. Au Cameroun anglophone voir UMARU (M) C. ASOPO (M) : CASWP/CC/87/81 et SIDIBO DERAGO C. NGAMINYEM ETIM : BCA/36/81

[423] « *...widow who under customary law can be regarded as property...* »

[424] Cet arrêt est particulièrement choquant. L'emploi du terme « *chattels* » assimile la veuve à n'importe quel autre bien meuble de son défunt époux... Voir ENONCHONG (N) dans: The exclusion of customary law in Cameroon op cit. p.513

[425] ACHU C ACHU: BCA/62/86 «*...customary law does not countenance the sharing of property, especially landed property, between husband and wife on divorce. The wife is still regarded as part of her husband's property. That conception is underscored by the payment of dowry on marriage and the refund of same on divorce.* »

cuisine. Avec le temps, on admettra qu'elle puisse emporter autre chose en plus sans pour autant qu'on puisse parler de partage égalitaire. Cette coutume qui exclut les femmes du bénéfice de la jouissance des biens du ménage en cas de rupture est bien évidemment contre l'ordre public et viole le principe de l'égalité des hommes et des femmes contenu dans la constitution. Elle devrait donc être écartée devant toutes les juridictions du pays ; aussi bien devant les tribunaux de droit traditionnel qu'à fortiori devant les juridictions de droit écrit. Dans la pratique, elle n'est systématiquement neutralisée que devant la cour suprême. Celle-ci n'admet plus que les femmes soient renvoyées ou quittent leur foyer les mains vides. Sous réserve de la preuve de leur participation conséquente à l'acquisition des biens du ménage, elles peuvent prétendre à un partage à part égale avec leur époux. Malheureusement devant les juridictions inférieures ce n'est pas toujours que les décisions de justice sont alignées sur la jurisprudence de la Cour suprême, il n'est pas rare que des juges ordonnent des partages fantaisistes[426].

Comme nous le mentionnions plus haut, la dot coutumière est un autre sujet à propos duquel la notion d'ordre public peut être amenée à jouer. Le fait de payer la dot en lui même n'est pas contraire à l'ordre public et n'est pas proscrit par la loi. Le législateur pourrait difficilement ériger en infraction l'acceptation et la réception de la dot par la famille de la future épouse tout en admettant la possibilité de se marier selon les rites coutumiers au Cameroun tant il est clair qu'en droit traditionnel c'est le versement de la dot qui scelle l'union des deux familles et constitue la preuve de l'effectivité du mariage. En 1981, le gouvernement a pris une ordonnance non pour interdire la dot, mais pour la réglementer et neutraliser les interprétations perverses

---

[426] - C.S arrêt n° 68/I du 28 Juillet 1985 (affaire CHIMI). La Cour suprême dans cette espèce casse un arrêt de cour d'appel qui avait procédé à un partage inégal des biens de la communauté (1/3 - 2/3)

- Jugement civil n°195 du 1er Février 1989 TGI du Nfoundi (SAME C. SAME née LEMBERDINA op cit.)
- C.A de Yaoundé, arrêt n°135/CIV du 19 Juillet 1989 qui procède à un partage de 4/5 - 1/5
- BCA/46/86 (NGNITEDEM (E) C. TASHI (L)
- Mankon customary court affaire n° 82/86 - 87

qu'on pourrait lui donner. Ainsi, si tous les Camerounais sont libres de payer ou de recevoir une dot coutumière, la loi n'établit pas pour autant un lien entre le versement de la dot et la validité du mariage et déclare contraire à l'ordre public toute action tendant à remettre en cause la validité d'un mariage pour cause de non paiement de la dot[427]. L'idée que le texte de loi voulait mettre en avant, c'est le fait que même s'il peut paraître légitime de demander une dot lors du mariage des filles d'une famille, le paiement de celle-ci par le futur époux ou par sa famille ne doit pas être une condition *sine qua non* pour se marier valablement.

De même, est contraire à l'ordre public et aux bonnes mœurs toute action tendant à restreindre la liberté des femmes à quitter leur mari pour épouser quelqu'un d'autre ou à se remarier après son décès sous prétexte que la restitution de la dot n'a pas eu lieu. En droit coutumier, une femme qui veut quitter son mari de son vivant est tenue de rembourser la dot que ce dernier a versé à sa famille au moment de leur mariage. Dans la pratique, si elle quitte son mari pour quelqu'un d'autre, son nouveau compagnon si elle ne peut pas le faire elle même devra s'acquitter de la « dette » à l'égard du premier mari. Pareillement, lorsqu'après le décès de son époux une femme désire se marier ou vivre avec quelqu'un d'autre qu'un membre de la famille du défunt mari, il peut lui être demandé de remettre la dot qui a été payée au moment des épousailles à sa famille et qui a fait d'elle la « propriété » de sa belle - famille. Ces coutumes qui surtout dans les villages sont encore parfois respectées sont en contradiction flagrante avec le droit écrit et contraires à l'ordre public. Dans un litige où il serait question du droit d'une femme de quitter son époux de son vivant ou de quitter sa belle famille après son décès, il se pourrait qu'un tribunal ou une court d'appel ordonne le remboursement de la dot[428] mais devant la Cour suprême, il ne fait pas de doute qu'une telle décision encourrait la cassation sauf si on se trouve dans un cas de figure de divorce où le bénéficiaire de la dot porte en tout ou

[427] Article 70 de l'ordonnance de 1981

[428] Lorsque l'on sait la résistance que la coutume oppose au droit écrit et la facilité avec laquelle certains juges la laisse prendre le dessus sur la loi écrite, ce ne serait pas vraiment surprenant...

partie la responsabilité de la désunion auquel cas il peut être condamné au remboursement total ou partiel[429].

Est également contraire à l'ordre public et aux bonnes mœurs toute action tendant à établir que les enfants nés d'une femme « A » qui à été « dotée » par un monsieur « B » sont les enfants du monsieur « B » du seul fait qu'il ait versé la dot. Ce qui est combattu ici c'est l'idée sous-jacente que la dot constitue le prix d'achat de la femme. Le monsieur « B » ayant acquis la dame « A », les enfants de cette dernière ne peuvent que lui appartenir étant donné qu'elle est elle même sa « propriété.

Le paiement de la dot est l'élément qui en droit traditionnel cristallise l'union, l'étape de la procédure de mariage qui permet de passer de l'état de célibataire à celui de marié. On pourrait donc facilement assimiler à la présomption *pater is est quem nuptiae démonstrant* du code civil la règle coutumière qui attribue les enfants de la femme « dotée » à la personne qui a versé la dot. Cependant, lorsque la signification de la dot est pervertie, la règle coutumière n'a plus rien à voir avec la présomption de l'article 312 du code civil dont la fonction est de protéger la famille légitime : Un homme marié ne peut pas sur un coup de tête prétendre n'être pas le père des enfants que sa femme a eu pendant qu'ils étaient mariés. S'il veut les désavouer, il doit rapporter en justice « des faits propres à démontrer qu'il ne peut pas en être le père. » De même, l'amant d'une femme mariée ne saurait venir revendiquer la paternité de ses enfants sans aucune autre forme de procédure. La tranquillité des familles exigeait qu'on prévoie cette présomption qui la plupart du temps correspond à la réalité. C'est ce que le code civil de 1804 fait à l'article 312.

Par contre, lorsque la dot n'est plus le symbole de l'union de deux familles et de deux personnes mais devient le prix d'achat de la femme qui donne un droit à celui qui le paye sur les enfants de sa « propriété », de sa « chose », de sa « *res* », on n'est plus du tout dans la même optique et les limites de l'ordre public son franchies.

La Cour suprême refuserait d'attribuer la paternité des enfants d'une femme « dotée » à celui qui a versé la dot du seul fait qu'il l'a fait lorsque de toute évidence il n'est pas le père des enfants en question. Devant les juridictions inférieures - surtout en zone

---

[429] Article 73 de l'ordonnance de 1981

anglophone - la force d'inertie que constitue la coutume est telle qu'elles ont parfois du mal à suivre l'évolution forcée de la coutume que les impératifs de l'ordre public exigent. Même après l'ordonnance de 1981, qui est pourtant claire sur les rapports entre la dot et la filiation, on a encore eu des décisions de justice qui liait la paternité des enfants au versement de la dot par leur auteur[430].

Ces décisions malheureuses ne doivent cependant pas masquer la réalité de l'état de la jurisprudence sur la question. Il existe aussi heureusement des jugements qui par le biais du jeu de la notion d'ordre public ont fait triompher la vérité biologique sur les fictions juridiques ou coutumières. C'était le cas dans TANTO (O) C. NSANJI (P)[431], dans NGEH C. NGOME[432] et aussi dans BOURU (M) C. MARAKA (S)[433].

---

[430] Ainsi dans l'affaire ALI NGABIR C. ESE NGANGONG (n° 6/82-83 du 20 Juillet 1982), la customary court de Nkambe octroie la garde des enfants du couple à l'époux - lui reconnaissant implicitement la paternité des dits enfants - au motif que celui ci a payé la dot coutumière.

Dans le cas SHEY MBEYO C. GWEI JOHN (n° 83/81 - 82) elle donne la garde des enfants à leur père sous réserve qu'il s'acquitte de la dot qu'il devait toujours à ces beaux - parents... On peut penser que s'il ne le faisait pas les enfants seraient considérés comme appartenant alors à leur grand père maternel.

Ces deux dernières décisions prouvent que la filiation et les droits qui en découlent pour les parents sont intimement liés au versement de la dot. Concernant des Camerounais francophones, on peut citer l'affaire MBEUTCHAM (J) C. YETCHI (J) et SANDJO (J) TGI de Douala, jugement civil du 16 Avril 1990. Juridis info n°13 P 49. Dans cette espèce, les époux s'étaient mariés en 1965 et suite à une grave crise dans le couple, Mme SANDJO quitte le domicile conjugal et demande le divorce. Le jugement de divorce est prononcé par défaut contre son mari mais ne lui est pas signifié. En 1977, elle se remarie avec YETCHI (J) et de cette seconde union naîtront huit enfants. En 1987 le premier époux de Mme SANDJO, MBEUTCHAM (J) réapparaît et assigne son ex épouse et son mari devant le tribunal de grande instance de Douala à l'effet de voir déclarer nul leur mariage. Le tribunal après avoir souligné que le premier mariage n'était pas définitivement dissout, et que SANDJO (J) et son précédent époux en avaient parfaitement conscience, fait droit à la demande de MBEUTCHAM (J), allant jusqu'à refuser le bénéfice de la putativité au second mariage. Celui ci étant déclaré nul, MBEUTCHAM (J) est par la suite reconnu comme étant le père des huit enfants nés de « l'union illégitime » !

[431] Affaire n° 32/80-81 (Nkambe customary court): L'épouse Mme NSANJI avait quitté le domicile conjugal et par la suite avait eu deux enfants avec un autre homme. Son premier époux vingt ans plus tard intente une action devant le tribunal coutumier tendant à se faire octroyer 261.950 f CFA représentant la dot de sa femme qui ne lui avait pas été remboursé ainsi que tous les avantages

En plus du recours à la notion d'ordre public, les juridictions camerounaises utilisent aussi l'application supplétive de la loi écrite comme moyen pour neutraliser la coutume.

§ 2 : L'APPLICATION SUPPLETIVE DE LA LOI ECRITE

Le droit écrit est appliqué devant les juridictions de droit traditionnel à titre supplétif lorsque la coutume est muette ou obscure. Depuis l'époque coloniale, il en était déjà ainsi. A chaque fois que la coutume ne prévoyait pas une situation, le droit écrit était appelé à la rescousse. La loi écrite a souvent ainsi eu à être appliqué en substitution de la coutume surtout dans le domaine du droit des obligations et des affaires où certains actes, faits juridiques ou contrats sont totalement étrangers au droit traditionnel. Le droit traditionnel ne comporte pas de règles pouvant réglementer par exemple un contrat de transport maritime, les opérations en bourse etc... Le droit écrit intervient donc dans ces matières mais sans réelle interférence avec le droit traditionnel parce qu'il ne fait que combler un vide. Par contre lorsque la loi moderne est appliquée dans les matières relevant du droit de la

---

financiers qu'il aurait pu avoir s'il avait eu la garde des enfants de sa femme (la dot payée n'ayant pas été remboursée, les enfants sont supposés lui appartenir même s'il n'est pas le père biologique)... *La customary court* ordonne qu'une compensation lui soit payée mais refuse de reconnaître au sieur TANTO un droit quelconque sur les enfants que sa femme a eu après son départ du domicile conjugal. Elle reconnaît que la coutume lui donne effectivement un droit sur les enfants en question mais refuse de l'appliquer parce qu'elle est contraire aux lois de l'Etat. L'attendu principal de cet arrêt mérite d'être repris: « *By native law and custom of the Wimbum tribe, the plaintiff has a right over a woman and her children because of the bride price. Since that tradition is contrary to state laws, the court cannot force the woman and the children to the plaintiff.* » Voir NGWAFOR (E) dans Family law in Anglophone Cameroon op cit. p.273

[432] WCLR (1962 - 1964) P.321 Voir NGWAFOR op cit. p. 273 et 274

[433] Affaire n° 73/69-70 (Nkambe customary court). Dans ce cas comme dans NGEH C. NGOME, les tribunaux saisis ont refusé d'attribuer la paternité des enfants litigieux à ceux qui n'avaient pas été remboursé de la dot payée pour les mères comme aurait dû les y conduire l'observation stricte des règles coutumières. Déclarant la coutume *repugnant to natural justice*, ils n'ont pas fait droit aux revendications des pères selon la coutume mais qui ne l'étaient pas du point de vue biologique et en avaient parfaitement conscience.

famille, le risque d'interférence devient grand étant donné que c'est un domaine minutieusement réglementé par la coutume.

Lorsque l'obscurité ou le silence de la coutume sont invoqués pour appliquer à titre supplétif le droit écrit à une situation, cela ne veut pas nécessairement dire que la coutume manque effectivement de clarté ou qu'elle est muette. Il arrive que les magistrats la fassent délibérément taire parce que la solution à laquelle son application aboutirait ne leur convient pas[434]. La formation des juges a certainement quelque chose à voir avec cette manie mainte fois observée de déclarer la coutume muette ou obscure pour pouvoir appliquer à sa place le droit écrit. Un juge a naturellement tendance à appliquer le droit qu'il connaît le mieux. Au Cameroun, les magistrats reçoivent une formation en droit civil ou alors en common law. Le droit traditionnel n'est enseigné ni dans les facultés de droit, ni à l'école de magistrature. L'essentiel de la connaissance de la coutume que peuvent avoir aussi bien les juges de droit moderne que les juges de droit traditionnel est celle qu'ils ont pu acquérir à la suite d'une tradition familiale et de circonstances extra professionnelles. Il existe aussi des manuels qui répertorient les coutumes les plus répandues et qui peuvent permettre aux magistrats de s'imprégner des grandes lignes de la tradition. Ces ouvrages ne doivent cependant pas être assimilés à des codes au sens strict du terme. Ils n'ont pas la même force contraignante qu'une loi. Ce ne sont que de simples repères pour les magistrats qui en matière coutumière ont une très grande liberté d'appréciation et d'interprétation. La marge de manœuvre des juges de première instance et d'appel est d'autant plus grande que le contenu de la coutume est considéré par la Cour suprême comme une question de fait qui échappe par conséquent à son contrôle.

THIERRY ELA lui même magistrat écrit dans sa thèse à ce propos que « la nomination des magistrats de l'ordre judiciaire à la tête de la plupart des juridictions de premier degré favorise très nettement cette tendance en faveur de l'application du code civil dans les juridictions coutumières. En effet, traditionnellement allergiques au droit coutumier qui, il faut le reconnaître se situe aux antipodes des préceptes de droits romano-germanique et anglo-saxon, dont ils sont fortement imprégnés, les juges coutumiers vont

---

[434] Voir POUGOUE (P.G) dans sa thèse op cit. P.95

jusqu'à invoquer l'évolution des coutumes dans la motivation de leur décision[435]. » Et lorsqu'ils n'invoquent pas une coutume évoluée qui se confondrait comme par hasard avec le droit écrit, ils prétendent qu'elle est muette ou obscure[436].

Divers arrêts permettent d'illustrer cette tendance à recourir aux dispositions du code civil comme législation d'emprunt alors que la coutume contrairement aux allégations des juridictions n'était ni muette, ni obscure, mais avait une conception des rapports familiaux différente de celle du droit écrit qui a la faveur de la jurisprudence. On peut citer dans ce sens l'arrêt NOUCK[437]. Dans cette affaire, le sieur NOUCK avait saisi le tribunal de premier degré de Pouma aux fins de se voir déclarer père adoptif des enfants naturels de sa cousine germaine qu'il avait recueilli chez lui dès leur naissance. Le tribunal de droit traditionnel de Pouma et la cour d'appel de Douala par la suite lui donnent satisfaction mais le ministère public interjette appel et se pourvoit en cassation contre ces décisions au motif qu'il y aurait eu violation des principes généraux du droit découlant des dispositions du code civil. La loi n° 68/LF/2 du 11 Juin 1968 portant organisation de l'état-civil faisant allusion à l'adoption mais ne la réglementant pas au fond, le rapporteur concluait que la matière est réglementée par le code civil. Or dans sa version applicable au Cameroun[438], l'article 344 n'autorise pas l'adoption lorsque l'adoptant a des enfants légitimes comme c'était le cas du sieur NOUCK. Le moyen tiré de la violation des principes généraux du droit pouvant difficilement être défendu, la Cour suprême a pour ainsi dire bâillonné la coutume Bassa 'a qui était celle du défendeur pour pouvoir appliquer le droit civil ; déclarant que « dans le silence de la coutume ou dans toutes les matières non réglementées par elle, il y a lieu d'appliquer les principes généraux

---

[435] Voir ELA (E.T) dans : Le règlement des successions ab intestat au Cameroun. Thèse Université Paris 2, année 1997 p.76

[436] Voir aussi SOLUS dans : La condition des étrangers. p.300 qui à l'époque coloniale relevait déjà cette tendance à opter pour la solution de facilité qui consistait à prétendre que la coutume est incomplète ou silencieuse tout simplement parce qu'on ne voulait pas faire l'effort de rechercher à l'intérieur du système de droit coutumier les dispositions applicables à un cas d'espèce.

[437] C.S arrêt n° 17 du 20 Décembre 1973 RCD 1975 p.66, note MELONE (S)

[438] Version antérieure à la loi française du 11 Juillet 1966 portant reforme de l'adoption.

du droit moderne comme raison écrite ; qu'il résulte notamment de l'article 344 du code civil que l'adoptant ou les adoptants ne devront avoir au jour de l'adoption, ni enfants ni descendants légitimes. »

La cour d'appel de Douala avait pourtant démontré que la coutume Bassa a des règles organisant l'adoption (l'adoptant doit être majeur, « homme de bien », obtenir le consentement de la personne qui a l'autorité parentale sur l'enfant). La Cour suprême n'en a pas tenu compte et son arrêt est d'autant plus critiquable que la solution à laquelle l'application du droit écrit aboutit est moins bonne que celle de la coutume dans le cas d'espèce. Bien qu'informel, l'adoptant était déjà un père adoptif pour ces enfants déclarés à l'état-civil de père inconnu et il ne faisait que demander la légalisation d'un état de fait. On ne peut que regretter que l'aspect humain de la question n'ait pas eu d'influence sur la décision des Hauts magistrats soucieux qu'ils sont d'appliquer le plus souvent possible le droit écrit pour faire reculer la coutume.

La preuve que le silence invoqué de la coutume n'est souvent qu'un artifice commode pour écarter l'application de la coutume peut être tirée du fait que selon les cas, la même coutume sur la même question peut être silencieuse ou pas. Ainsi, dans l'affaire CHIMI[439], la Cour suprême déclarait la coutume Bamiléké muette sur les régimes matrimoniaux alors que quelques années auparavant la même coutume avait été appliquée dans la même matière par la cour d'appel de Douala (donc, elle existait !)[440]. Indépendamment de ce second arrêt, les coutumes camerounaises comportent bel et bien des dispositions relatives au sort des biens des époux en cas de dissolution du lien matrimonial : Sauf cas exceptionnel, ils reviennent presqu'en totalité à l'époux. Seulement, les dispositions de la coutume étant contraires à l'orientation jurisprudentielle que la Cour suprême entend donner à la question, elle préfère la déclarer silencieuse pour pouvoir appliquer le code civil et aboutir à une solution plus équitable et en conformité avec sa nouvelle jurisprudence. De façon générale, elle applique de façon préférentielle le droit moderne au droit

---

[439] C.S arrêt n° 68/L du 28 juillet 1985

[440] Voir C.A de Douala, arrêt du 30 Avril 1971 RCD n°3 p.95 observations MELONE (S)

traditionnel. Elle peut de la sorte peser sur l'évolution de la coutume même si elle n'a pas les moyens d'imposer de façon massive le droit moderne à l'ensemble de la population.

Comme le Cameroun, d'autres pays d'Afrique font appel à la loi moderne devant le silence ou l'obscurité de la coutume. C'est le cas du Niger (article 53 de la loi du 16 Mars 1962), du Tchad (article 71 de la loi du 21 Mars 1967) et du Sénégal (article 17 de l'ordonnance du 14 Novembre 1960).

En république Centrafricaine par contre, à défaut d'appliquer la coutume, les tribunaux doivent juger en équité lorsqu'on est dans un cas de figure non prévu par la coutume. Les juges anglophones au Cameroun sont plus proches de cette deuxième solution que de celle adoptée par leurs collègues francophones. Autant ils sont réticents à invoquer l'ordre public ou l'atteinte aux bonnes mœurs pour écarter l'application d'une coutume, autant lorsqu'ils font allusion au silence de la coutume ils préfèrent juger en équité[441] plutôt que d'appliquer la common law à titre supplétif. Cette tendance à juger en équité plutôt qu'en droit qu'on retrouve chez le juge anglophone conduit parfois à des décisions qui juridiquement manque de base mais qu'on peut justifier sur le plan humain. A titre d'exemple on peut citer l'affaire BABILAH NJINGUM (J) / BABILAH NJINGUM (M)[442]. L'épouse du sieur BABILAH NJINGUM étant devenue folle, celui ci demande au parquet la conversion de leur mariage à l'origine conclu sous la forme monogamique en union polygamique car il ne veut pas se séparer de sa femme envers qui il se sent des obligations mais souhaite en épouser une autre pour malgré tout continuer à mener une existence normale. Le ministère public refuse de donner suite à cette demande et lui conseille de divorcer de sa femme et de se remarier avec elle cette fois sous la forme polygamique et de lui adjoindre éventuellement une « co-épouse » si tel est son désir. Le conseil de monsieur BABILAH fait remarquer à la *high court* que si son client divorce de son épouse, il ne pourra pas l'épouser à

---

[441] Voir POUGOUE (P.G) dans sa thèse op cit. P.99 et MARTICOU RIOU (A) dans son article sur les statuts personnels au Cameroun précité p. 257

[442] HCB/ 112M/89 (Bamenda *high court*) cité par ATANGHO NJI AKONUMBO dans: A critical analysis of the 1981 ordinance governing the conditions of capacity to marry in Cameroon. Mémoire de maîtrise, Université de Yaoundé - année 1991 p. 49

nouveau ; le consentement de cette dernière ne pouvant être valable à cause de son état mental. Finalement, le tribunal autorise la ''rectification'' de l'acte de mariage des époux qui les fait passer d'un mariage monogamique à un mariage polygamique. Juridiquement, rien n'autorisait la *high court* de Bamenda à ordonner la transformation du mariage des époux BABILAH en union polygamique car au moment de la célébration à l'état civil d'un mariage l'option de système matrimonial faite par les époux n'est pas modifiable tant que subsiste le lien conjugal. Le jugement rendu dans cette affaire manque par conséquent de base légale. Il a été rendu en équité, la juridiction saisie estimant qu'il était préférable de permettre à un homme qui souhaite continuer à vivre avec sa femme malade à prendre une seconde femme plutôt que de l'obliger à s'en séparer parce qu'incapable d'assumer au jour le jour une vie maritale avec un conjoint déséquilibré. Le juge qui a rendu cette décision dit l'avoir fait en équité, mais est-elle juste ? C'est une question à laquelle il n'est pas aisé de répondre. Lorsque l'on se marie, c'est pour le meilleur et le pire. La maladie fait partie du pire et le conjoint bien portant doit apporter secours et assistance à celui qui est malade et lui rester fidèle tant que subsiste le lien matrimonial. Mais, doit-on et peut-on l'obliger à le faire [443] ?

§ 3 : LA COMPETENCE RESIDUELLE DES JURIDICTIONS DE DROIT TRADITIONNEL.

Au Cameroun, les justiciables ont certes la possibilité de porter pour ce qui relève du droit de la famille leurs litiges soit devant les juridictions de droit moderne, soit devant les juridictions de droit coutumier. Les premières appliquent le droit écrit (common law ou droit civil) et les deuxièmes la coutume.

---

[443] A titre comparatif, voir TPD de Nnanga -Ebogo dans la région francophone, jugement n° 44/TPD du 24 Mai 1996 (Juridis info n° 27 p. 62 et 63). Dans cette espèce l'épouse après plusieurs années de mariage est atteinte par une maladie mentale qui entraîne la rupture de la vie commune entre les époux. Le mari au bout de quelques années demande le divorce sur la base de la violation par sa femme des devoirs d'assistance et de secours, non consommation du mariage, injures et sévices. Reconventionnellement, celle ci demande à son tour le divorce pour violation des devoirs de secours et d'assistance, dissimulation d'une autre épouse et insulte. Le juge saisi n'ayant reconnu aucune des causes de divorce invoquées fondée refuse de le prononcer.

Cependant, la compétence des tribunaux de droit traditionnel est subordonnée à son acceptation par toutes les parties. Il suffit que l'une des parties décline la compétence in *limine litis* d'une juridiction de droit traditionnel pour que l'affaire soit automatiquement transférée devant une juridiction de droit écrit[444]. La réciproque n'étant pas possible, on peut en déduire que le tribunal de grande instance qui est compétent dans les mêmes matières que les tribunaux de premier degré et les *customary courts* est la juridiction de droit commun et les autres des tribunaux d'exception. La règle « l'option de juridiction entraîne l'option de législation » ayant pour conséquence l'application du droit moderne devant les juridictions de droit écrit et celle de la coutume devant les juridictions de droit traditionnel, il serait logique de conclure que le droit commun au Cameroun est le droit écrit et l'exception la coutume. Le déclinatoire de compétence à sens unique ajouté à la règle de l'option en principe devrait contribuer à l'amoindrissement de la coutume mais dans la pratique, ce n'est pas toujours le cas. Le droit coutumier résiste et reste le droit de la majorité des Camerounais en dépit de toutes les manœuvres législatives et jurisprudentielles pour le neutraliser. Son coût peu élevé[445], sa proximité, sa rapidité[446], sa simplicité et l'attachement

---

[444] Voir -TPD de Yaoundé jugement n° 318 du 14 Février 1994 MINDZEME, née NGON MAKON (M)/ MINDZEME ZAMBO (P). Dans cette affaire, l'épouse avait fait une demande de divorce devant le tribunal de premier degré de Yaoundé, juridiction de droit coutumier mais son époux a décliné avant toute défense au fond la compétence du tribunal coutumier. C'est assez inhabituel que le déclinatoire de compétence provienne de l'époux devant cette juridiction car de façon générale, le droit qui y est appliqué lui est en principe plus favorable.

- TPD de Yaoundé jugement n°338 du 21 Février 1994 TEMGOUA (A.P) / TEMGOUA (C). Dans ce deuxième cas, la demande de divorce avait été introduite par l'époux devant le tribunal de droit coutumier de Yaoundé mais l'épouse a décliné sa compétence.

- TPD de Yaoundé jugement n° 653 du 16 Mai 1994 ABANDA (D.A) / AMAH (P.L). Dans cette troisième affaire, le tribunal de premier degré saisi devait se prononcer sur un cas de rupture abusive de fiançailles et exigence abusive de la dot. La fiancée décline la compétence de la juridiction.

[445] Les frais de justice s'élèvent à 2000 F CFA (20 FF) devant les juridictions de droit traditionnel alors que devant le tribunal de grande instance, une consignation de 58000 F CFA doit être déposée au greffe au début de la procédure sans compter les frais d'assignation et les honoraires d'avocat s'il y a lieu.

[446] Le principe du contradictoire, les expertises, les délais d'ajournement etc. devant les tribunaux de grande instance ralentissent considérablement la

des populations à un droit dans lequel ils se reconnaissent sociologiquement draine tout naturellement l'essentiel des justiciables vers les juridictions de droit local. Leur compétence n'est donc résiduelle qu'en droit puisqu'elles gèrent la plus grande partie du contentieux dans la matière qui fait l'objet de notre étude. L'opportunisme des populations ne saurait à lui seul expliquer cet engouement pour la justice coutumière. Il est incontestable que l'attachement profond des populations à ce genre de justice est la raison principale de cette préférence affichée du droit traditionnel.

---

procédure alors que devant les tribunaux de droit traditionnel, la simplicité de la procédure permet de gagner du temps.

LE BILAN DE SEIZE ANNEES D'APPLICATION DE L'ORDONNANCE DE 1981

Dans les chapitres précédents, nous avons souvent invoqué l'ordonnance de 1981 qui est le principal texte de loi national portant unification du droit dans la matière qui fait l'objet de notre étude. Cette ordonnance que nous avons étudié dans les détails a d'ailleurs fait l'objet d'un chapitre. Plus de seize ans après qu'elle ait été promulguée, les praticiens du droit de la famille ont largement eu le temps de la roder. Après analyse de l'accueil qui lui a été fait et de son application concrète sur le terrain, un constat d'échec s'impose. Le but du législateur n'est pas atteint. La réception par les justiciables n'est toujours pas effective et les professionnels en marge de dispositions parfois très claires ont des pratiques qui n'ont absolument rien à voir avec le texte qu'ils sont sensés appliquer. Le droit anglophone de la famille de façon générale reste très différent du droit francophone de la famille en dépit de ce texte de loi qui a essayé de les rapprocher. La différence d'approche de la chose juridique dans ces deux systèmes de droit a comme on pouvait s'y attendre des répercussions sur la réception de la loi. Les choses sont d'autant plus complexes que l'ordonnance de 1981 ne réalise qu'une unification partielle de la matière ; les matières non traitées restant soumises à la common law, au droit civil ou au droit coutumier selon les cas.

Ce constat d'échec posé, nous nous efforcerons dans ce dernier titre, d'en dégager les causes (chapitre1). Les perspectives d'avenir n'en seront que plus claires (chapitre 2)

CHAPITRE 1 LE CONSTAT D'ECHEC A PROPOS DE L'ORDONNANCE DE 1981

Après étude de l'ordonnance de 1981, un constat d'échec s'impose. Avec ce texte de loi, le législateur a voulu amorcer l'œuvre de construction d'un droit de la famille uniforme pour l'ensemble du Cameroun. Elle opère une unification partielle de cette partie du droit. C'est là un exemple d'unification au coup par coup qui de toute évidence a la faveur du législateur Camerounais. Dans d'autres pays, cette méthode s'est avérée efficace mais au Cameroun, cela n'a pas été le cas[447]. Le droit de la famille forme un tout. Il est difficile d'intervenir sur certains points sans mettre en danger l'équilibre général de la matière. Ceci est d'autant plus délicat que dans un contexte comme celui du Cameroun, les questions non traitées restent soumises à des sources de droit différentes : droit civil, common law ou droit coutumier selon les cas. L'inconvénient majeur de ce pluralisme qui subsiste malgré le début d'unification étant qu'à l'intérieur du même pays, un même fait ou un même acte ont des conséquences différentes selon qu'on se retrouve devant un tribunal du Cameroun anglophone ou un tribunal du Cameroun francophone.

Les causes de l'insuccès de cette ordonnance sont nombreuses, mais on peut classer les principales en deux catégories : celles qui sont de nature juridique (section1) et celles qui s'expliquent plutôt par l'environnement sociologique (section2)

---

[447] Voir intervention de MALAURIE (P) dans le cadre des Travaux du comité français de droit international privé 1975-1977 p. 199 et 200 : « Je ne crois pas que la méthode de réforme du code civil au coup par coup soit la bonne pour le fond du but. Et ce que je pense à l'égard du droit civil, vaut aussi à l'égard du droit international privé. Mais les réalités l'emportent sur les désirs. Une codification générale du droit civil et du droit international privé, la commission de révision du code civil, quelle que fussent la ténacité et la longueur de ses travaux, n'y avait pas réussi ; la réforme au coup par coup a abouti. »

SECTION 1 : LES CAUSES JURIDIQUES DU BILAN NEGATIF

L'ordonnance n°81/02 du 29 Juin 1981 portant organisation de l'état civil et diverses dispositions relatives à l'état des personnes physiques est certes applicable sur l'ensemble du territoire mais, l'approche du droit de façon générale par les juristes anglophones est différente de celle qu'ont les juristes francophones. La perception, l'interprétation et par conséquent l'application du texte peuvent différer d'une partie à l'autre du territoire. Or, le législateur avec ce texte de loi voulait au contraire réduire les divergences sur le plan juridique entre ces deux régions. Il n'y arrive pas totalement. La procédure civile n'étant pas la même devant les juridictions inférieures selon qu'on se trouve au Cameroun anglophone ou au Cameroun francophone, les difficultés d'une application uniforme s'en trouvent accentuées. Enfin, le manque de clarté de la jurisprudence de la Cour suprême n'aide pas à clarifier ce domaine et complique davantage une situation qui l'est déjà.

§ 1: LES DIFFICULTE D'INTERPRETATION ET D'APPLICATION UNIFORME DE LA LOI.

L'application d'une règle de droit nécessite toujours, une interprétation préalable qui correspond à l'opération mentale que fait le juge, pour donner un sens aux mots utilisés par le législateur et relier un texte de loi ou une décision de justice à une situation particulière soumise à son appréciation. L'interprétation juridique peut porter sur une question de droit ou sur un simple fait. L'école de droit à laquelle un magistrat a été formé conditionne dans une certaine mesure, son approche de l'interprétation. Elle est différente selon qu'il est issu de l'un ou l'autre des systèmes juridiques en vigueur au Cameroun même si les méthodes d'interprétation utilisées par les juges anglophones se rapprochent parfois de celles des juges francophones. L'application de la loi proprement dite continue également de varier sur certains points dans les deux parties du pays.

A- LES METHODES D'INTERPRETATION

L'interprétation juridique est aujourd'hui presque exclusivement faite par les tribunaux[448]. Il n'en a cependant pas toujours été ainsi. Les *statutes* en common law comprenaient habituellement une partie explicative, interprétative qui donnait le sens des mots employés par le législateur. En France aussi, le législateur peut s'il le désire, faire œuvre d'interprétation par la voie de lois interprétatives et jusqu'à la loi du 1er Avril 1837 qui l'a abrogé, le référé législatif lui permettait d'expliciter le sens d'une loi en l'interprétant[449].

Lorsque les tribunaux sont amenés à interpréter un texte de loi, ils ont recours à diverses méthodes qu'ils peuvent d'ailleurs combiner. La méthode grammaticale qui correspond du côté anglophone aux *literal* ou *plain meaning rule* est la première méthode d'interprétation à laquelle les juges ont habituellement recours. Elle consiste à s'attacher au sens littéral des mots utilisés par le législateur. Peu importe que le résultat soit absurde ou injuste, c'est la signification ordinaire des expressions utilisées par le législateur qui est prise en considération. MARTY et RAU[450] résument bien ce à quoi cela consiste : « ... L'interprétation grammaticale s'attache à déterminer le véritable sens d'un texte obscur ou incomplet en s'aidant des usages de la langue et des règles de syntaxe.» Si on se conforme strictement à cette méthode, il peut arriver que l'on aboutisse à des résultats aberrants ou injustes. Dans ces cas là, il est possible d'avoir recours à une interprétation logique qui s'apparente à la *golden rule* des anglophones. « L'analyse dite logique... consiste essentiellement à replacer le texte dans son contexte, l'examen pouvant aller jusqu'à

---

[448] La possibilité d'une interprétation administrative par voie de réponse gouvernementale aux questions écrites des parlementaires existe théoriquement mais elle n'est pratiquement jamais utilisée.

[449] Voir TERRE (F) dans : Introduction générale au Droit, Précis Dalloz-3ème éd (1996) n°221

[450] Cour de droit civil français, 4ème éd Tome1, p.130

l'ensemble du code civil.[451] » Elle est liée aux procédés de l'argumentation juridique[452] (analogie, a contrario, a fortiori...)

Le juge peut également être amené à s'attacher à l'esprit de la loi plutôt qu'a la lettre. Il a alors recours à une interprétation psychologique qui conduit à rechercher la volonté du législateur. La méthode téléologique quant à elle repose sur la recherche de la finalité de la règle. Elle pourrait être comparée à ce que les anglophones appellent *mischief rule* ou *purposive approach* qui amène le juge à regarder au but que vise la loi. La méthode historique ou évolutive s'inscrit dans la même logique mais va plus loin puisqu'elle peut s'écarter de la volonté a l'origine du législateur pour s'adapter aux exigences nouvelles de la société[453].

Au Cameroun, ce n'est pas tellement au niveau des méthodes d'interprétation que la divergence entre juges anglophones et francophones se fait le plus ressentir. Ils font tous appels en fonction des besoins, indifféremment à l'une ou l'autre des méthodes d'interprétations invoquées. C'est plus dans le rapport aux sources du droit et dans l'interprétation de certains faits juridiques, qu'on peut mettre en évidence de façon nette la différence entre droit francophone et droit anglophone. Pour les juristes francophones, la législation est la source première du droit à laquelle on regarde spontanément devant un problème à régler alors que, chez les anglophones, bien que la loi ne soit pas dénuée de tout intérêt, la recherche de la jurisprudence sur la question constitue un réflexe. Dans un système de droit jurisprudentiel où le précédent judiciaire joue un grand rôle, ce n'est pas sans conséquence. Une cour d'appel par exemple qui fait une mauvaise

---

[451] Voir GHESTIN et GOUBEAUX, Traité de droit civil - Introduction générale, Paris, LGDJ 1977 p.94

[452] Voir TERRE op cit. p.413

[453] TERRE op cit. p.413 « Le droit étant une création continue de la société, on admettra que la loi n'est que l'expression provisoire de la règle adaptée au milieu social ; elle se détache de la volonté du législateur et elle peut acquérir un sens nouveau par lequel elle s'adaptera aux exigences nouvelles du groupe. Les transformations du sens d'une loi sont alors jugées normales : ce qui compte, ce n'est pas tant la volonté du législateur que les exigences du milieu social. La volonté du législateur se borne à traduire les besoins de ce milieu, et comme celui ci évolue sans cesse, il n'y a pas de raison de se référer à une volonté désuète. En d'autres termes, ce ne sont pas les intentions du législateur qui ont force de loi, c'est le texte... »

application d'une loi est susceptible d'entraîner de façon machinale les juridictions inférieures dans son erreur puisque pour ces dernières, la jurisprudence a une valeur quasi équivalente à celle de la loi. On peut même dire qu'une loi qui n'a pas encore reçue d'application jurisprudentielle est considérée comme inactivée[454].

Pour ce qui est des nuances dans la définition, l'interprétation et les conséquences des faits juridiques devant les tribunaux, l'exemple de l'adultère est très significatif. Le même acte selon qu'il est qualifié par un juge francophone ou un juge anglophone sera considéré comme adultère ou pas[455] et au Cameroun anglophone, l'adultère n'est pas une cause péremptoire de divorce tel que c'est le cas en droit civil. Pour l'obtenir aux torts du conjoint fautif, en plus de l'adultère, l'époux trompé doit démontrer qu'à la suite de l'acte de l'autre, le maintien du lien conjugal lui est intolérable[456]. Au Cameroun francophone par contre, l'adultère en lui même constitue une cause péremptoire de divorce. Cependant, il faut préciser qu'il n'est pas entendu dans cette partie du pays de la façon habituelle et les faits constitutifs de l'adultère masculin sont différents de ceux de l'adultère féminin. Une femme mariée qui a un rapport sexuel avec quelqu'un d'autre que son mari commet un adultère au sens où l'entendent les tribunaux mais on ne peut parler d'adultère chez l'homme que si l'acte a eu lieu au domicile conjugal ou a lieu de façon habituelle à l'extérieur avec la même personne. Ce qui signifie qu'un homme marié qui trompe régulièrement sa femme avec des personnes différentes ne commet pas d'adultère, du moins pas un adultère punissable par la loi...

B- L'APPLICATION PROPREMENT DITE DE LA LOI

L'application proprement dite de la loi peut différer d'une région à l'autre. Comme nous l'avons mentionné en traitant de la

[454] Voir chapitre sur les sources du droit ci-dessus.

[455] Pour les juges anglophones, l'adultère est pris dans son sens ordinaire et est constitutif de l'infraction (en droit camerounais s'en est une) le fait pour une personne mariée d'avoir des rapports sexuels avec une personne autre que son conjoint alors que pour les francophones, l'acte doit être commis dans des conditions particulières pour être qualifié adultère.

[456] *Section* 1(2) a) du *Matrimonial Causes Act* de 1973

transcription, la pratique des centres d'état civil du Cameroun varie quelque peu selon qu'on est dans la partie francophone ou dans la partie anglophone du pays. En ce qui concerne la transcription des mariages coutumiers, nous avons vu que les officiers d'état civil anglophones ont une pratique différente de celle de leur collègues francophones qui transforment systématiquement la transcription en nouvelle célébration du mariage. Les centres d'état civil de part et d'autre du territoire appliquent pourtant le même texte de loi (l'ordonnance de 1981)...

De façon générale, nous avons démontré aussi dans les développements précédents que le droit traditionnel est considéré différemment par le juge anglophone et le juge francophone. Les deux sont pourtant supposés appliquer les mêmes textes de loi et tenir compte de la jurisprudence de la Cour suprême qui tend à faire reculer le droit traditionnel. Les juges francophones - bien qu'ils soient parfois réticents à appliquer totalement la loi moderne - ont tout de même une bonne longueur d'avance sur leurs collègues anglophones qui restent plus attachés aux institutions coutumières. Le regard qu'ils portent sur l'ensemble de la loi et l'interprétation puis l'application qu'ils en font est nécessairement différent. Ainsi, en dépit de l'article 70 de l'ordonnance de 1981[457] qui enlève toute valeur à la dot, certains tribunaux du Cameroun anglophone ont du mal à se départir de l'idée selon laquelle un mariage peut être valable sans le paiement préalable d'une dot[458]. De même en cas de divorce, il arrive qu'ils invitent l'épouse à rembourser la dot perçue par sa famille en totalité ou partiellement. Si cette dernière se remarie, c'est au nouveau mari qu'il reviendra souvent de dédommager le précédent[459].

En rapport avec la dot, l'article 77 dispose que « Le mariage est dissous par le décès d'un conjoint ou le divorce judiciairement

---

[457] Article 70 : «1) Le versement et le non versement total ou partiel de la dot, l'exécution et la non exécution totale ou partielle de toute convention matrimoniale sont sans effet sur la validité du mariage.

2) Est irrecevable d'ordre public, toute action sur la validité du mariage fondée sur la non exécution totale ou partielle d'une convention dotale ou matrimoniale. »

[458] Voir NGOMBA/NGOMBA, Buea *customary court* jugement n° 174/86-87

[459] Kumba *customary court*, affaire n° 44/85-86 et aussi Mbonge *customary court*, affaire n° 50/85-86

prononcé. En cas de décès du mari, ses héritiers ne peuvent prétendre à aucun droit sur la personne, la liberté ou la part de biens appartenant à la veuve qui, sous réserve du délai de viduité de 180 jours à compter du décès de son mari, peut se remarier librement sans que quiconque puisse prétendre à aucune indemnité ou avantage matériel à titre de dot ou autrement, soit à l'occasion de fiançailles, soit lors du mariage ou postérieurement. »

Deux arrêts[460] de la cour d'appel de Bamenda pourtant rendus plusieurs années après la promulgation de l'ordonnance de 1981 ne sanctionnent toujours pas la pratique coutumière qui autorise les héritiers du de cujus à hériter de ses veuves. Pratique que le législateur entendait bien enrayer. Là encore son objectif n'est pas atteint et l'institution reste vivace ; preuve si besoin en était que légiférer sur une question ne suffit pas toujours à entraîner un changement dans les mœurs.

Pour ce qui est des conditions de forme du mariage, on a également pu constater une différence d'approche entre juges anglophones et juges francophones concernant la sanction de la violation de l'obligation de publier les bans. Une décision émanent de la *high court* de Fako[461] a déclaré un mariage nul pour défaut de publication des bans alors qu'au Cameroun francophone, il est de jurisprudence constante qu'il doit être fait une différence entre les conditions de fond et les conditions de forme du mariage ; seule la violation des premières entraînent la nullité. En réalité dans cette affaire tout comme dans un autre cas émanant de la cour d'appel de Buea[462], c'est la loi de 1968 sur l'état civil qui était applicable et pas l'ordonnance de 1981 parce que les parties se sont mariées avant 1981. Cependant, sur la question discutée, cela ne fait pas de différence étant donné que l'ordonnance de 1981 et la loi de 1968 prévoient la publication des bans. Le but de cette formalité est d'informer les tiers pour permettre que d'éventuelles oppositions soient faites. Dans les deux cas cités, les bans n'ont certes pas été

---

[460] BCA/61/86 (TABOTI CHRISTIAN / MBIEKWE KIEMBO) et BCA/11/85 (NCHANJI JAPHET/ TANTO GWEI)

[461] HCF/25mc/89 (CHE NIBA (A) / EMBELLE (S) cité par NGWAFOR dans Family law in Anglophone Cameroun op cit. P. 66

[462] CASWP/37/90

publiés mais il n'y avait pas de motif d'opposition[463]. Les deux unions ont néanmoins été déclarées nulles.

Enfin, toujours dans le sens de la difficulté à appliquer de façon uniforme la loi et plus particulièrement l'ordonnance de 1981 sur l'ensemble du territoire, on peut mentionner la différence déjà soulignée entre le « domicile » tels que l'entendent les juges francophones et le *domicile* tel qu'il est défini en droit anglophone. Logiquement, cette disparité entre les deux notions devrait avoir des répercussions sur l'application de la loi à chaque fois qu'elles sont mises en œuvre. Pour le juge francophone la notion de domicile se confond pratiquement avec celle de résidence alors que pour l'anglophone, elle renvoie à un territoire de droit. Dans le système de droit anglophone, chaque citoyen est domicilié soit dans l'ex-Cameroun occidental, soit dans l'ex-Cameroun oriental[464] et pas dans une ville donnée comme c'est le cas en droit francophone.

La procédure civile qui dans les deux parties du pays est différentes contribue à accentuer l'écart entre le droit anglophone et le droit francophone.

§ 2 : L'EXISTENCE DE PROCEDURES CIVILES DIFFERENTES

Contrairement à la procédure pénale qui a été unifiée sur l'ensemble du pays, la procédure civile reste différente dans le Cameroun francophone et dans le Cameroun anglophone. L'ordonnance de 1972 sur l'organisation judiciaire a unifié l'organisation judiciaire et institué une cour suprême unique mais ne traite pas de l'organisation judiciaire qui reste soumise à un régime proche de celui en vigueur au moment des indépendances.

[463]Les faits de l'arrêt de la cour d'appel de Buea révèlent que l'époux a obtenu le divorce d'un précédent mariage juste quelques jours avant que ne soit célébré le second mariage qui a été déclaré nul pour défaut de publication des bans. Le laps de temps entre le divorce et le remariage aurait été plus grand que cela n'aurait sûrement rien changé à la teneur de l'arrêt. Ce que la cour d'appel du sud ouest a voulu sanctionner, c'est le défaut de publication des bans tout simplement.

[464] Avec pour conséquence d'être soumis soit à la common law, soit au droit civil étant donné que dans le système de conflit de droits du juge anglophone, le statut personnel relève de la loi du domicile.

Devant les juridictions traditionnelles, la procédure est très simple aussi bien devant celles du Cameroun francophone que devant celles du Cameroun anglophone. L'instance est introduite par une simple requête orale ou écrite adressée au président du tribunal. Celui ci convoque ensuite les parties et le procès commence au jour fixé. L'administration des preuves est libre et les assesseurs apportent le cas échéant les éclaircissements au président de la juridiction sur la teneur de la coutume des parties.

Devant les juridictions de droit moderne, la procédure civile est différente selon qu'on est devant un tribunal de droit civil ou de common law. Au Cameroun francophone, les procès civils obéissent aux règles du code de procédure civile tandis qu'au Cameroun anglophone c'est aux différents *civil procedure acts* qu'il est fait appel. Cette divergence au niveau de la procédure a, comme on pouvait s'y attendre, des répercussions sur l'administration de la justice. Ainsi, par exemple, le fait que le droit à l'appel ne soit pas toujours automatique devant les juridictions de common law prive les justiciables de cette partie du pays du droit au double degré de juridiction qui devant les tribunaux de droit civil est un acquis. En effet, pour interjeter appel devant une *court of appeal*, il est nécessaire d'adresser au président de la juridiction qui a prononcé la décision une requête aux fins d'appel (*motion on notice*). S'il rend un avis favorable, il doit préciser dans quelles conditions l'appel pourrait être fait. Si elles ne sont pas satisfaites, l'appel est rejeté pour *non fufilment of the conditions of appeal*[465]. Cette forme conditionnelle d'appel chez les anglophones n'est pas sans conséquence sur le fond du droit. En filtrant le droit au double degré de juridiction, le juge anglophone court le risque de faire une mauvaise administration de la justice ou d'accentuer les disparités avec le juge francophone pour ce qui est de l'application de la loi. Parce qu'une cour d'appel coiffe plusieurs tribunaux de première instance, elle à un rôle unificateur non négligeable. En soustrayant de sa connaissance des affaires, on va dans une certaine mesure à l'encontre des objectifs du législateur qui projette l'unification du droit.

Nous avons également vu dans les chapitres précédents que la notion de domicile n'a pas la même signification dans les deux

[465]Voir BANAMBA (B) dans sa thèse op. cit. P. 142 et suiv.

systèmes de droit moderne. Le fait, que le domicile revêt en matière de procédure, un caractère très important (étant donné qu'il sert de critérium d'attribution de compétence territoriale) a également des conséquences sur le fond du droit qui sera appliqué, chaque juge appliquant systématiquement sa propre loi.

L'existence dans le même pays de deux procédures civiles différentes est de nature à peser sur l'administration de la justice de façon générale. Mais, dans le cadre de l'exécution des décisions de justice cette situation peut aboutir sur de véritables imbroglios juridiques. En principe, toute décision de justice définitive devrait pouvoir recevoir exécution sur l'ensemble du territoire Camerounais. Il arrive pourtant que, les particularités des voies d'exécutions dans l'un ou l'autre système de droit fasse qu'une décision ayant acquis force de chose jugée dans une partie du pays ne puisse pas recevoir immédiatement exécution dans l'autre. Le droit anglophone ne connaît pas la formalité préalable de la signification avant exécution. Les jugements des juridictions anglophones comportent une formule exécutoire. Lorsque leur exécution est demandée dans la partie francophone du pays et doit donner lieu à une saisie par exemple, la partie qui à succombé au procès peut toujours saisir un juge des référés sur la base de l'article 182 du code de procédure civile en discontinuation de la saisie ordonnée par le juge anglophone. En cas de pourvoi en cassation, une demande de sursis à exécution peut lui être adjointe. La partie qui a obtenu une décision favorable du juge anglophone peut il est vrai, se retourner vers celui-ci pour que soit annulé une procédure de référé engagée devant le juge francophone. Le juge anglophone pourrait la déclarer nulle mais, ce serait sans conséquence au niveau de l'efficacité de la décision rendue au préalable. Le juge francophone saisi sera amené en fin de compte à faire un contrôle déguisé de la décision de son collègue anglophone avec le risque pour celui qui a gagné le procès devant le juge anglophone de le perdre devant le juge francophone ou alors d'obtenir une satisfaction moindre[466].

---

[466] Voir l'affaire ASABA TAKU / Rhône Poulenc Afrique centrale (arrêt n° CASWP/39M/89 - Buea) relaté par BANAMBA (B) dans: Les conflits de droits et de lois dans le système juridique camerounais. p.141 et suiv.

L'ambiguïté de la jurisprudence de la cour suprême est un autre élément qui ne concourt pas à l'unification du droit de la famille au Cameroun et pourtant il aurait été légitime d'en attendre beaucoup.

§ 3: LE MANQUE DE CLARTE DE LA JURISPRUDENCE DE LA COUR SUPRÊME

La ligne jurisprudentielle tracée par la cour suprême est d'une importance capitale pour l'orientation du droit au Cameroun. Elle est l'une des pièces maîtresse du processus d'unification du droit. Parce qu'elle se situe au sommet aussi bien des juridictions francophones que des juridictions anglophones, elle est en position d'influer sur le sens de leurs décisions et de préparer des réformes législatives qui aient une chance d'être suivies dans la pratique. Encore faudrait-il que les « signaux » émis par la Haute cour soient clairs. Or, il n'en est rien et la jurisprudence de la Cour suprême parfois manque de « lisibilité ». Ce n'est pas toujours qu'on comprend exactement dans quelle direction elle veut entraîner les juridictions inférieures tant, sa démarche est hésitante et parfois même contradictoire.

On attend de la cour suprême qu'elle neutralise sans état d'âme toutes ces coutumes rétrogrades qui non seulement « briment » les femmes mais en plus n'honorent pas les hommes. Elle a fait reculer la tradition dans les domaines des régimes matrimoniaux, de la filiation naturelle, des successions, des droits du conjoint survivant, de la dot, etc. mais, elle a encore beaucoup à faire pour épurer le droit camerounais des aspects négatifs de la coutume.

On ne peut que déplorer le fait que la Cour suprême du pays supposée être garante de l'égalité des hommes et des femmes, défendeur des droits et libertés des individus, non seulement cautionne certaines pratiques coutumières qui devraient être écartées mais en plus trouvent le moyen d'en inventer de toute pièce. C'est le cas avec une coutume Bamiléké qui donnerait aux époux un droit de correction sur leurs épouses. Cette jurisprudence constitue en n'en pas douter un pas en arrière. Elle a été inaugurée dans les années 1970[467] et on a pensé que c'était un cas isolé, que

---

[467] Arrêt n° 42/L du 4 Janvier 1972 de la Cour suprême. Voir aussi NKOUENDJIN YOTNDA dans : Du droit de boxer sa femme

les juges qui ont rendu l'arrêt se sont surpris à cautionner une bêtise. Malheureusement, quelques années plus tard, cette coutume était à nouveau invoquée, cette fois par des juridictions inférieures qui n'ont pas hésité à se référer à ce nouveau droit barbare institué par la Cour suprême.

Dans l'arrêt n° 74/COUT du 21 Février de la cour d'appel de Bertoua, les faits étaient les suivants : en date du 13 Juin 1980, dame TONGA MARIE a demandé le divorce d'avec son mari devant le tribunal du premier degré de Bafoussam. Elle soutenait à l'appui de sa requête que « depuis son mariage le 25 Mars 1969 avec TCHANGA GUY-FRANÇOIS, elle n'a connu que des sévices répétés ; qu'un certificat médico-légal lui a été délivré le 20 Juillet 1984 à cet effet ; que son mari l'accuse constamment d'entretenir des rapports sexuels hors mariage ; la menace sans cesse de mort et de blessures ; la contraint d'écrire des lettres d'excuses pour des faits qu'elle n'a pas commis ; ne l'a jamais assisté à l'issue d'une intervention chirurgicale ; ne cesse de l'injurier... » Ce à quoi son époux répond que « les seules sévices exercés sur son épouse n'avaient qu'un but de correction en raison de ses mœurs légères... Que la demande en divorce de son épouse doit être rejetée. » La cour d'appel de Bertoua qui a statué sur cette affaire sur renvoi de la Cour suprême qui a cassé l'arrêt de la cour d'appel de Bafoussam qui avait auparavant été saisie a jugé que :

« Considérant que les époux sont de coutume Bamiléké ; Qu'en application de l'arrêt n° 42/L du 4 Janvier 1972 de la Cour suprême du Cameroun, le divorce des époux Bamiléké ne saurait être fondé sur le droit de correction du mari, lequel droit de correction est légitime et conforme à cette coutume ;

Considérant qu'il n'a été relevé nulle part que ce droit ait été démesurément exercé par le mari...

Statuant publiquement et contradictoirement envers toutes les parties, en matière civile de droit traditionnel en appel sur renvoi après cassation et en dernier ressort ;

Reçoit dame TCHANGA née TONGA MARIE en son appel comme régulier ;

Déboute dame TCHANGA née TONGA MARIE de sa demande en divorce comme non fondée... »

L'arrêt n° 551 du 6 Juin 1984 de la cour d'appel de Yaoundé a été rendu dans le même sens. La cour y relève que « Si en coutume

Bamiléké dont relèvent les parties, le mari offensé peut infliger une correction à sa femme, celle-ci ne doit point produire un résultat aussi important allant jusqu'à lui occasionner 15 jours d'incapacité temporaire de travail ; que c'est à bon droit que Dame NANA a demandé reconventionnellement le divorce. » Divorce qui a été prononcé aux torts réciproques des deux époux.

De ces deux arrêts, on peut déduire que les époux Bamiléké auraient le droit de battre leurs épouses pour les corriger mais doivent faire attention à ne rien leur casser... Les épouses dans le contexte Bamiléké seraient considérées comme des enfants dont les époux doivent compléter l'éducation et peuvent corriger s'ils l'estiment nécessaire. Ces deux dernières décisions citées ainsi celle de la Cour suprême sont déplorables. Surtout que le prétendu droit de correction des époux Bamiléké sur leurs épouses est étranger aux mœurs des populations de cette partie du pays. Dans certains groupes ethniques, battre sa femme est monnaie courante et admis[468]. Ce n'est cependant pas le cas à l'ouest où contrairement à ce qu'affirment les arrêts auxquels nous avons fait référence, la coutume ne donne absolument pas ce droit aux maris[469].

Alors, comment expliquer la référence faite par les cours d'appel et la Cour suprême à une coutume en réalité inexistante ? Pour quiconque a passé en revue un certain nombre de jugements et arrêts camerounais, ce n'est pas vraiment surprenant. Les motivations des arrêts en effet sont parfois fantaisistes. Il arrive par exemple que dans une instance coutumière, des articles du code civil soient directement invoqués et appliqués[470] alors qu'il est de

---

[468] Dans certains groupes ethniques, battre sa femme est considéré paraît-il comme un geste affectueux. Un comédien et metteur en scène Camerounais très populaire (ESSINDI MINDJA) tente de l'expliquer dans une pièce de théâtre où justement une épouse reproche à son mari de ne jamais la battre. « Comment saurais-je si tu peux me défendre en cas d'attaque ? » demande t-elle.

[469] Bien évidemment il existe sans doute des époux violents vis à vis de leurs épouses parmi les Bamiléké mais ce que nous mettons en doute, c'est l'affirmation que la coutume l'autorise.

[470] Voir par exemple l'arrêt n° 105 du 28 Mars 1991 de la cour d'appel de Yaoundé qui dans cette affaire siégeait comme chambre coutumière. L'arrêt rendu ressemble pourtant à s'y méprendre à une décision qui aurait été prise par la chambre civile. Ce n'est pas du droit traditionnel, ce n'est pas non plus tout à fait le droit civil mais ça y ressemble étrangement. Il serait intéressant de reprendre ici

jurisprudence constante que les juridictions de droit coutumier appliquent en principe la coutume. Alors pourquoi les juges ne transféreraient-ils pas des mœurs habituelles d'un groupe ethnique vers un autre ? La décision de la Cour suprême reste cependant critiquable dans la mesure où à supposer que la coutume Bamiléké autorise effectivement les époux à corriger leurs épouses, celle-ci devrait être déclarée contraire à l'ordre public et écartée.

Les causes du bilan négatif de l'ordonnance de 1981 ne sont pas que juridiques. Les raisons de l'échec de ce texte de loi peuvent aussi être trouvées dans le cadre sociologique.

SECTION 2 : LES CAUSES SOCIOLOGIQUES DU BILAN NEGATIF

Dans le contexte de l'Afrique noire en général et camerounais en particulier, l'état sociologique du milieu récepteur, des populations, conditionne en partie l'accueil qui est fait à un texte de loi. Si celui-ci est beaucoup trop décalé par rapport à la

---

les termes de cet arrêt qui sur le fond déclare les enfants du de cujus cohéritiers de leur père et accorde un droit d'usufruit à la veuve sur le ¼ des biens de la succession.

« Considérant que dame veuve NDY ALIMA fait grief au premier juge de l'avoir lésée dans ses droits, et d'avoir déclaré les enfants NDY cohéritiers avant la dissolution de la communauté ; que la cour doit lui attribuer la part qui lui revient dans les biens laissés par son feu mari ;

Considérant que sur la communauté légale, il n'est point discuté que la communauté ayant existé entre l'appelante et son mari est régie par les articles 1400 et suivants du code civil ;

Qu'il importe d'opérer ainsi que l'a si bien démontré le premier juge, une distinction entre les biens meubles et immeubles ;

Que s'agissant des biens meubles, la liste ne souffre d'aucune contestation ;

Que s'agissant des biens immeubles l'appelante sollicite qu'ils tombent dans l'assiette de la communauté ; qu'elle a œuvre pour l'obtention des titres fonciers ;

Mais considérant que le titre foncier n'est autre chose que la certification officielle de la propriété immobilière telle que définie par l'article 1er du décret n° 76-165 du 27 Avril 1976 ; Que les trois terrains immatriculés par feu NDY ALIMA (L) ne sauraient être pris en compte dans la communauté... »

A priori on ne voit pas trop pourquoi les immeubles ne feraient pas partie de l'assiette de la communauté s'ils constituent un acquêt. Donc en fait, la cour dit appliquer le code civil mais ne va pas au fond de sa logique.

réalité sociologique, la réception ne sera pas effective et en marge du droit institutionnel, se développera un droit où l'usage domine et écarte les normes arrêtées par le législateur. C'est un fait dont l'observation de la société ivoirienne constitue une bonne illustration. Au lendemain de l'indépendance de ce pays, il n'a pas été accordé de sursis au droit coutumier que le législateur ivoirien à cru bon d'abroger d'un trait de plume. Plus de trente ans après l'enterrement officiel de la coutume, l'emprise que celle-ci continue à avoir sur les populations n'est pas moins forte que celle qu'on peut observer au Cameroun ou la coutume est encore une source officielle du droit. En dépit de la politique législative intransigeante vis à vis des coutumes, en Côte-d'Ivoire les mariages à l'état civil continuent d'être précédés de mariages coutumiers, la pratique du paiement de la dot à la famille de l'épouse reste très vivace, le lien entre la dot et la filiation est couramment invoqué, la dévolution successorale lorsqu'elle est faite hors intervention judiciaire comme c'est souvent le cas, ressemble à s'y méprendre à ce qu'on peut observer au Cameroun, les rites de veuvage et l'héritage des veuves sont répandus, la polygamie est fréquente etc..

Lorsqu'un texte de loi est calqué sur les réalités sociologiques ou n'a pas une trop grande longueur d'avance sur les mœurs des populations, on peut penser qu'il sera suivi. Avec l'ordonnance de 1981 qui bien que plus tourné vers le droit écrit, fait tout de même quelques concessions au droit traditionnel en réhabilitant par exemple les mariages coutumiers que la loi de 1968 avait supprimé, on aurait pu espérer une meilleure réception que celle dont elle a fait l'objet. Le but du législateur avec cette ordonnance était de préparer l'orientation future du droit. La coutume y a une place précaire et est seulement tolérée de façon transitoire ; l'objectif final visé étant un droit plus moderne. Le fait est que les camerounais de façon générale ne sont toujours pas prêts pour un droit épuré de la coutume. Cette dernière résiste sur l'ensemble du territoire et dans la partie anglophone du pays, il y a une résistance culturelle des juristes anglophones qui voient dans cette ordonnance qui emprunte beaucoup au code civil une atteinte à leur identité. On peut donc conclure à un échec du texte de loi. L'analyse des causes sociologiques est intéressante à plus d'un titre.

§ 1: LA RESISTANCE DU DROIT TRADITIONNEL

La résistance du droit traditionnel est une constante dans le droit de la famille au Cameroun. Tout au long des développements précédents, nous avons souligné tout le mal que se donnent le législateur et la jurisprudence pour l'enrayer avec plus ou moins de bonheur. Sur l'ensemble du pays, dans l'ouest du pays et dans le nord musulman plus que sur le reste du territoire national, la coutume résiste et parfois même triomphe du droit moderne. La coutume rythme la vie des Camerounais ; y compris ceux qui sont « occidentalisés ».

La société africaine d'aujourd'hui est en pleine mutation. Si la jeune génération veut résolument regarder vers l'avenir, elle est encore prisonnière du passé. La résistance du droit traditionnel n'est que la traduction de cette ambivalence. Elle est héritière de l'héritage ancestral et vit en conformité avec la coutume autant que cela est possible. Le contact avec la culture occidentale n'a pas entraîné le remplacement des valeurs traditionnelles par de nouvelles valeurs plus « modernes » et les adeptes de la pratique de la coutume se recrutent aussi bien chez les intellectuels et les classes aisées que dans les milieux modestes ou peu scolarisés. La polygamie par exemple est pratiquée dans tous les milieux, et contrairement à ce qu'on peut penser, ce ne sont pas seulement des « femmes victimes » qu'on retrouve dans les foyers à plusieurs épouses. Certaines choisissent délibérément cette vie. De même, la plupart des jeunes filles aujourd'hui souhaitent que leur futur époux verse une dot à leurs parents. Elles sont contre les exigences abusives de leur famille mais avouent tenir au symbole. L'assimilation de la dot au « prix de la fiancée » dans de nombreux écrits n'a pas de répercussion sur l'idée qu'elles s'en font. Lorsque la dot est symbolique, le sentiment d'avoir été vendue n'a pas de raison d'être et la pratique est acceptée parce qu'elle s'inscrit dans un contexte culturel qui l'admet.

Les autres aspects de la coutume - même lorsqu'ils peuvent paraître rétrogrades - subsistent pour la même raison: l'attachement des populations à ce qui est transmis de père en fils. Il peut également arriver qu'on soit attaché à ce qui à été légué par l'autorité coloniale. C'est ce qui explique la résistance culturelle des juristes anglophones.

§ 2 : LA RESISTANCE CULTURELLE DES JURISTES ANGLOPHONES

Comme nous l'avons déjà mentionné, au Cameroun de façon générale les textes de lois copient plus ou moins le droit français ou alors des lois auparavant déjà en vigueur dans la partie orientale du pays sont étendues à la région anglophone. Tout se passe comme si le législateur quand il entreprend une réforme pense au Cameroun francophone et une simple traduction français/anglais est ensuite faite pour que les anglophones se débrouillent pour l'intégrer dans leur *corpus juris*[471].

Le droit étant un vecteur de la culture, on peut observer une résistance sourde de juristes anglophones qui face à tout ce qui peut effacer ce qui fait leur spécificité se protègent en résistant. Ils se montrent soucieux de préserver leur héritage colonial. Ils ont été sous administration britannique et ne souhaitent pas être assimilés à leurs frères de l'autre côté du Mungo qui eux ont été sous influence française. Lorsqu'une réforme est mise en place, sur le terrain les personnes chargées de l'appliquer doivent y comprendre quelque chose. Si elles sont imprégnées d'une toute autre logique juridique, on peut s'attendre à ce qu'elles ne mettent pas beaucoup de zèle à la mettre en œuvre et pestent au quotidien contre les ''bizarreries'' francophones. Cette attitude n'est que la traduction sur le terrain de ce qu'on peut déjà observer en amont dans les commissions de réforme où certains juristes, anglophones et francophones confondus, sont plus soucieux d'arriver à un texte de loi où le système de droit de leur région d'origine sort « victorieux ». Peu importe que la loi en question soit adaptée à l'ensemble du pays ou pas[472]. C'est là une autre manifestation du régionalisme exacerbé dans le pays que nous avons souligné en parlant de la construction de l'unité nationale dans le chapitre précédent. La lutte d'influence culturelle à laquelle se livrent anglophones et francophones de façon générale peut également être observée sur le plan du droit où de part et d'autre du territoire, on

---

[471] Le code pénal national est une exception. L'influence de la common law y est très nette.

[472] Voir description des sessions de travail d'une commission de réforme nationale par ANYANGWE (C) qui a été membre de la commission de réforme du code de procédure pénale. P.269 de son ouvrage : The cameroonian judicial system.

reste attaché à ses acquis coloniaux et on ne veut pas forcément de ceux des autres.

Dans les greffes et prétoires du Cameroun, la différence de l'héritage colonial est très nette. Les habitudes sont différentes et le personnel y est attaché d'où l'hostilité au changement. Cette résistance du droit anglophone à l'avancée du droit francophone peut être comparée à la résistance du droit traditionnel face au droit écrit. Dans les deux cas de figure, l'enjeu est culturel. Lorsque le décalage est trop grand entre ce qui est ou est devenu le droit des populations et un droit qu'on veut leur imposer, il y' a rejet ou alors la réception n'est que structurelle[473].

La question des régimes matrimoniaux par exemple dans l'ordonnance de 1981 de toute évidence pose problème devant les centres d'état civil du Cameroun anglophone. L'article 49 qui prévoit entre autre qu'il soit fait mention sur l'acte de mariage de l'existence éventuelle d'un contrat de mariage est une émanation du droit civil français. Parce que le texte de loi dans lequel se trouve cet article a une portée nationale, celui-ci a vocation à s'appliquer aussi bien devant les centres d'état civil du Cameroun anglophone, que devant ceux du Cameroun francophone. Dans la pratique, les premiers restent un peu en retrait par rapport à cette disposition. Il est en effet assez habituel dans les provinces du nord ouest et du sud ouest (anglophones) que les officiers d'état civil n'interrogent les futurs époux que sur le système matrimonial choisi (monogamie ou polygamie) et omettent de leur demander s'ils ont conclu un contrat de mariage comme les y invitent la loi. Alors que les francophones n'ont aucun mal à appliquer l'article 49 qui fait partie de leur paysage juridique depuis plus longtemps, les anglophones ont plus de mal. La notion de régime matrimonial leur est moins familière. La question dans cette partie du pays est toute imprégnée de la jurisprudence PETTITT/PETTITT[474]. De ce fait, même les tribunaux lorsqu'ils y sont confrontés on du mal à se départir des principes de la common law[475] pour adopter ceux du

---

[473] Et non pas effective.

[474] Il a été décidé dans cet arrêt que la communauté de bien est inconnue du droit anglais. « *English law knows no community of property.* »

[475] Voir NGWAFOR dans Family law in Anglophone Cameroon op cit. P. 177 « ... *Issues on property rights have been resolved by common law principles, in the Anglophone provinces of Cameroon.* »

droit civil. Il faut dire que le caractère incomplet de l'ordonnance de 1981 ne facilite pas non plus son application. L'article 49 est le seul dans ce texte de loi qui soit relatif aux régimes matrimoniaux. Dans l'ex Cameroun oriental étant donné que les articles du code civil relatifs à la question sont applicables, on peut y recourir si le besoin se fait sentir. Par contre, dans l'ex Cameroun occidental, cet article ''flotte'' et n'est pas rattaché à un corps de règle. D'où la tendance à l'écarter aussi bien en amont devant l'officier d'état civil qu'en aval devant un tribunal.

Cette résistance face au droit civil que nous avons qualifié de culturelle doit être placée dans le contexte général de ce qu'on appelle pudiquement au Cameroun ''la question anglophone''. Les perspectives d'avenir du droit de la famille au Cameroun sont intimement liées au règlement de ce problème.

CHAPITRE 2 LES PERSPECTIVES D'AVENIR DU DROIT DE LA FAMILLE AU CAMEROUN.

Pour envisager les perspectives d'avenir du droit de la famille au Cameroun, il est impératif de trouver au préalable une solution au problème anglophone. La justification de l'entreprise d'unification du droit dans laquelle le législateur s'est lancé est la nécessité de la construction nationale. Le but des dirigeants du pays est d'éviter que les différences ethniques et régionales ne deviennent un facteur de troubles intérieurs et un frein à l'essor du pays. En adoptant petit à petit un droit uniforme, cela éviterait la cristallisation des différences tribales d'une part et favoriserait d'autre part l'éclosion d'une conscience nationale qui reléguerait au second plan celle de l'origine culturelle. Le succès d'une telle politique législative suppose une volonté forte de marcher dans cette direction aussi bien de la part de l'Etat que des populations.

La suppression des clivages ethniques par l'abolition des coutumes rencontre une franche résistance des populations. Au fil du temps, ceux-ci vont s'estomper sans doute sans qu'on puisse espérer pour autant qu'ils disparaissent totalement un jour[476]. En réalité, ce qui devrait poser problème aux autorités du pays c'est arriver à rayer sur le plan du droit, la différence culturelle entre francophones et anglophones. Non pas que se soit une entreprise irréalisable, mais aujourd'hui le maintien des deux provinces anglophones dans l'ensemble camerounais est sérieusement en danger. Pour parler d'unification du droit anglophone et du droit francophone, il faudrait que l'unité politique des deux régions ne soit pas remise en cause ; autrement quel en serait l'intérêt ? L'unification du droit n'a de sens que si elle permet de consolider l'unité politique. C'est du moins le sens que veut lui donner l'Etat.

Pour bien tracer les contours des perspectives d'avenir du droit de la famille au Cameroun, le règlement de la question anglophone

---

[476] Dans les pays plus vieux que ceux de l'Afrique noire et qui ont atteint le stade de la nation, les spécificités des populations et la conscience de l'appartenance à un sous groupe n'ont pas pour autant disparus. Il n'y a pas de raison de penser qu'il en serait autrement au Cameroun. Les Bretons, les Basques, les Normands, les Corses, les Alsaciens même s'ils se sentent tous français gardent tout de même leur coloration régionale...

est un préalable (section 1). Les conditions nécessaires à l'éclosion dans cette branche d'un nouveau droit adapté aux Camerounais dépendent de la façon dont sera réglé le problème politique que pose la communauté anglophone du pays aujourd'hui (section 2).

SECTION 1 LE REGLEMENT PREALABLE DE LA « QUESTION ANGLOPHONE »

Avant d'analyser les possibilités qui s'offrent au gouvernement quant au règlement de ce conflit larvé (Para 2), nous rappellerons d'abord les origines de ce problème qui remontent aux premières heures de l'indépendance et des conditions dans lesquelles s'est décidé la fédération puis la réunification (Para 1).

§ 1 : POSITION DU PROBLEME

Au moment où la plupart des pays d'Afrique accèdent à l'indépendance au début des années 1960, les populations du Cameroun anciennement sous administration britannique sont invitées par référendum à se prononcer sur l'avenir de leur territoire. Les deux parties du Cameroun anglophone sont interrogées séparément. L'une, le *Northern Cameroons* est administrée comme une partie des provinces septentrionales du Nigeria. L'autre, le *Southern Cameroons* est gérée comme une province séparée de ce pays et bénéficie depuis 1954 dans la fédération du Nigeria d'une très large autonomie.

En 1959, lors des élections pour la *House of assembly*[477], la population du Cameroun méridional britannique est très partagée sur la question de la scission avec le Nigeria. Le parti d'ENDELEY qui est pour l'intégration du Cameroun anglophone dans la fédération du Nigeria obtient douze sièges alors que celui de FONCHA qui milite pour la séparation en obtient quatorze. Lors du plébiscite organisé les 11 et 12 Février 1961[478]pendant lequel les Camerounais anglophones devaient se prononcer sur l'avenir

---

[477] Chambre législative

[478] L'ONU avait décidé que dans le Cameroun anglophone septentrional tous les résidents seraient électeurs. Dans la partie méridionale, FONCHA obtient que les Nigérians soient exclus du vote

politique de leur territoire, vues les manœuvres politiques qui ont précédé la consultation populaire, les résultats ne sont pas surprenants. Le *Northern Cameroons* opte pour le rattachement au Nigeria par 146 296 voix contre 97 659. C'est une journée de deuil national pour la communauté anglophone du sud qui se trouve privée du renfort numérique que lui aurait apporté face au Cameroun oriental cette partie du territoire qui vient de changer de destinée. AHMADOU AHIDJO le président de la république indépendante du Cameroun est également déçu et maudit les anglais[479]. Originaire du nord de l'ex-Cameroun oriental, il espérait secrètement élargir sa clientèle électorale dans les milieux peuls du *Northern Cameroons* limitrophe à sa région d'origine[480] qui deviendra la province de Sardauna dans la région septentrionale du Nigeria. Dans le Sud, FONCHA et la classe politique francophone du Sud exultent[481]. Le *Southern Cameroons* vote massivement pour la réunification avec la république du Cameroun avec 233 571 voix contre 97 741.

C'est consciemment, mais un peu malgré lui que le *Southern Cameroons* fait alliance avec le Cameroun francophone. L'ONU, ne lui a laissé le choix qu'entre l'intégration au Nigeria et le rattachement au Cameroun anciennement sous administration française. La possibilité de devenir un Etat souverain autonome ayant été écartée. Aux dires d'EYENGA MBUYINGA, il y aurait eu entre la France et la Grande Bretagne « un gentleman agreement au terme duquel, en gros, les anglais n'insisteront plus pour que le sud de la zone qu'ils administrent depuis 1920 (ici le western Kamerun) reste dans leur sphère d'influence par un rattachement au Nigeria. En contre partie, les Français fermeront les yeux sur tout ce qui se trafiquera dans le Northern Kamerun, qui est la partie nord de cette même zone anglaise, laquelle sera annexée au Nigeria

---

479 Voir GAILLARD (P) dans : AHMADOU AHIDJO Patriote et despote, bâtisseur de l'Etat camerounais. Ed Jeune Afrique Livres, collection Destins (1994) P. 121

480 GAILLARD op cit. P. 119

481 GAILLARD op cit. p. 119: « ... SOPPO PRISO (homme politique francophone du Sud) et ses amis font la même analyse (que AHMADOU AHIDJO) et en tirent, naturellement, la conclusion inverse: l'intégration du seul Cameroun méridional, augmentant de quelque huit cent mille âmes la communauté du Sud au sens large, si communauté il y a, serait pour eux l'occasion de se revigorer pour effectuer une rentrée politique... »

pour demeurer sous influence de Londres. »[482] Ce qui peut être considéré comme un avis personnel ou une simple supputation de l'auteur paraît très vraisemblable lorsque l'on voit la façon dont les événements se sont par la suite déroulés. Comme par hasard, les habitants du *Northern Cameroons* d'origine nigériane ont été admis a voter alors que dans le *Southern Cameroons* ce n'était pas possible. Le président AHMADOU AHIDJO qui était bien conscient du fait qu'il était irréaliste d'espérer voir le nord seul opter pour la réunification, demande à la France à défaut de mieux, d'intervenir auprès de l'ONU pour qu'un plébiscite unique décide du sort de l'ensemble du territoire camerounais sous administration britannique. Bien évidemment, la France ne se montre pas particulièrement zélée pour accéder à sa demande. Elle n'y avait d'ailleurs pas intérêt. En demandant à la population du sud et du nord de se décider sur son avenir en un vote unique, les risques d'obtenir un résultat favorable au rattachement au Nigeria n'étaient pas négligeables étant donné qu'ils sont culturellement plus proches de ce pays avec lequel ils ont une portion d'histoire commune. Et comme le fait remarquer GAILLARD (P), « la France aurait été mal placée pour soutenir le vote global : elle avait crié au scandale quand ce système avait été appliqué au Togoland britannique, dont le sud aurait été rattaché au Togo au lieu du Ghana, si l'on y avait compté à part les résultats du Scrutin. »[483]

Bref, si théoriquement le sort du *Southern Cameroons* s'est décidé lors du plébiscite de février 1961, les puissances coloniales l'avaient déjà scellé plus ou moins. De façon générale, la ''balkanisation'' de l'Afrique a donné lieu à de multiples arrangements entre les grandes puissances. Le découpage des territoires s'est fait plus en fonction de leurs intérêts, que de ceux des populations locales.

Une fois la décision de se rattacher à l'ex-Cameroun oriental votée, les leaders de l'ex Cameroun occidental se concertent en Juin de la même année pour élaborer les règles selon lesquelles ils souhaitent voir l'union se réaliser. Le 17 juillet, les dirigeants des deux parties du pays se réunissent à Foumban dans le pays

---

[482] Voir son ouvrage op cit. p. 236
[483] P. 119 d' AHMADOU AHIDJO op cit.

Bamoun pour s'entendre sur les termes de l'alliance qu'ils vont contracter. Du côté anglophone, les résultats du plébiscite doivent être interpréter plus comme une opposition au maintien des liens avec le Nigeria que la démonstration d'une volonté forte de se rattacher à la république du Cameroun. Il est clair pour FONCHA qui a conduit la campagne pour le rattachement au Cameroun que ce qui prime, c'est l'indépendance du territoire du *Southern Cameroons*. Dans son esprit, c'est là une question complètement indépendante de celle de la réunification. Lorsqu'il arrive à la conférence de Foumban, c'est avec la ferme intention d'empêcher l'absorption du territoire qu'il représente par la toute nouvellement indépendante république du Cameroun. Il entend bien sauvegarder l'autonomie de cette région. De son côté, le président AHIDJO est satisfait malgré tout de l'agrandissement du territoire national. Il redoute cependant que l'ex-Cameroun occidental ne devienne un poids à tirer au moins sur le moyen terme du fait de sa situation économique arriérée. Il concède d'après GAILLARD (P)[484] à la délégation anglophone la fédération qu'elle souhaite. Mais ANYANGWE (C) soutient qu'entre Juillet et Décembre 1960, il y a eu à plusieurs reprises des pourparlers entre des délégations de l'ex Cameroun oriental et de l'ex Cameroun occidental tendant à trouver un accord sur la forme que prendra l'union des deux si jamais le plébiscite à venir était en faveur du rattachement à la république du Cameroun. Les deux parties seraient tombées d'accord dès 1960 que la fusion se ferait sur la base d'une fédération[485]. En réalité, l'accord ne s'est fait que sur le mot. Pour

---

[484] Voir GAILLARD p.122

[485] Voir ANYANGWE (C) dans: The sovereignty of the southern Cameroons - A constitutional lawyer's affidavit. Document du Southern Cameroons people's conference (SCPC) 1994. p.9 « *It is clear beyond peradventure that the association between République du Cameroun and the Southern Cameroons was predicated on federation and it was on this basis that the sovereign people of the southern Cameroons elected to join République du Cameroun. In reply to the plebiscite commissioner's request to know the precise terms under which the the people of the Southern Cameroons may expect to join République du Cameroun, the ministry of foreign affairs of that country sent a pre-plebiscite* Note Verbale *dated 24th December 1960, containing the following statement : « ... The government of the Republic of Cameroon has announced that it adheres to the spirit of the attached joint communiqués which indicate its desire for unification with the Cameroons under british administration on the basis of a federation. The government of the Republic of Cameroon requests the British... to consider the*

AHIDJO, ce n'est que « l'habillage verbal d'une république quasi unitaire » alors que FONCHA « rêve d'une confédération »[486]. Quoi qu'il en soit, le 14 Août 1961 l'assemblée nationale de la République du Cameroun adopte la Constitution de la République fédérale du Cameroun qui entrera en vigueur le 1er Octobre de la même année. Le fait que ni les électeurs, ni les élus du *Southern Cameroons* n'aient pas été appelés à se prononcer sur ce texte ne semble gêner personne. « La réunification n'est, à la lettre, qu'une rectification de frontière complétée par ''une loi portant révision constitutionnelle''. Non seulement il n'y a pas de référendum, mais il n'y a pas d'élections. »[487] Sauf dans l'ex Cameroun occidental où le nombre d'élus est augmenté. Les dispositions transitoires donnent à AHMADOU AHIDJO le seul détenteur du pouvoir exécutif les plein pouvoirs, il peut pendant une période de six mois légiférer par ordonnance pour mettre en œuvre la Constitution.

Par la suite les choses se passent plutôt bien au Cameroun francophone où la structure administrative est étroitement liée au pouvoir central. Dans la partie anglophone, il est parfois nécessaire d'avoir recours à des fonctionnaires francophones pour remplacer les cadres Nigérians et Anglais qui se sont retirés. C'est alors que la grogne commence à se faire entendre. Les procédures réglementaires sont différentes et le nouveau protocole n'a rien à voir avec les usages de Buea. Les anglophones culturellement se sentent lésés et c'est ce même sentiment de frustration qu'on retrouve aujourd'hui sur le plan du droit. A l'assemblée fédérale, les députés font de l'obstruction et il faudra que le président AHIDJO lance un ultimatum à FONCHA et MUNA[488] pour que les choses rentrent dans l'ordre. Il leur donne 24 heures pour se décider entre une collaboration franche et la sécession[489]. La

---

attached communiqués as an expression of the official views of the Republic and further requests that they be published for the purposes prescribed by Trusteeship council resolution 2013. This statement evidenced a clear intention on the part of République du Cameroun to accept obligations vis-à-vis the Southern Cameroons... »

[486] Voir GAILLARD P.122

[487] Voir GAILLARD p. 123

[488] MUNA (S.T) est le seul ministre plein anglophone de ce premier gouvernement fédéral qui par la suite occupera pendant de nombreuses années le poste de président de l'assemblée nationale.

[489] GAILLARD p.125

deuxième proposition n'emballe personne et les deux responsables politiques anglophones donnent des gages de bonne volonté au pouvoir fédéral. L'union est donc maintenue et les grandes manœuvres politiciennes commencent dans le but de phagocyter cette partie du pays. Le parti sera l'un des atouts majeurs de cette démarche. L'idée à la mode à cette époque est que le parti unique est l'instrument indispensable de la construction nationale. AHIDJO entreprend d'abord d'unifier les forces politiques de l'ex Cameroun oriental au besoin en utilisant des moyens répréhensibles[490]. Au Cameroun occidental, il laisse d'abord au politiciens et à la population le temps de ''digérer'' la réunification et c'est seulement lorsqu'il les sent prêts qu'il va déployer les moyens lui permettant de passer du parti unifié du Cameroun oriental au parti unique du Cameroun. Très formalistes, les anglophones exigent que tous les partis qui s'uniront pour former ce qui deviendra l'UNC[491] soient auparavant dissous ; question de ne pas avoir l'impression d'avoir été absorbés, mais bel et bien de s'associer. AHIDJO, le leur concède et l'UC son parti se dissout comme les autres pour former ensemble l'UNC.

Le parti unique est instauré mais, « le particularisme des anglophones et ce qu'on appelle pudiquement l'identité culturelle des ethnies se manifeste plus ou moins dans tous les domaines ; les solidarités régionales prennent le visage du népotisme. La dialectique de la construction nationale par le parti et par l'Etat n'a pas atteint son terme. Le parti est unifié ; la prochaine étape concerne l'Etat. Les institutions sont fortes et AHIDJO sait s'en servir ; au gré de ce jacobin, elles ne sont pas encore assez rigides ... »[492] C'est pourquoi, prenant au dépourvu même ses plus proches collaborateurs, il déclare le 6 Mai 1972 « j'ai, en conséquence, conscient de mes responsabilités à l'égard de la nation et devant l'histoire, décidé de consulter, par voie de référendum, le peuple

[490] Les opposants francophones au parti unique BEBEY EYIDI, MAYI MATIP, MBIDA et OKALA qui publient le 23 Juin 1962 un manifeste contre le parti unique qui produirait une « dictature de type fasciste » sont arrêtés et condamnés pour détention d'armes et menées subversives. Le premier ne survivra qu'une année à la détention, les autres après avoir purgé leur peine prendront par la suite leur carte de l'UC, le parti d'AHIDJO...

[491] Union nationale camerounaise

[492] GAILLARD p.154

souverain et maître de son destin, sur l'institution immédiate d'un Etat unitaire. » En conclusion de sa communication à l'Assemblée fédérale, il dit « voici que l'histoire nous adresse un appel des hauteurs, un de ces appels qu'elle n'adresse que rarement aux hommes... Ceux dont l'histoire garde le souvenir sont ceux qui ont su percevoir le sens de son cheminement et écouter son appel. Nul doute que les générations futures, si nous nous montrons à la hauteur de cet appel et de la grande œuvre qui se propose à nous, conserveront à jamais notre mémoire. »[493] Au Cameroun anglophone où une partie de la population continue de « loucher » avec envie vers la fédération véritable du Nigeria, on est pris de court et les dirigeants n'ont pas le temps de réagir. Le référendum est fixé au 20 mai. Bien évidemment les résultats sont favorables à la décision d'AHIDJO de passer à la République unie du Cameroun sous entendu pour consolider l'unité nationale. La population anglophone qui aurait sans doute voulu s'opposer au passage à la République Unie n'en a pas les moyens en nombre. Leur effectif aurait été au coude à coude avec celui de la population francophone que cela n'aurait de toutes les façons pas fait de différence. Vraisemblablement des mesures avaient été prises pour parer à l'éventualité où les résultats de la consultation populaire auraient été désastreux. GAILLARD parle d'ailleurs de « résultats invraisemblables de la consultation »[494] et ANYANGWE de fraude gigantesque et d'intimidation de l'électorat[495].

---

[493] Il faut préciser que lorsqu' AHIDJO décide en 1972 de passer à l'Etat unitaire, il venait de recevoir un rapport secret l'informant de la présence de vastes réserves de pétrole sur la côte anglophone. Le désir d'anticiper et de neutraliser dans l'œuf une éventuelle poussée de sécession des provinces anglophones pour cause d'enrichissement soudain et les pressions insistantes de la France qui ne veut s'engager dans l'exploitation de ce pétrole qu'à condition qu'on lui donne des gages de stabilité ou à défaut de contrôle de la région ne sont pas étrangers à la précipitation avec laquelle AHIDJO annonce la fin de la fédération. Voir GAILLARD p.164 et MBUYINGA p.249

[494] P.165

[495] Voir p. 28 et 29 de: The sovereignty of the Southern Cameroons - A constitutional lawyer's affidavit op. cit. « *But it is common knowledge that the so called referendum was a gigantic fraud, a monumental hoax, and a grotesque imposition. The electorate had to choose between oui and yes; between unitarism and unitarism. The referendum was a sham vote devoid of any authentic expression of the will of the people. It was not fair. There was no voters*

Quoi qu'il en soit, ce référendum violait-il la constitution comme le déclarait le congrès anglophone de Buea en 1993 ? La réponse à cette question demande une analyse de la procédure référendaire comme mode de révision constitutionnelle dans la loi fondamentale de 1961 et de la fédération comme objet du référendum. Pour ce qui est de la forme selon laquelle doit se faire un amendement de la constitution, l'article 47 de la constitution de 1961 prévoit que « la révision doit être votée à la majorité simple des membres composant l'assemblée fédérale, à condition toutefois que cette majorité comporte la majorité des représentants à l'assemblée fédérale de chacun des Etats fédérés. » C'est là une clause très importante qui garantissait aux Etats fédérés - surtout au

---

register...voters were intimidated and coerced into approving AHIDJO's already taken decision to impose totalitarian unitarism on the country. There was nothing like a secret ballot. Gun-totting and whip cracking gendarmes maintained an intimidating presence at all polling stations. The polling officer handed each voter the « yes » ballot paper to drop in the box in the full view of everyone. In Yaoundé and for the eyes of any foreign diplomat or journalist who could chance by, there were token « no » ballot papers at some polling stations. Even then, the polling officer at each of those stations had to account for all of those « no » ballot papers at the close of the polls. Elsewhere, especially in the southern Cameroons, the « no » ballot papers were generally unavailable... »

Ce point de vue qui tend à démontrer que les résultats officiels sont l'aboutissement d'agissements mettant l'électorat dans l'obligation de voter dans le sens souhaité par le pouvoir ne semble pas s'imposer comme une évidence pour OLINGA (A. D), un autre auteur qui s'est penché sur la question anglophone au Cameroun qui fait mine d'ignorer l'ambiance d'intimidation qui règne dans les bureaux de vote ou alors est suffisamment naïf pour penser qu'AHIDJO aurait pris le risque d'être désavoué en ne s'assurant pas que «l'intendance » suivrait. Comparer les remarques d'ANYANGWE avec le commentaire des résultats du référendum fait par OLINGA (A. D.) dans un article intitulé : La question anglophone dans le Cameroun d'aujourd'hui paru à la Revue juridique et politique indépendance et coopération 1994 p. 302 - note 24 « Une simple consultation des résultats du scrutin du 20 mai 1972 dans les deux parties du pays suffit pour invalider cette prise de position (prise de position selon laquelle par le référendum anticonstitutionnel du 20 mai 1972, la population majoritaire de la république du Cameroun a imposé un Etat unitaire au Cameroun anglophone minoritaire). Selon les résultats officiels, l'approbation du projet de constitution unitaire dans le Cameroun occidental aura été de 97,94% par rapport aux inscrits et de 99,97% par rapport aux votants. A moins que l'on ne jette le doute sur le sérieux de ces résultats, doute qui devrait entacher non pas seulement l'attitude réelle des populations de l'ancien Cameroun occidental, mais celle de toutes les populations de la Fédération, on doit dire que le projet de l'Etat unitaire a été, au moins formellement, approuvé par l'écrasante majorité du peuple camerounais. »

Southern Cameroons qui avait besoin d'être rassuré que rien d'important sur le plan constitutionnel ne pourrait lui être imposé - qu'il pourraient exercer un droit de veto contre toute modification constitutionnelle indésirable. Avec la promulgation de la loi n° 69/LF/15 du 10 Novembre 1969, qui institue le référendum constituant, à la procédure parlementaire de révision constitutionnelle jusque là, la seule légalement prévue est ajoutée une forme alternative : la forme référendaire. On pourrait donc a priori penser qu'il était formellement possible de recourir au référendum pour faire adopter la constitution du 20 Mai 1972 mais ce qui pose problème c'est la constitutionnalité de la loi de 1969. Son adoption en principe devrait être soumise à la procédure de l'article 47. Certains auteurs pensent que c'était le cas[496] mais d'autres démentent[497]cette hypothèse. A supposer que les exigences de l'article 47 de la constitution de 1961 aient été respectées lors du vote de la loi de 1969, rien ne s'opposait à ce que le président de la république utilise la voie référendaire pour passer de l'Etat fédéral à l'Etat unitaire[498]. On ne peut pas en dire autant lorsque l'on envisage l'objet du référendum : la forme fédérale de L'Etat. L'article 47 al 1er de la constitution de 1960 est très clair. La forme fédérale de l'Etat était une clause permanente puisqu'était déclaré irrecevable « toute proposition de révision de la présente constitution portant atteinte à l'intégrité de la Fédération. » Est-ce à dire que la Fédération camerounaise devait être perpétuelle ? La clause constitutionnelle qui instituait le fédéralisme et le protégeait était un bouclier juridique assurant à l'Etat fédéré anglophone une marge d'autonomie à laquelle il tenait particulièrement mais on ne peut pas pour autant dire qu'il n'était pas envisageable d'adopter une forme d'Etat autre. Une révision de la constitution aurait pu permettre d'exclure la Fédération des

[496] Voir OWONA (J) dans : La nouvelle constitution du 20 Mai 1972 : de l'Etat fédéral à l'Etat unitaire. LGDJ 1973 p. 7

[497] Voir MBOME (F) dans : Les expériences de révision constitutionnelle au Cameroun. Penant 1992 p. 31

[498] Voir BRETON (J.M) qui estime que sans en être certain, on peut présumer que la procédure de l'article 47 de la loi fondamentale de 1961 a été respectée pour voter la loi de 1969. Voir son article : De la tutelle à la République Unie : réflexion sur la dynamique unitaire dans l'évolution institutionnelle du Cameroun indépendant. Penant 1979 p. 209

clauses constitutionnelles non révisables. Cependant, étant donné qu'au moment où a eu lieu le référendum du 20 Mai 1972, la fédération était encore une clause permanente de la loi fondamentale, on ne peut que conclure à l'inconstitutionnalité de cette consultation populaire[499].

Indépendamment de la question de la conformité du référendum du 20 Mai à la constitution de 1961, l'immense majorité de la population anglophone a vécu le passage à l'Etat unitaire comme une trahison[500]. Confusément encore, les anglophones sentent que les choses vont changer pour eux. Le temps leur donne raison et confirme leurs craintes. L'Etat fédéral était pour eux la garantie de l'autonomie, l'assurance que leur spécificité culturelle serait respectée dans le grand ensemble camerounais. Avec la République unie du Cameroun, on s'inscrit dans une logique de ''francisation'' du système étatique et commence ce que MBUYINGA (E) a appelé « l'histoire d'un processus lent mais inexorable d'annexion pure et simple du West-Kamerun par le régime d'AHIDJO » que celui de BIYA continue. Beaucoup de

---

[499] Voir OLINGA (A.D) op. cit. p.305 qui arrive à la même conclusion.

[500] Voir ANYANGWE (C) dans: The sovereignty of the southern Cameroons op. cit. p.30 et 31. Il décrit le désarroi qui ne se voit que sur le visage des politiciens anglophones lorsque le président de la République annonce son intention d'en finir avec la fédération. Personne n'ose protester ouvertement de peur de tomber sous le coup de l'ordonnance de 1962 sur la subversion qui faisait de chaque citoyen un prisonnier politique en puissance... « *For the innocent and trusting people of the southern Cameroons, this was a betrayal and a stab in the back by AHIDJO. Their representatives in that assembly felt humiliated and it was with enormous difficulty that they held back their tears on that fateful day. The ministers and deputies from east Cameroon (erstwhile Republique du Cameroun), by far in numbers, rose up, clapping and singing conspiratorially and thereby giving the impression that AHIDJO's decision had met with the approval of all and sundry. This swallow-up effect was repeated two weeks later when AHIDJO organized his sham referendum. Out in the streets East Cameroon danced and celebrated its victory over West Cameroon. The mood in West Cameroon was one of gloom, mourning, anguish and foreboding. Any sign of protest was quickly nibbed in the bud. The infamous catch-all 1962 subversion ordinance which in effect made every citizen a political prisoner on bail was handy, ready to be used by AHIDJO and his dreaded KGB-type political police. Protest in the West Cameroon was therefore muffled. But the expression on everyone's face left no doubt as to their total disapproval of AHIDJO's betrayal. Politicians of West Cameroon origin, whether in the state or federal government dared not lift a thumb in protest for legitimate fear of their lives...* »

compatriotes originaires de l'ancien Cameroun occidental ne se sentent pas tout à fait citoyens à part entière dans le Cameroun d'après 1972 et c'est dans le domaine culturel que la frustration semble être la plus grande. Le professeur FONLON tirait d'ailleurs en vain la sonnette d'alarme quelques années après la réunification ; mettant les pouvoirs publics en garde contre le risque d'explosion latent au Cameroun occidental : « En trois ans de réunification (...) plusieurs pratiques et institutions sont venues de L'Etat dans l'ouest. Au Cameroun occidental, on conduit maintenant sa voiture à droite, le franc a remplacé la livre sterling comme monnaie courante, l'année scolaire a été alignée sur celle de l'Est et le système métrique scientifique a remplacé les mesures britanniques peu maniables. En vain ai-je cherché une seule institution ramenée de l'ouest dans l'Est. Hors des frontières fédérées, l'influence du Cameroun occidental est pratiquement nulle. »[501] A toutes ces ''exportations'' du Cameroun francophone vers le Cameroun anglophone, on peut rajouter le droit qui fait partie de la culture d'un peuple. Dans ce contexte général d'extension d'éléments culturels d'origine française vers une région ayant été sous influence britannique, demander aux anglophones d'adopter en plus le droit civil ou un droit qui s'y rapproche ne fait qu'accroître le sentiment qu'ils ont, de subir une nouvelle colonisation ; d'où les phénomènes de résistance et la grogne face à tout ce qui rappelle l'héritage français.

De même, dans les documents officiels qui sont en français et en anglais, les deux langues officielles du pays, la version française est généralement écrite dans des caractères d'imprimerie plus gros que celle en anglais. S'il y a une contradiction entre les deux versions, c'est celle en français qui fait foi[502]. Cela peut paraître être un détail mais, la charge symbolique attachée à cette pratique est très forte et conforte ceux qui s'en plaignent dans l'idée que le Cameroun n'est pas le pays bilingue qu'invoquent les discours officiels mais bel et bien « un pays francophone bilingue ».

---

[501] Voir son article : *Will we make a mar* paru à la revue Abbia n°5 (Mars 1964) P. 9-33

[502] Voir NYAMNJOH (F.B) dans: *The english language media and the exigency of conviviality.* Article paru dans l'ouvrage collectif intitulé : Cameroun - pluralisme culturel et convivialité. Ed Nouvelles du Sud n° 25 (1996) p.109

Le 4 Février 1984, la loi n° 84-001 parachève l'œuvre d'AHIDJO et de la République Unie du Cameroun, on passe à la République du Cameroun[503]. Des voix s'élèvent cette fois ci encore de l'autre côté du Moungo contre cette ultime ''tentative d'annexion'' du Cameroun anglophone par le Cameroun francophone[504]. La résurrection de l'ancienne appellation « République du Cameroun » pour désigner l'ensemble du territoire camerounais administré à l'époque coloniale par la France et la portion du pays gérée par la Grande-Bretagne appelée *Southern Cameroons* est prise pour de la provocation. Comme en 1972, la révolte couve, mais il faudra attendre le début des années 1990 pour qu'en même temps que la revendication du multipartisme, elle éclate au grand jour et prenne une ampleur telle qu'aujourd'hui il ne serait pas exagéré de redouter qu'une guerre civile embrase le pays[505].

Tel est le contexte historique dans lequel s'est fait l'union du Cameroun anglophone et du Cameroun francophone. L'unification du droit comme nous l'avons déjà souligné fait partie du vaste plan de construction de l'unité nationale. Seulement, unifier le droit est-elle la seule alternative dont dispose le législateur ?

§ 2: L'ALTERNATIVE DONT DISPOSE LE LEGISLATEUR.

Vu les conditions dans lesquelles s'est fait l'Etat camerounais que nous venons de voir, en tenant compte du contexte politique et sociologique au Cameroun quelles sont les alternatives qui s'offrent aux pouvoirs publics concernant l'organisation de la

---

[503] Sous l'Etat fédéral, le drapeau camerounais avait deux étoiles symbolisant les deux Etats fédérés. Avec la République Unie, il n'y a plus qu'une étoile qui disparaît en 1984 lorsque la République du Cameroun est proclamée.

[504] Voir GORJI-DINKA dans: *The new social order* (pamphlet paru en 1985) p.4: « *Now let it be stated very clearly that no one in his correct senses will ever accept this annexation. Those who are behind this shameful plot will only succeed in making us a colony over our dead bodies. There is a limit to which any human being can go to accomodate insults, even from a brother...* »

[505] Voir TALLA (B.P) dans Autopsie d'un mouvement sécessionniste. Jeune Afrique économie n°248 (15 septembre - 5 octobre 1997 p.84 et suiv. Voir également SOUDAN (F): Afrique centrale / Est-ce le tour du Cameroun? Jeune Afrique n°1905 du 9 au 15 juillet 1997. p.23 et suiv.

coexistence des trois systèmes de droit actuellement en vigueur dans le pays ? Ils ont la possibilité soit de se contenter d'une simple harmonisation des droits en question soit alors de poursuivre l'entreprise d'unification entamée mais à condition de jouer à fond parallèlement la carte de la consolidation de la nation.

A- L'HARMONISATION DE DEUX DROITS DISTINCTS DE LA FAMILLE

Le législateur camerounais peut opter pour une simple harmonisation des différents systèmes de droit qui par ailleurs peuvent évoluer séparément. On imagine une organisation du système juridique qui n'essaie ni d'embrigader le droit civil, la common law et le droit coutumier dans le même ensemble ni de les rapprocher à tout prix mais leur laisse une totale autonomie et des justiciables eux aussi libres de choisir d'après quel système de droit ils veulent être jugés. Une telle option ne serait pas une première. Il existe d'autres pays où plusieurs systèmes de droit différents coexistent. Le premier exemple qui vient à l'esprit est celui du Canada ; pays bilingue comme le Cameroun et qui subi lui aussi d'une part l'influence culturelle française dans la province francophone du Québec et l'influence anglo-saxonne dans les autres provinces. A l'inverse du Cameroun où l'influence française est prépondérante, au Canada, le Québec doit se battre pour ne pas être englouti par l'influence anglo-saxonne non seulement des autres provinces canadiennes mais aussi du géant américain voisin. Le Québec en dépit du temps a gardé sa spécificité. La culture francophone y subsiste et résiste aux tentatives d'absorption par le courant anglophone.

La thèse de la simple harmonisation rencontre la faveur d'une partie de la doctrine qui soutient que l'unification du droit ne doit pas être considérée comme un but en soit, comme un idéal à viser. Généralement lorsqu'on invoque l'harmonisation du droit, on pense à l'harmonisation du droit coutumier et du droit moderne. La question de l'harmonisation du droit civil et de la common law dans le contexte camerounais où ces deux variantes du droit écrit sont en vigueur se pose également. Faut-il créer un nouveau droit résultat du mélange des différents systèmes de droits nationaux où alors se contenter de les harmoniser; c'est à dire sans atteindre le fond du droit, prendre les mesures nécessaires notamment en matière d'organisation judiciaire, de procédure et d'exécution des décisions de justice pour permettre à chaque citoyen d'être jugé ou d'obtenir justice dans les meilleures conditions possibles et pour éviter que les deux régions ne deviennent complètement étrangère l'une à l'autre. Une décision de justice rendue dans une partie du pays devrait pouvoir obtenir exécution dans l'autre sans difficulté.

Les partisans de la simple harmonisation sont naturellement plus nombreux chez les anglophones et cela se comprend. L'unification du droit a été conduite jusqu'à présent d'une façon qui lèse leurs intérêts culturels. La volonté manifeste du législateur de supprimer le droit coutumier est également contre la tradition anglophone qui depuis l'époque coloniale n'a pas cherché à étouffer le droit des indigènes. D'où cet avis prépondérant chez les juristes anglophones que l'harmonisation des systèmes juridiques en vigueur sur le territoire national est préférable à l'unification. En l'état actuel des choses, il serait raisonnable de surseoir à l'unification du droit vu la difficulté qu'il y aurait à soumettre toute la population au même droit et se contenter d'une simple harmonisation des différents systèmes juridiques en attendant de pouvoir faire de façon efficace un nouveau pas dans le sens de l'unification.

B- LA CONSOLIDATION DE LA NATION ET LA CONTINUATION DE L'ENTREPRISE D'UNIFICATION DU DROIT.

Continuer l'œuvre de construction nationale et d'unification du droit est une tâche beaucoup plus ardue et ambitieuse que la simple harmonisation des différents droits nationaux. En principe, opter pour la continuation de l'unification du droit au Cameroun dans le contexte que nous avons précédemment décrit implique la consolidation de la nation. Il n'est pas en effet logique d'imposer l'unification du droit à un ensemble étatique qui est susceptible de se disloquer facilement. Or comme nous l'avons souligné, le risque aujourd'hui que les provinces anglophones fassent sécession n'est pas négligeable. Si cette région venait à revendiquer son autonomie comme on le redoute aujourd'hui, quel serait l'intérêt de rapprocher common law et droit civil?

L'unification du droit peut aussi être vue comme un moyen qui concourt à créer un sentiment national au sein des populations. Soumettre tout le monde à la même loi contribue à minimiser le sentiment d'appartenance tribale et communautaire qui se sont avérés être un frein puissant à l'émergence d'une conscience nationale supérieure à celle de l'appartenance à tel ou tel sous groupe. C'est une conviction que partage la quasi totalité des gouvernements d'Afrique noire.

Préconiser la continuation de l'entreprise d'unification du droit pourrait être qualifiée d'attitude "jusqu'au boutiste ". C'est cependant l'option qui a la faveur du législateur camerounais. Il ne fait pas de doute que le pays n'est pas sociologiquement prêt aujourd'hui pour l'unification totale du droit mais avec le temps, un droit uniforme peut émerger. Le droit d'un pays se construit dans la durée. Légiférer en droit de la famille sans tenir compte des habitudes, des mœurs, des coutumes des populations qu'un texte de loi va régir aboutit inéluctablement à une mauvaise réception de la loi et favorise en marge du droit officiel le développement d'un droit sociologique qui n'a rien à voir avec le droit étatique imposé

En attendant que se construise petit à petit un droit uniforme, avoir dans le même pays plusieurs systèmes de droits n'est pas "un anachronisme incompatible avec le développement" ou la construction nationale; thèmes qui sont souvent invoqués pour justifier l'entreprise d'unification dans laquelle s'est engagé le législateur. Il existe de nombreux Etats fédéraux ou confédéraux où les populations ne serait-ce qu'en partie, sont régies par des droits différents sans pour autant qu'on puisse mettre en doute la solidité de l'unité nationale. On peut atteindre au Cameroun la plénitude de l'unité nationale en dépit de la coexistence sur le même territoire de plusieurs systèmes différents de droit. Malheureusement, dans la pratique camerounaise, la construction nationale est beaucoup trop souvent assimilée à la suppression des différences culturelles ou tribales. Construire l'unité nationale, atteindre le stade de la nation dans un pays, c'est oeuvrer à faire jaillir du plus profond de chaque individu la conscience de l'appartenance à un groupe plus vaste que le clan ou la tribu et la volonté de vivre ensemble[506]. Ce sentiment n'est pas exclusif de celui de l'appartenance à un sous-groupe.

Continuer l'unification du droit pour consolider l'unité nationale; la politique que suit actuellement le gouvernement et le législateur selon leurs souhaits devrait aboutir à un droit uniforme pour tous les Camerounais. Comme nous l'avons déjà souligné, il aura sans doute une coloration plus moderne que traditionnelle et sera plus proche du droit civil que de la common law. Le processus d'unification se faisant de façon générale dans un sens favorable au droit civil.

Pour le gouvernement, consolider l'unité nationale et continuer l'unification du droit sur le plan politique signifie ne pas admettre l'éventualité de la sécession des populations soumises à la common law. C'est les maintenir dans l'ensemble étatique camerounais et soumettre anglophones et francophones à la même loi. C'est également éviter que les coutumes tribales ne prennent le dessus sur la loi de l'Etat. Sur le plan économique, doter le pays d'un arsenal juridique moderne, c'est lui donner les moyens de lutter à armes égales avec des pays plus développés économiquement.

Cette volonté de réaliser à tout prix l'unité nationale et l'unification du droit qui est sous-jacente à ce projet est-il réaliste? Les autorités camerounaises se trouvent confrontées aujourd'hui à un problème qui trouve sa source profonde dans la manière absolument inconsciente et irresponsable dont ont été tracées les frontières des Etats à l'époque coloniale puis au moment des indépendances. Des personnes appartenant à la même ethnie ont été séparées par les nouvelles frontières, des territoires qui ne relevaient pas de la même autorité coloniale ont été regroupés pour former des Etats indépendants. Enfermer dans le même ensemble étatique des peuples sans s'interroger sur les conséquences de ces "mélanges" qui se sont par la suite parfois avérés être explosifs ne laisse pas d'autre alternative aux dirigeants actuels que de maintenir au besoin par la force des liens artificiels.

---

[506] Le dictionnaire "le Robert" définit la nation comme un "groupe humain assez vaste qui se caractérise par la conscience de son unité et la volonté de vivre en commun".

Admettre qu'une région puisse faire sécession, c'est ouvrir la porte à des revendications similaires de la part des autres régions[507]. Le risque que toute la nation vole en éclats est beaucoup trop grand pour qu'on puisse se permettre de créer un précédent. Il s'agit aujourd'hui de gérer au mieux une situation difficile héritée de l'histoire et de transformer en bénédiction la diversité culturelle qui malheureusement prend parfois des allures de malédiction. L'éclosion d'un droit d'un droit nouveau de la famille adapté- le plus possible - aux Camerounais pris dans leur ensemble est étroitement liée à la façon dont seront traitées les différences culturelles.

[507]Voir DUGARD (J) dans: Secession: Is the case of Yugoslavia a precedent for Africa? Revue africaine de droit international et comparé 1993 p.163: "... *It is also a warning to international legal order that secession is not a cure, but a contagion, one which threatens human rights, world peace and the present state system. Africa is particularly vulnerable to the contagious effect of this precedent as the potential for ethnic secession is probably greater in Africa than in any other continent."*

SECTION 2 LES CONDITIONS NECESSAIRES A L'ECLOSION D'UN DROIT DE LA FAMILLE ADAPTE AUX CAMEROUNAIS.

Le Cameroun n'étant pas sociologiquement uniforme, il est difficile de mettre sur pied un droit qui convienne à l'ensemble de la population ou du moins dans lequel tous les Camerounais se reconnaissent. Les populations des villes qui sont plus en contact avec les valeurs occidentales sont différentes de celles des campagnes qui sont plus imprégnées des traditions ancestrales. Si les premières sont plus ou moins prêtes à accueillir le droit moderne, ce n'est pas le cas des secondes qui à n'en pas douter feraient un rejet si on le leur imposait. De même, le droit moderne camerounais revêtant deux formes différentes, il serait illusoire de penser que toutes les populations régies par le droit moderne de façon générale seraient prêtent à accepter indifféremment common law ou droit civil. L'expérience dans ce domaine a dévoilé l'existence de « nationalismes juridiques se révélant curieusement protecteurs des influences acquises ». Il est paradoxal de constater que des populations qui restent de préférence attachées au droit coutumier sont en même temps accrochées à un droit moderne plutôt qu'à un autre. L'explication de cette attitude est simple. Les Camerounais francophones ne se reconnaissent pas plus dans le droit civil français pur que dans un droit de la famille "copie" de la common law anglaise. Cependant à défaut du droit traditionnel qui a leurs faveurs, ils préfèrent un droit au contact duquel ils ont évolué. C'est pour les mêmes raisons, que les anglophones montrent de la réticence vis-à-vis du droit civil napoléonien et lui préfèrent la common law dont ils ont l'habitude même s'ils ne l'ont pas adopté totalement. Comment dans ces conditions mettre sur pied un droit qui ait des chances d'être suivi dans la pratique, d'être effectif sur l'ensemble du territoire?

Les premières années qui ont suivies l'accession à l'indépendance des pays de l'Afrique noire ont été bercées par les rêves des dirigeants qui ont cru que d'un trait de plume il serait possible de doter les pays dont ils venaient de prendre la direction, d'un droit nouveau moteur de l'unité nationale et du développement économique et social. Avec le temps ils ont dû déchanter et ont appris à leur dépends qu'on ne peut pas faire table rase du passé et pousser les populations vers un avenir dont elles ne veulent pas forcément.

Aujourd'hui, les choses n'ont pas changées. Une réforme du droit de la famille n'a vraiment des chances de réussir que si elle à été préparée à l'avance. Soit par une action lente de la jurisprudence; une loi n'intervenant que pour "consacrer un terrain acquis"[508], soit en mettant en oeuvre une large consultation nationale qui permettra de se faire une idée exacte de la réalité sociologique. La cour suprême fait certes un effort - pas suffisant il est vrai - pour préparer l'uniformisation du droit que les autorités du pays ont en projet mais pour le moment il est encore prématuré de voter une réforme du droit de la famille qui soumettrait tous les Camerounais à un droit de la famille unique. A notre avis le législateur à l'heure actuelle n'a pas d'autre alternative que de différer son projet d'élaboration d'une loi nationale sur la famille. Les populations et même les praticiens du droit ne sont pas prêts pour cela.

Le droit de la famille constitue un tout. Intervenir sur certains points seulement comme l'a fait jusqu'à présent le gouvernement est susceptible de déséquilibrer la matière. Surtout que contrairement à la Côte d'Ivoire qui s'est fermement tournée vers un droit moderne, le Cameroun à un droit de la famille à cheval entre le droit écrit et la coutume. Or, il ne fait pas de doute que "le droit traditionnel comme le droit civil forme comme tout système juridique un ensemble dont les diverses parties se tiennent. On l'altère nécessairement en y introduisant des élément empruntés à un autre système reposant sur des conceptions différentes."[509] Les valeurs véhiculées par la coutume sont parfois à l'opposé de la philosophie du droit écrit. Unifier partiellement les deux; une partie de la matière restant soumise selon les cas à la common law, au droit civil ou au droit traditionnel compliquerait davantage une matière qui l'est déjà.

---

[508]Voir HILAIRE (J) dans Variations sur le mariage op cit. p. 180: « La modernisation du droit ne passe pas nécessairement par le canal législatif, ou tout au moins n'interviendrait sous cette forme qu'in extremis pour consacrer une évolution parvenue à son terme... »

[509]Voir MARTICOU RIOU (A) dans : l'organisation judiciaire du Cameroun op. cit. p.85

De nombreux écrits doctrinaux appellent à la fécondation du droit écrit hérité de l'ancienne autorité coloniale par des valeurs traditionnelles pour l'élaboration du droit des pays africains. D'autres émettent le souhait que le droit traditionnel soit épuré de tout ce qu'il a "barbare" et greffé d'éléments du droit d'origine européenne. Avec une population qui veut résolument avancer vers l'avenir mais qui reste attachée au passé, le législateur doit tout en la libérant des traditions contraignantes, veiller à ne pas détruire les valeurs précieuses et fragiles dont cette même tradition est la gardienne[510]. Le sens du partage, la solidarité, l'esprit de groupe, le caractère conciliateur de la justice sont autant d'aspects de la coutume qu'on gagnerait à protéger. Le droit écrit est également riche de valeurs qu'il serait dommage de ne pas adopter.

Notre vœu est que le législateur et les juges dans l'application quotidienne de la loi aient suffisamment de sagesse pour d'une part les consacrer et d'autre part les mettre en oeuvre à chaque fois que cela s'avère nécessaire.

Pour que les juristes camerounais puissent pleinement prendre conscience de l'immense richesse que peut être le triple héritage juridique du pays, il est impératif que les études de droit soient décloisonnées. La lutte d'influence a laquelle se livrent les membres des commissions de réforme du droit n'est que la conséquence de leur ignorance des systèmes de droit nationaux autres que celui à l'école duquel ils ont été formés. C'est bien connu, l'inconnu fait peur. Les étudiants des facultés de droit au Cameroun reçoivent une formation en droit civil ou alors en Common law et à la fin de leurs études, ils sont diplômés en "droit francophone" ou "droit anglophone". Les juristes qui sont à l'aise dans les deux systèmes de droit constituent une infime minorité. Quant au droit traditionnel, il ne fait l'objet d'aucun enseignement ni à l'université, ni à l'école nationale de magistrature. Les juges chargés de son application n'ont pas reçus de formation spécifique dans ce sens. Les présidents de tribunaux du premier degré (juridictions de droit coutumier) sont d'ailleurs parfois en même temps présidents de tribunaux de première instance (juridiction de droit moderne) d'où la tendance maintes fois observée à appliquer le droit écrit devant des juridictions traditionnelles.

---

[510]Voir CONAC (G) dans Dynamiques et finalités des droits africains op. cit. p.13

Donner la possibilité aux futurs praticiens du droit de s'imprégner des différentes cultures juridiques nationales pendant leur formation avec le temps mettra fin à cette attitude de défiance à l'égard du droit de l'autre qu'on ne peut que déplorer aujourd'hui. On peut également souhaiter qu'il soit dans un proche avenir possible d'entreprendre au Cameroun des études de droit comparé car, chose curieuse, les autorités n'y ont toujours pas pensé alors que le pays pourrait être assimilé à un véritable laboratoire pour des études comparatives.

Enfin, le législateur camerounais devrait toujours avoir à l'esprit ces mots de PORTALIS: "à proprement parler, on ne fait pas les codes, les codes des peuples se font avec le temps" et laisser le temps au temps pour que germe un droit de la famille typiquement camerounais.

CONCLUSION GENERALE

Au terme de cette étude sur le droit de la famille au Cameroun, la conclusion que le pluralisme juridique est inévitable dans ce pays s'impose pour le moment. Ce qui n'était au départ qu'une simple tolérance en attendant que l'état puisse réunir les moyens matériels et humains nécessaires pour passer à un droit et un système juridictionnel uniques subsistera sans doute encore pendant de nombreuses années.

Le gouvernement justifie son entreprise d'unification du droit par les impératifs de la construction de l'unité nationale et du développement économique. Il s'agit de soumettre tous les Camerounais au même régime juridique pour gommer les clivages régionaux et ethniques. Les particularités coutumières et culturelles doivent disparaître pour laisser la place à un droit de la famille national uniforme. Pour les autorités camerounaises, la construction de l'unité nationale va de pair avec l'unification du droit et l''Etat unitaire s'accommoderait mal d'un système juridique pluraliste.

La question de l'unité nationale doit pourtant être distinguée de celle de l'élaboration d'un droit national. L'une n'induit pas forcément l'autre. Accéder à l'unité nationale pour le Cameroun veut dire avoir créé les conditions nécessaires pour assurer la coexistence pacifique de toutes les populations, c'est faire germer en chacun le désir de vivre avec l'autre et de partager le même avenir. C'est s'assurer que chacun se sente citoyen à part entière de ce pays.

Le droit moderne – considéré comme facteur d'unité – que le législateur souhaite instaure présente des avantages certains. Cependant, l'unification du droit doit-elle être conduite à n'importe quel prix? Le droit camerounais dans sa configuration actuelle n'est que le reflet de l'histoire du pays. Il a subit deux influences culturelles étrangères et en garde les traces. Lors de la naissance de l'Etat camerounais, la sauvegarde de l'héritage colonial sous ses deux formes était implicitement entendue. C'est la raison pour laquelle les leaders de l'ex Cameroun occidental tenaient tant à garder une marge d'autonomie. Ils voulaient préserver leur spécificité culturelle et le droit en fait partie. C'est une exigence qu'on peut difficilement ignorer aujourd'hui. Passer outre serait courir le risque que les habitudes juridiques acquises rendent ineffective toute loi culturellement trop éloignée des populations qu'elle est censée régir. Sur le long terme on pourrait également craindre qu'à une lutte politique latente pour le pouvoir vienne se greffer un mouvement de libération culturelle. La construction de l'unité nationale; motif de l'unification du droit serait elle même paradoxalement mise en danger.

Avec les brassages de populations et espérons, l'action lente d'uniformisation de la jurisprudence de la cour suprême qui coiffe aussi bien les juridictions de common law que celles de droit civil et de droit coutumier, les différences culturelles et sur le plan juridique se feront moins nettes. Le législateur pourrait alors en accompagnement des changements sociaux intervenir efficacement par petites touches pour consacrer ce que le temps ou la pratique judiciaire auraient eu le temps de mûrir.

Pas plus qu'au clivage common law/droit civil, le législateur ne peut mettre fin à l'opposition droit écrit/coutumes. La population camerounaise n'est pas sociologiquement homogène. Une partie importante ne se reconnaît toujours pas dans le droit moderne que l'Etat veut généraliser. Abroger le droit traditionnel en dépit de l'attachement de la plus grande partie de la population à ce mode de régulation sociale ne sera pas plus effective au Cameroun que cela ne l'a été en Côte d'Ivoire où plus de trente ans après la suppression de la coutume comme source de droit celle ci continue à réglementer dans la pratique les rapports humains au même titre que le droit civil, le seul droit désormais officiel.

Admettre la coexistence aujourd'hui sur le même territoire de trois sources différentes de droit est la seule façon pour l'Etat d'assurer à tous les citoyens Camerounais une justice dans laquelle chacun puisse s'identifier. Le pluralisme juridique est à l'image du pays. Les dirigeants camerounais doivent se convaincre que la coexistence dans le même pays de plusieurs sources de droit n'a rien d'exceptionnel et ne constitue pas une anomalie. C'est le lot de plusieurs pays qui ne sont pas pour autant isolés sur le plan international.

Au rythme des changements sociaux, on s'acheminera progressivement vers un droit original camerounais différent des droits européens. L'utilisation de la logique et des techniques du droit moderne par les magistrats camerounais en matière coutumière, force l'évolution de la coutume. Cette acculturation de la forme de raisonnement constitue un élément très important dans la systématisation d'un droit de la famille typiquement camerounais. L'évolution de ce droit connaît des moments d'accélération et des périodes de stagnation ou de régression. La crise économique actuelle oblige un grand nombre de personnes à se replier sur elles-mêmes, à opérer un retour aux sources. Les tribunaux traditionnels sont plus fréquentés que les juridictions de droit moderne non seulement parce qu'ils jugent d'après un droit familier aux populations, mais aussi parce qu'ils sont plus accessibles pour des raisons économiques. Le petit nombre d'affaires coutumières et de celles provenant des tribunaux de droit moderne qui parviennent à la Cour suprême, permettent cependant à celle-ci de donner une certaine orientation à la jurisprudence et de préparer lentement les réformes futures. Les coutumes subiront forcément avec le temps des mutations pour s'adapter aux exigences de la vie moderne. La scolarisation, l'ouverture progressive au reste du monde, révolutionne petit à petit les mentalités et se traduit par l'évolution des coutumes. Il serait par exemple inutile de légiférer aujourd'hui pour supprimer la dot ou la polygamie. L'expérience des pays africains qui s'y sont essayés n'a pas été concluante. On peut cependant raisonnablement penser qu'avec le temps les institutions ou aspects de la coutume rétrogrades disparaîtront pour faire la place à des comportements nouveaux.

Enfin, on ne soulignera jamais assez le fait que la survie puis l'avenir de l'Afrique - et de son droit - germera de sa capacité à s'adapter. Il s'agit pour elle de puiser ses forces dans son passé sans s'y complaire avec nostalgie et de regarder résolument vers l'avenir sans cette crainte de perdre « ce qui fait son essence » qui l'a jusqu'à présent contrainte à l'immobilisme. Ce continent qui peut être fier de ses valeurs doit emprunter sans complexe aux autres civilisations des éléments susceptibles d'enrichir son patrimoine. On ne peut que souhaiter que le législateur soutenu par la jurisprudence sache faire un choix judicieux des éléments exogènes et endogènes qui seront fécondés pour créer un droit national de la famille. Il doit légiférer non pas en « regardant les étoiles », mais en tenant compte de l'état du peuple pour lequel il le fait.

BIBLIOGRAPHIE

ACOUETEY (T) *Unité ou dualité de statuts dans le droit de la famille au Togo.* R.I.P.I.C 1967 p.34 et suiv.

AGBOR EGBE (J) *Domicile or nationality: a possible choice of basis of personal law in Cameroon.* Mémoire de maîtrise, Université de Yaoundé 1983.

AGOSTINI (E) *L'équité.* D.S. 1978 Chr. p.7 et suiv

AHMADOU AHIDJO *La pensée politique d'Ahmadou Ahidjo.* U.N.C., Yaoundé 1970

ALLIOT (M) - *Coutume et mythe.* L'année sociologique 1953-1954 p.369 et suiv.

- *Le droit des successions dans les Etats africains francophones.* Penant 1973, p.315 et suiv

- *Les résistances traditionnelles au droit moderne dans les Etats d'Afrique francophone et à Madagascar.* Etudes de droit africain et malgache, 1965, Cujas, p. 235 et suiv.

- *Problèmes de l'unification des droits africains.* Journal of African Law, London 1967.

- *L'acculturation juridique.* Ethnologie générale, coll. Encyclopédie de la Pléiade, Paris, Gallimard, p. 1180-1236.

- *Un nouveau droit est-il en train de naître en Afrique* ? Dynamique et finalité des droits africains. Economica 1980 p.489 et suiv.

ALLOT (A) - *La place des coutumes juridiques africaines dans les systèmes juridiques africains modernes.* Etudes de droit africain et malgache. N°16 p. 258 et suiv.

- *La place des coutumes juridiques africaines dans les systèmes juridiques africains modernes.* Etudes de droit africain et malgaches n° 16 p.257 et suiv.

- *Essays in african law with special reference to the law of Ghana.* London, 1960

- *Towards the unification of laws in Africa.* International and comparative law quarterly, 1965, p.366 et suiv.

- *L'influence du droit anglais sur les systèmes juridiques africains.* Dynamique et finalité des droits africains. Economica, 1980, p.3 et suiv.

AMADEO (G) *Ordre public et droit privé négro-africain.* Revue juridique et politique de l'Union française 1958 p.605 et suiv.

AMBE (J) *The application of foreign law.* Mémoire de Maîtrise. Université de Yaoundé (1991).

AMEGA (L.K)

- *Dix ans de droit en Afrique Noire.* Penant 1972, p. 285 et suiv.
- *Prière pour un code civil.* Penant 1966, P. 275 et suiv.

AMSATOU SOW SIDIBE *Le pluralisme en droit sénégalais des successions ab intestat.* Thèse Paris 2 (1987).

ANOUKAHA (F) *La filiation naturelle au Cameroun après l'ordonnance n° 81/02 du 29 juin 1981.* Penant 1987, p.7 et suiv.

ANOUKAHA (F), ELOMO NTONGA (L) et OMBIONO (S) *Tendances jurisprudentielles et doctrinales du droit des personnes et dé la famille de l'ex Cameroun oriental.* Document polycopié Université de Yaoundé.

ANYANGWE (C) - *Divorce and property rights in Cameroon.* Mémoire de Licence. Université de Yaoundé (1975).

- *The Cameroonian judicial system.* CEPER, Yaoundé, 1987.
- *The sovereignty of the southern Cameroons: a constitutional lawyer's Affidavit.* Southern Cameroons peoples conference, Buea, 1994

ASAFOR (J.M.) *The meaning of "foreign law" as considered under cameroonian private international law.* Mémoire de Maîtrise, Université de Yaoundé (1991).

ASONGU NJUZY (C) *The jurisdiction of the courts of former West Cameroon in probate, divorce and matrimonial causes.* Mémoire pour licence en droit. Université de Yaoundé (1977).

ATANGCHO NJI (A) *A critical analysis of the 1981 ordinance governing the conditions of capacity and formalities to marry in Cameroon.* Mémoire de Maîtrise. Université de Yaoundé (1991).

AUBERT (J.L) (et autres) *La jurisprudence aujourd'hui : Libres propos sur une institution controversée.* R.T.D.C 1992, p.337

BAILLAUD (E) *Politique et organisation coloniales (principes généraux)*. Paris 1899.

BANAMBA (B) *Les conflits de droits et de lois dans le système juridique camerounais*. Thèse Paris 2 (1993)

BANYONG FONYAM *The role of Domicile and nationality in private international law*. Mémoire de Licence. Université de Yaoundé (1977).

BAYONA (B.M.M.K) *Le recours à l'authenticité dans la réforme du droit au Zaïre*. Dynamique et Finalités des droits africains. Economica, 1980, p.229 et suiv.

BERTAUT (M) *Le droit coutumier des Boulous*. Monographie d'une tribu du Sud Cameroun. Paris 1934

BILLIARD (A) *Politique et organisation coloniales (principes généraux)*. Paris 1899.

BLANC-JOUVAN (X) *La résistance du droit africain à la modernisation*. Revue sénégalaise de droit n°21, juin 1977, p. 25 et suiv.

BOBICHON (H) *La politique indigène dans les colonies françaises*. Paris 1912

BOUCKAERT(F) *Les règles de conflit en Afrique noire*. Penant 1967 p.

BOULANGER (F)

- *Essai comparatif sur la notion de statut personnel dans les relations internationales des pays d'Afrique noire*. R.C.D.I.P, 1982, p.647 et suiv.

- *Notations sur le pouvoir créateur de la jurisprudence*. R.T.D.C. 1961, p.417 et suiv.

BOURJOL (M) *Théorie générale des coutumes juridiques africaines*. Thèse de doctorat, Toulouse 1953.

BOUREL (P) - *La conjonction du droit africain et européen dans le droit des conflits en Afrique noire*. Annales africaines 1968.

- *Les conflits de droits*. T1 chap. 17 Encyclopédie juridique de l'Afrique. Nouvelles éditions africaines. Abidjan 1982 p. 423 et suiv.

- *Le droit de la famille au Sénégal : Successions, Régimes matrimoniaux, Libéralités*. Paris Economica 1981.

- *Réalités et perspectives du droit international privé de l'Afrique noire francophone dans le domaine des conflits de lois*. Clunet, 1975, p.17 et suiv.

BOYE (A.K) - *Les mariages mixtes en droit international privé sénégalais*. Thèse Paris 1977.

- *Le statut personnel dans le droit international privé des pays africains au sud du Sahara*. Cours, Académie internationale de la Haye, tome 238, 1993, p.247 et suiv.

BERTON (J.M) *De la tutelle à la République Unie : Réflexion sur la dynamique unitaire dans l'évolution institutionnelle du Cameroun indépendant*. Penant 1979, p.209 et suiv.

BRETHE DE LA GRESSAYE (J) *Science et technique du droit successoral*. Mélanges Voirin.

BRUYAS (J) *L'Afrique traditionnelle vivant témoin d'un passé universel*. Paris A. Pedone 1971.

COLLECTIF « CHANGER LE CAMEROUN » *Le Cameroun éclaté, Anthologie commentée des revendications ethniques*. Ed C3, Yaoundé 1992.

CONAC (G) (sous la direction de): *Dynamiques et finalités des Droits africains. Economica 1980.*

CONNEN (B) *Un code de la famille au Togo*. Penant 1981 p.5 et suiv.

DAVID (R) *Refonte du code civil des Etats africains*. Annales africaines 1962 p.160 et suiv. ou Penant 1962 p. 352 et suiv.

DAVID (R) et JAUFFRET SPINOSI (C) *Les grands systèmes de droits contemporains*. Précis Dalloz, 10ème éd 1992.

DECHEIX (P) *Les compétences respectives des tribunaux de droit moderne et des tribunaux de droit traditionnel dans les territoires d'Afrique Noire*. Thèse Paris 1960.

DECOTTIGNIES (R) - *La condition des personnes au Togo et au Cameroun*. Annales africaines 1957 p.26 et suiv.

- *Requiem pour la famille africaine*. Annales africaines 1965, p. 251 et suiv.

DEGNI SEGUI (R) *Codification et unification du droit*. Encyclopédie juridique de l'Afrique T1, chap. 18 N.E.A. Abidjan 1982 p. 453 et suiv.

DIPANDA MOUELLE (A) *Les techniques de codification au Cameroun*. R.J.P.I.C 1986 p. 297 et suiv.

DJUIDJE (B) *Ordre juridique pluraliste et droit international privé : le cas du Cameroun*. Thèse de doctorat. Université de Nanterre 1997.

DOUMBE MOULONGO (M) *Les coutumes et le droit au Cameroun*. Yaoundé, éditions CLE 1972.

DUGARD (J) *Secession: Is the case of Yugoslavia a precedent for Africa?* R.A.D.I.C. 1993, p.163

DUMONT (R) *L'Afrique noire est mal partie*. Paris édition du Seuil 1964.

EDOUBE MANN *L'influence de la tradition en matière de succession ab intestat dans le droit positif camerounais*. Mémoire de Maîtrise. Université de Yaoundé 1990.

ELA (T) *Le règlement des successions ab intestat au Cameroun*. Thèse de doctorat, Université de Paris 2, 1997

ELENGA MBUYINGA *Tribalisme et problème national en Afrique noire : le cas du Cameroun*. L'harmattan, 1989.

ELOMO NTONGA (L) - *L'enfant naturel en droit camerounais*. Thèse de master's degree Université de Yaoundé 1979

- *Les conditions de forme du Mariage*. Encyclopédie juridique de l'Afrique, tome 6, chap. 11, p.185 et suiv. N.E.A, Abidjan 1982

EMANE (J) - *Les droits patrimoniaux de la femme mariée ivoirienne*. Annales africaines, 1967, p 85 et suiv.

- *Conflits de lois en Afrique*. Thèse de doctorat, Dakar 1964.

ENONCHONG (N) *Public Policy and ordre public: The exclusion of customary law in Cameroon*. R.A.D.I.C., 1993, p.503 et suiv.

ESMEIN (P) *La jurisprudence et la loi*. R.T.D.C. 1992, p.17 et suiv.

FOGUI (J.P.) *L'intégration politique au Cameroun, une analyse centre-périphérie*. L.G.D.J. Paris 1990.

FOKO (R) *La problématique du mariage coutumier en droit camerounais*. Mémoire de Maîtrise. Université de Yaoundé (1991).

FONJA (J.A) *A comparative study of property rights under english and customary laws: a case study of Metta clan*. Mémoire de maîtrise. Université de Yaoundé1991.

FOUMAN AKAME (J) *Les grandes étapes de la construction juridique du Cameroun de 1958 à 1978*. Penant, 1979, p.188 et suiv.

FOYER (J) - *Les destinées du droit français en Afrique*. Penant 1961, p.1 et suiv.

- *Problèmes de droit international privé dans les relations entre la France et les nouveaux Etats africains d'expression française*. Travaux du comité français de droit international privé 1960-1962, p.139 et suiv.

FRANCESKAKIS (P) *Le droit international privé dans le monde post colonial : le cas de l'Afrique noire*. CLUNET 1973 p. 46 et suiv.

FROELICH (J.C) *Droit musulman et droit coutumier*. Etude de droit coutumier et malgache. Paris Cujas 1965, p. 361 et Suiv.

GAILLARD (p) - *Le Cameroun*. L'harmattan, Paris 1989

- *Ahmadou Ahidjo patriote et despote, bâtisseur de l'Etat Camerounais*. Éd Jeune afrique livre. Collection Destins, 1994

GALEGA FEH (H) *Property rights between spouses under English law and Bali customary law*. Mémoire de Maîtrise. Université de Yaoundé (1986).

GANNAGE (P) *La distinction des conflits internes et des conflits internationaux de lois*. Mélanges Roubier, tome 1, dalloz 1961, p.229 et suiv.

GENY (F) *Méthode d'interprétation et sources en droit privé positif*. 2ème éd, Paris 1932 (2 tomes)

GLISSEN (J) *Le pluralisme juridique*. Bruxelles, U.L.B., 1972

GLISSEN (J) et VANDERLIDEN (M) *L'organisation judiciaire en Afrique Noire*. Essai de synthèse des travaux du colloque sur l'organisation judiciaire, organisé par le Centre d'Histoire et d'Ethnologie juridiques, Université libre de Bruxelles, 1969.

GIRAULT (A) *Principes de colonisation et législation coloniale*. Paris 1929

GONIDEC (P.F.) - *De la dépendance à l'autonomie, l'état sous tutelle du Cameroun*. Annuaire français de droit international 2, 1957 p. 597 et suiv.

- *Les droits africains, évolution et sources*. L.G.D.J. Paris 2ème édition 1976.

GOUDEM (J) *L'organisation juridictionnelle du Cameroun.* Thèse de doctorat du 3ème cycle. Université de Yaoundé 1985.

GUERMANN (M) - *L'organisation judiciaire de la République Unie du Cameroun.* RCD 1974 p.10 et suiv.

- *L'organisation judiciaire du Cameroun oriental.* RCD 1973, p.24 et suiv.

GUINCHARD (S) *Droit patrimonial de la famille au Sénégal.* Paris L.G.D.J. 1980.

GULPHE (P) *Réflexions sur la législation guinéenne en matière de mariage.* Annales africaines, 1969, p.5 et suiv.

HILAIRE (J) - *Variations sur le mariage.* Penant 1968, p. 147 et suiv...

- *La modernisation du droit dans les nouveaux Etats.* Travaux et recherches de l'Institut de droit comparé, Paris C XXX.

- *Nos ancêtres les Gaulois.* Annales africaines, 1964, p.147 et suiv

IMBERT (J) *Le Cameroun*, Paris, PUF, Que sais-je 1982.

ITSOUOMB (L) *Les rapports patrimoniaux entre époux : étude comparative des systèmes anglophone et francophone.* Mémoire de Maîtrise. Université de Yaoundé (1991).

JEOL (M) *La réforme de la justice en Afrique Noire.* Thèse Dakar 1962. Editions Pedone Paris 1963.

JESTAZ (P) *La jurisprudence: Réflexions sur un malentendu.* Dalloz 1987, Chr 11

JOLOWIGS (G.A) (sous la direction de) *Le droit anglais.* Précis Dalloz, 2ème éd, 1992

KABOU (A) *Et si l'Afrique refusait le développement ?* L'harmattan, 1991

KAMGA (V) *Duel Camerounais : démocratie ou barbarie.* L'harmattan, 1985

KAMTO (M) *L'urgence de la pensée: réflexions sur une pré condition du développement en Afrique.* Ed Mandara, Yaoundé 1993

KANGA (V.J.C) *Le droit coutumier bamiléké au contact des droits européens.* Thèse de doctorat, Paris 1957.

KOGENDILLE MESUMBE (F) - *Succession under customary law: a case study of the lower and upper Bakassi tribe.* Mémoire de Maîtrise. Université de Yaoundé (1991).

KOUASSIGAN (G.A.) - *Famille, droit et changement social en Afrique Noire Francophone.* Famille, droit et changement social dans les sociétés contemporaines. Travaux des 8èmes journées d'études juridiques Jean Dabin. L.G.D.J. 1978.

- *Quelle est ma loi ? tradition et modernisme dans le droit privé de la famille en Afrique Noire francophone*, Paris édition A. Pedone 1974.

- *L'homme et la terre. Droits fonciers coutumiers et droit de propriété en Afrique Occidentale.* Paris, Berger-Levrault, 1965.

- *Les conflits interpersonnels et internationaux de lois et leur incidence sur la forme du mariage en Afrique francophone : Réflexion à partir de l'expérience sénégalaise.* Revue critique de droit international privé 1978 p. 641 et suiv.

KUPER (L&H) *African law and développement.* University of California press, 1965

LABURTHE – TOLRA (P) *Minlaaba, histoire et société traditionnelle chez les béti du Sud-Cameroun.* Thèse Paris 5, 1975, 2 vol

LAFON BANYE (E) *Adoption: a comparative approach in English, French and Customary laws.* Mémoire pour licence en droit. Université de Yaoundé (1976).

LAMPUE (P) - *La diversité des statuts de droit privé dans les Etats africains.* Penant 1961, P. 1 et suiv.

- *Les rapports de la coutume et de la loi dans le droit des successions en Afrique francophone.* Penant 1973 p.315 et suiv.

- *Droit d'outre mer et de la coopération.* Précis Dalloz, 4ème éd, 1969.

- *Droit écrit et droit coutumier en Afrique Noire francophone.* Penant 1979 p. 245 et suiv.

- *Les sources du droit de la famille dans les états d'Afrique francophone.* Revue juridique et politique indépendance et coopération n° 4, 1974.

- *Le rôle de la jurisprudence dans l'évolution de la condition de la femme en Afrique Noire*. Revue juridique et politique indépendance et coopération n° 4, 1974.

- *L'influence du droit français et du droit coutumier sur les lois civiles africaines*. Dynamiques et finalités des droits africains, Paris Economica 1980, p.14 et suiv.

LANGOUL (F) *Les problèmes particuliers de la codification au Cameroun*. RJPIC 1966, p.107 et suiv.

LE ROY (E) - *Droit et développement en Afrique noire francophone après dix années d'indépendance politique*. Revue sénégalaise de droit 1971 p. 63 et suiv.

- *Caractères des droits fonciers coutumiers*. Encyclopédie juridique de l'Afrique, T 5 chap. 2 p. 39 et suiv.

- *La formation des droits non étatiques*. Encyclopédie juridique de l'Afrique. T p. 353 et suiv.

- *La vie du droit en Afrique : Diversité et originalité des expériences juridiques contemporaines*. Penant 1978, p. 315 et suiv.

LEVINE (V.T.) *Le Cameroun du mandat à l'indépendance*. Présence africaine, Paris 1984.

LOUSSOUARN (Y) et BOUREL (P) *Droit international privé*. Précis Dalloz 1989.

MALAURIE (P) *La jurisprudence combattue par la loi*. Mélanges Sabatier, p.603 et suiv.

MANDABA BORNOU *L'organisation judiciaire de l'empire centrafricain*. Thèse de doctorat. Paris 1977

MANDE DJAPOU *Les institutions judiciaires africaines*. Penant 1979, p.287

MARTICOU RIOU (A) - *L'organisation judiciaire au Cameroun*. Penant 1969 p. 33 et suiv.

- *Les statuts personnels au Cameroun*. Revue sénégalaise de droit p. 44 et suiv.

MBARGA (E) *Quelques réflexions sur le projet de loi réorganisant l'état civil au Cameroun oriental et portant diverses dispositions relatives au mariage*. Penant 1966 p. 286 et suiv.

M'BAYE KEBA - *Le droit africain, ses voies et ses vertus*. Revue sénégalaise de droit 1970, p.5 et suiv.

- *Le droit de la famille en Afrique noire et à Madagascar.* Etude préparée à la requête de l'UNESCO. Maisonneuve et Larose, 1968.

MBELLA MBAPPE (R) *A propos de deux lois de 1966 et 1968 sur le mariage.* Penant 1970 p.419 et suiv.

MBOME (F) *Les expériences de révision constitutionnelle au Cameroun.* Penant 1992, P31 et suiv.

MBOUYOM (F-X) *Le statut juridique, politique et social de la femme au Cameroun.* R.J.P.I.C., 1974, p.600 et suiv.

MEKE-ME-ZE née BAYIHA (C.I) *La problématique des biens de la femme mariée.* Thèse doctorat du 3ème cycle. Université de Yaoundé (1981).

MELONE (S) - *La parenté et la terre dans la stratégie du développement : l'expérience camerounaise.* Ed Klinsksieck, Paris 1972

- *Du bon usage du pluralisme judiciaire en Afrique.* Contribution à l'académie de droit comparé 1986.RCD 1986, p.5 et suiv.

- *Le code civil contre la coutume, la fin d'une suprématie.* R.C.D. 1972 p.12 et suiv.

- *Le poids de la tradition dans le droit africain contemporain.* Penant 1971 p. 421.

- *Les effets du mariage dans l'ordre des rapports patrimoniaux.* Encyclopédie juridique de l 'Afrique 1982 N.E.A. p. 225 et suiv.

- *La technique de la codification en Afrique : pratique camerounaise.* R.J.P.I.C. 1986, p. 308 et suiv.

- *Régimes matrimoniaux et droits fonciers.* Penant 1971 p.141 et suiv.

MEYER (P) *La structure dualiste du droit au Burkina : problèmes et perspectives.* Penant 1986, p.77 et suiv.

MIGNOT (A) - *La justice traditionnelle, une justice parallèle.* L'exemple du sud Togo. Penant 1982, P. 5 et suiv.

- *Droit coutumier et anthropologie juridique (réflexions sur les études de droit coutumier).* Penant 1977, p. 352 et suiv.

MONGO BETI *La France contre l'Afrique Retour au Cameroun.* Ed La découverte (Essais) Paris 1993.

MONO NDZANA (H) *L'idée sociale chez Paul Biya.* Université de Yaoundé, 1985

MVENG (E) et BELING-KOUMBA (D) *Manuel d'histoire du Cameroun.* Présence africaine, Paris 1963.

NAYIRE (E.P) *Mariage et prix de la fiancée chez les Dagara.* Journal des africanistes, 1994, p.65 et suiv.

NDO-NDIKI (R.M) *L'option de juridiction en droit privé camerounais.* Thèse de doctorat du 3ème cycle Université de Yaoundé 1990.

NDOKO (N.C) *L'idée d'égalité dans le droit successoral camerounais, dernières tendances de la jurisprudence en matière de succession ab intestat.* Yaoundé 1988 inédit.

NKOLO (P) *L'option matrimoniale au Cameroun.* RCD n° 31-32 p.69 et suiv.

NDOUMBE MOULONGO (M) *Les coutumes et le droit au Cameroun.* Ed Cle Yaoundé 1972

NGABO DAGUI *A propos du code de la famille au Niger, Regards sur la pesanteur de la culture.* R.J.P.I.C. 1993, p. 59 et suiv.

NGASSA BATONGA *La notion de statut personnel en droit international privé. Thèse de doctorat du 3ème cycle.* Université de Yaoundé 1989.

NGAYAP (P.F) *Cameroun, qui gouverne* ? L'harmattan, 1983.

NGONGO (L) *Histoire des institutions politiques et des faits sociaux du Cameroun.* Tome 1, Paris Berger-Levrault, 1987.

NGUENA (A) *Les causes de dissolution du mariage au Cameroun.* Etudes de droit comparé, Toulouse1, 1981.

NGUINI (M) - *Droit moderne et droit traditionnel.* Penant 1973 p.1 et suiv.

- *La cour fédérale de justice au Cameroun.* Penant 1973 p.346 et suiv.

- *Le divorce en droit coutumier camerounais.* Penant 1979 doct. p. 6 et suiv.

NGWAFOR (E) *Family law in anglophone Cameroon.* University of Regina press, Canada, 1993

NGWASSIRI NFORTI *The impact of the present land tenure reforms on the former west Cameroon.* R.C.D. 1984 n° 28.

NKOLO (P) *L'option matrimoniale au Cameroun.* R.C.D. n° 31-32 p. 59 et suiv.

NKOU MVODO (P) *Le dualisme juridique en Afrique noire francophone. Du droit privé formel au droit privé informel.* Thèse de doctorat, Strasbourg, 1995

NKOUENDJIN YOTNDA (M) - *Le Cameroun à la recherche de son droit de la famille.* Paris, L.G.D.J. 1975.

- *Le rôle de la jurisprudence dans les nouveaux états d'Afrique francophone.* Penant 1973. p. 11 et suiv.

- *Soliloque sur certains problèmes soulevés par l'organisation judiciaire au Cameroun.* Penant 1976, p.5 et suiv.

NKWI (P) *Deux Cameroun se forment sous nos yeux.* Challenge hebdo n° 105 du 23 / 08 / 1993.

NOA TOUA (O) *La coutume dans la jurisprudence camerounaise.* Mémoire de Licence. Université de Yaoundé (1975).

NTOKO (S.N) *Next time when you sign monogamy, watch out. A case law on the Cameroon matrimonial system.* Cameroun tribune du 17 octobre 1984 p.9 et suiv.

NUYTINCK (H) *Les principes du nouveau droit de la famille au Burkina Faso.* Penant 1991 p.258 et suiv.

OMBIONO (S) *Le mariage coutumier et le droit positif camerounais.* Penant 1989, p.32 et suiv.

OBLE-LOHOUES (J) *Le droit des successions en Côte-d'Ivoire Tradition et Modernisme.* NEA Abidjan 1984.

O'BRIEN QUIN (J.A) *l'organisation judiciaire du Cameroun occidental.* RCD, 1973, p.17 et suiv.

OLINGA (A.D) *La question anglophone dans le Cameroun d'aujourd'hui.* R.J.P.I.C. 1994 p. 292 et suiv.

OLOWALE (E.T) *La nature du droit coutumier africain.* Présence africaine 1961.

OMBE NZANA (V) *Les apprentis sorciers de la tradition.* Challenge Hebdo n° 07 du 26 août 1992 (dossier spécial sur les chefs traditionnels)

OMBIONO (S) - *L'application de la loi du 7 juillet 1966 portant diverses dispositions relatives au mariage dans l'ex Cameroun oriental.* Thèse de master's degree Université de Yaoundé (1979).

- *Le mariage coutumier dans le droit positif camerounais*. Penant 1989 p. 32 et suiv.

OUVRAGE COLLECTIF *Cameroun-pluralisme culturel et convivialité*. Ed Nouvelles du sud n°25, 1996

OWONA (J) *La nouvelle constitution du 20 mai 1972 : De l'Etat fédéral à l'Etat unitaire*. L.G.D.J. 1973

PASCAL (R) *Pour une seconde décolonisation*. R.J.P.I.C. 1990 p. 1 et suiv.

POIRIER (J) *L'originalité des droits coutumiers de l'Afrique Noire*. Mélanges Levy, Bruhl 1959 p. 485 et suiv.

POUGOUE (P.G) *La systématisation du droit privé au Cameroun : A propos de la famille et de la terre*. Thèse d'état, Bordeaux 1977.

POUGOUE (P.G) et ANOUKAHA (F) *Régimes matrimoniaux, successions, droit des conflits*. Jurisclasseur de droit comparé, 1996, législation comparée, fascicule Cameroun n°3

ROUARD DE CARD (E) *Les mandats français sur le Togo et le Cameroun*.

SAWADOGO(F.M) *Le nouveau droit burkinabé de la famille : Principes essentiels et perspectives d'applications*. R.J.P.I.C. 1990 p. 373 et suiv.

SCHAEFFER (E) *Aliénation, réception, authenticité. Réflexions sur le droit du développement*. Penant 1974, p.311 et suiv.

SEID (J.B) *Adaptation du droit coutumier africain aux techniques occidentales*. R.J.P.I.C 1966, p.8 et suiv.

SIBE (S.L) *L'adoption : Une étude comparative des systèmes francophone et anglophone au Cameroun*. Mémoire de maîtrise, Université de Yaoundé.

SOUDAN (F) *Le Cameroun : La poudrière anglophone*. J.A n°1892 du 9 au 15 avril 1997. p.13 et suiv.

STOUFLET (J) *De l'élaboration d'une législation de droit privé dans un pays en voie de développement*. Annales africaines1962 p. 251 et suiv.

SOLUS (H) *Traité de la condition des indigènes en droit privé*. Paris Sirey 1927.

TALLA (B.P) et DORCE (F) *Cameroun : Une guerre de sécession* ? J.A.E n° 239 du 14 avril 1997, p.8 et suiv.

TATA FINGOH MAYAH (J) *Private international law in Cameroon: A call for concern*. Mémoire de maîtrise. Université de Yaoundé 1992.

TJOUEN (D.A) *Droits domaniaux et techniques foncières en droit camerounais, Paris*. Economica 1982.

TUNC (A) *Les aspects juridiques du développement économique*. Etudes préparées à la demande de l'UNESCO, sous la direction d'A. Tunc. Dalloz, Paris 1966

VANDERLINDEN (J) - *Le juge et la coutume en Afrique aujourd'hui*. La justice en Afrique, Afrique contemporaine, numéro spécial 156, 1990, publié sous la direction de Jean Du Bois De Gaudusson & Gérard Conac, La documentation française p. 231 et suiv.

- *Les systèmes juridiques africains*. Que sais-je ? P.U.F 1983

VAN DER WIELE (P) *Systèmes familiaux et matrimoniaux au sein des sociétés négro-africaines*. R.J.P.U.F. 1963 p. 428.

VERDIER (J.M) *Décolonisation et développement : Essai d'une systématisation à partir de l'expérience française*. CLUNET 1962, p.950

WARNIER (J.P) *L'esprit d'entreprise au Cameroun* Ed Karthala, Paris 1993.

WILBOIS (J) *Le Cameroun, Les indigènes, Les colons, Les missions, L'administration française*. Paris éd Payot 1934.

YOUEGO (C) - *Source et évolution du droit des successions au Cameroun*. Thèse de doctorat, Université de Paris 2, 1994.

- *Etude critique de la loi du 11 juin 1968 relative à l'organisation de l'état civil au Cameroun*. Thèse de master's degree, université de Yaoundé 1979.

ZE-MEKA (R) *L'administration française et les missions chrétienne devant le problème de l'évolution du statut des femmes béti et boulou du sud Cameroun*. Thèse de doctorat de 3ème cycle, Paris 1984.

TABLE DES MATIERES

TABLE DES MATIERES

L'HARMATTAN, ITALIA
Via Degli Artisti 15 ; 10124 Torino

L'HARMATTAN HONGRIE
Könyvesbolt ; Kossuth L. u. 14-16
1053 Budapest

L'HARMATTAN BURKINA FASO
Rue 15.167 Route du Pô Patte d'oie
12 BP 226 Ouagadougou 12
(00226) 76 59 79 86

ESPACE L'HARMATTAN KINSHASA
Faculté des Sciences Sociales,
Politiques et Administratives
BP243, KIN XI ; Université de Kinshasa

L'HARMATTAN GUINEE
Almamya Rue KA 028 en face du restaurant le cèdre
OKB agency BP 3470 Conakry
(00224) 60 20 85 08
harmattanguinee@yahoo.fr

L'HARMATTAN COTE D'IVOIRE
M. Etien N'dah Ahmon
Résidence Karl / cité des arts
Abidjan-Cocody 03 BP 1588 Abidjan 03
(00225) 05 77 87 31

L'HARMATTAN MAURITANIE
Espace El Kettab du livre francophone
N° 472 avenue Palais des Congrès
BP 316 Nouakchott
(00222) 63 25 980

L'HARMATTAN CAMEROUN
Immeuble Olympia face à la Camair
BP 11486 Yaoundé
(00237) 99 76 61 66
harmattancam@yahoo.fr

L'HARMATTAN SENEGAL
« Villa Rose », rue de Diourbel X G. Point E
BP 45034 Dakar FANN
(00221) 33 825 98 58 / 77 242 25 08
senharmattan@gmail.com

www.ingramcontent.com/pod-product-compliance
Lightning Source LLC
LaVergne TN
LVHW011255061026
849535LV00005B/1266